DETOX PARA *perfeccionistas*

Petra Kolber

DETOX
PARA
perfeccionistas

Un programa práctico para liberarse
del perfeccionismo y vivir *feliz*

URANO

Argentina – Chile – Colombia – España
Estados Unidos – México – Perú – Uruguay

Título original: *The Perfection Detox – Tame Your Inner Critic, Live Bravely and Unleash Your Joy*
Editor original: Da Capo Press, an imprint of Perseus Books, LLC,
a subsidiary of Hachette Book Group, Inc., New York, New York, USA.
Traducción: Victoria Simó

1.ª edición Junio 2019

Copyright © 2018 by Petra Kolber
This edition published by arrangement with Da Capo Press, an imprint of Perseus Books, LLC,
a subsidiary of Hachette Book Group, Inc., New York, New York, USA.
All Rights Reserved
© 2019 de la traducción *by* Victoria Simó
© 2019 by Ediciones Urano, S.A.U.
Plaza de los Reyes Magos, 8, piso 1.º C y D – 28007 Madrid
www.edicionesurano.com

ISBN: 978-84-16720-70-5
E-ISBN: 978-84-17780-03-6
Depósito legal: B-13.862-2019

Fotocomposición: Ediciones Urano, S.A.U.

Impreso por: Rotativas de Estella – Polígono Industrial San Miguel Parcelas E7-E8
31132 Villatuerta (Navarra)

Impreso en España – *Printed in Spain*

Para la hermana perfecta, Jennie, y en recuerdo de nuestra madre, Gwenda, que nunca pretendió que fuéramos perfectas, tan solo nos animó a que fuéramos felices.

Instrucciones para la vida.
Presta atención. Asómbrate. Cuéntalo.

MARY OLIVER

Índice

TERCERA PARTE
Libérate y da rienda suelta a tu alegría

Introducción

¿Cómo se las ingenia una perfeccionista en proceso de recuperación para escribir la introducción perfecta? ¿Cómo redactar un párrafo inicial tan atractivo como para ganarse tu confianza y enamorarte con cada una de las palabras? ¿Cómo construir un inicio de libro capaz de infundirte la sensación de que estás a punto de conocer a una amiga de confianza?

La respuesta es que no se puede. No es posible. Yo no puedo hacerlo, ni nadie. No hay persona en el mundo que sepa escribir la página perfecta. Y esa realidad viene a resumir el gran drama del perfeccionista: el ideal y la realidad nunca van a coincidir.

La pregunta a formular, pues, debería ser otra. ¿Tiro la toalla porque aspiro a un imposible, o empiezo a escribir de todos modos por cuanto estoy convencida de que este libro marcará un antes y un después en tu vida?

Como he trabajado para reeducar mi mentalidad perfeccionista, he sido capaz de empezar. He construido un discurso, lo he plasmado en el papel y lo he lanzado al mundo, con sus defectos incluidos.

Así pues, mientras me disponía a hacer eso mismo que tanto me aterraba, es decir, redactar esta primera página, he comprendido que mi situación ofrecía la metáfora ideal de cómo la perfección tiende a condicionar y distorsionar la vida. Si hubiera esperado a encontrar la palabra perfecta, la introducción perfecta o el momento perfecto para comenzar, no tendrías este libro entre las manos.

Si bien es imposible que nos conozcamos en un par de párrafos, perfectos o no, espero poder transmitirte que tú y yo somos hermanas en esta guerra. Te comprendo, comparto tus sentimientos, y he librado muchas de tus batallas internas.

Si me decidí a escribir *Detox para perfeccionistas* fue, en parte, porque conozco la soledad que reina en el planeta del ideal. Espero que, a medida que avances en la lectura de este libro, te sientas más integrada y menos forastera, más conectada con las mujeres que ves a tu alrededor y más empoderada para gobernar tu vida; una vida enraizada en la alegría y construida bajo tus propios términos.

También considero un inmenso privilegio acompañarte en este viaje. Aunque tu historia y la mía son distintas, entiendo el profundo dolor y la lucha constante que acarrea una existencia sometida al dictamen y al yugo del perfeccionismo.

Hay un modo distinto de afrontar el día a día. Una manera de vivir que te permite fluir con los sueños en lugar de andar esquivando errores en potencia. Una vida inspirada en el optimismo, la alegría, el potencial y la posibilidad. Una vida que te invita a disfrutarla, totalmente implicada en cuerpo y alma.

Ha llegado el momento de que eches a andar hacia tu auténtico yo, hacia un futuro de abundancia, por cuanto no habrías escogido este manual (a menos que lo confundieras con un recetario de zumos) si creyeras que el perfeccionismo te beneficia. Antes de seguir adelante, es importante analizar qué tenemos en mente cuando aspiramos a la perfección. ¿Por qué la idea de ser perfectas nos parece tan atractiva?

EMPECEMOS POR EL PRINCIPIO: QUÉ ENTENDEMOS POR PERFECCIONISMO

Decir que algo es perfecto implica que no existe nada mejor. Hacer algo perfectamente significa llevarlo a cabo con un grado de corrección casi sobrenatural y conseguir un resultado impecable, intachable, ideal. La cultura nos enseña que el perfeccionismo es un valor del que sentirse orgulloso.

No obstante, los auténticos perfeccionistas rara vez experimentan sentimientos de orgullo o satisfacción. Es más probable que sientan decepción y desesperación ante la inexorable certeza de que tanto ellos como las personas de su entorno son incapaces de encontrar el santo grial de esa vida ideal y sin tacha que se empeña en eludirlos. De ahí que el problema sea tan endiablado: la perfección no existe, no es nada más que una quimera mental, subjetiva y escurridiza. La enfermedad del perfeccionismo, por más que no afecte al cuerpo, se apodera del alma como un tumor maligno, un mal que si no se ataja a tiempo hará estragos en nuestra vida.

«Perfecto» no es nada más que una palabra hasta que le atribuyes un sentimiento o una expectativa. Alguien puede ser ambicioso, exigente consigo mismo o un dechado de virtudes sin necesidad de ser perfeccionista. El perfeccionismo, en cuanto que rasgo de la personalidad, no nos garantiza buenos resultados; lo que es más, numerosas pruebas sugieren que el empeño de ser excelentes en todo, paradójicamente, nos impide acceder a todo nuestro potencial.

Para llegar a lo más alto hay que mostrar una mínima predisposición a correr riesgos, algo que el perfeccionista evitará intuitivamente por miedo a equivocarse. Una parte de cualquier proceso de mejora, ya sea personal o de una capacidad, consiste en hacer gala de la fortaleza y la sabiduría necesarias para gestionar los errores, los escollos y las decepciones, y aprender de ellos. Si no eres perfeccionista te tomarás los contratiempos como pequeños hitos en el camino al éxito o los asumirás como experiencias formativas que incorporar al tejido del crecimiento. El perfeccionista, en cambio, considera los errores ofensas o intrusos que deben ser aplastados. No debe sorprendernos, en consecuencia, que el perfeccionista se retire para evitar los riesgos, mientras que el ambicioso remonta el vuelo sin más.

Como es natural, cada cual vive el perfeccionismo a su manera. El deseo de alcanzar un máximo nivel de excelencia adopta patrones distintos en cada caso. Puede afectar a diferentes aspectos de la vida, y sus consecuencias no siempre te van a perjudicar a ti. Si bien acostumbra a perturbar la relación que mantienes contigo misma, se puede manifestar igualmente en los lazos con otras personas, incluidos miembros de la familia, o en tu manera de relacionarte con el trabajo. Averiguar en qué ámbito aparece con más frecuencia exige indagar en la propia vida, una investigación que yo te ayudaré a llevar a cabo a lo largo de este libro.

Una parte del proceso requiere averiguar la importancia que otorgas a valores y expectativas, e identificar la diferencia entre ser ambicioso y aspirar a la perfección (te daré una pista: una postura acarrea angustia y sufrimiento, la otra no). Para detectar la diferencia entre una y otra tendrás que hacerte unas cuantas preguntas peliagudas. O, más bien, formular algunos interrogantes que de buenas a primeras pueden parecer difíciles de responder, aunque solo sea porque no estamos acostumbradas a estudiarnos, salvo para criticarnos tal vez, pero rara vez para prestar atención y tomar nota sin más.

Algunos de los temas y las preguntas que deberás meditar incluyen: ¿los niveles de calidad a los que aspiras son razonables o tan inalcanzables que tu vocecilla interna nunca se da por satisfecha? ¿Consideras los fracasos una parte más del aprendizaje vital o auténticas catástrofes, por irrelevantes que sean? ¿Alguna vez te concedes permiso para alegrarte de tus victorias o de inmediato posas la vista en la meta siguiente?

Estas y otras reflexiones te ayudarán a descubrir qué convicciones y conductas te favorecen y cuáles te están impidiendo disfrutar de la vida que tanto te esfuerzas en construir. En *Detox para perfeccionistas* trabajaremos para reforzar las primeras y erradicar las segundas.

Como es lógico, habrá aspectos de tu fantástica personalidad a los que no querrás renunciar. Tu capacidad para terminar los proyectos en el plazo previsto, tu sentido de la organización, tu lealtad a tus amistades o tu deseo de esforzarte al máximo en lo que sea que estés haciendo constituyen maravillosos atributos que tal vez se hayan enredado con tus raíces perfeccionistas. De ahí que debamos aplicar suma atención y empatía al proceso, con el fin de asegurarnos de que das lo mejor de ti, pero sintiéndote de maravilla.

Sé muy bien que una de las experiencias más dolorosas que se derivan del perfeccionismo es la sensación de aislamiento, y que en ese espacio de soledad resulta imposible progresar y encontrar lo mejor de una misma. Tendemos a pensar que nadie más comparte nuestro sufrimiento, que solo nosotras experimentamos ansiedad y depresión como consecuencia de un error o de no dar la talla, que nadie más se siente asfixiado por los niveles de calidad a los que aspira. Estoy aquí para decirte que todas nosotras, las perfeccionistas, libramos batallas más semejantes que distintas.

CUANDO LA PERFECCIÓN SE VOLVIÓ VIRAL

Son tiempos propicios para el perfeccionismo, principalmente a causa de los medios sociales. Los filtros, las interminables tomas y los instantes congelados que se multiplican por una lista creciente de redes sociales nos inducen a pensar que todo el mundo lleva una vida perfecta. Todo el mundo menos tú, claro está. Para las perfeccionistas, esta impresión puede desencadenar una obsesión por estar a la altura o superar las vidas ajenas, o por compararse con las demás hasta extremos incapacitantes. He hablado y trabajado con miles de mujeres y más de un 90 por ciento, calculo, me han confesado que tienen que hacer verdaderos esfuerzos para no compararse con los dechados de perfección que desfilan por sus pantallas. Es cierto que todo el mundo mira de reojo al vecino alguna que otra vez, pero las personas menos perfeccionistas no son ni de lejos tan propensas a caer en una relación destructiva con la comparación como nosotras. Por lo general esa tendencia se encuentra tan arraigada en nuestra personalidad que ni siquiera somos conscientes de que está ahí, seguramente porque nos acompaña desde hace mucho tiempo.

Con frecuencia, las semillas de la perfección se remontan a las primeras etapas de la vida, bien por factores genéticos o por experiencias de infancia. Como mi propia historia desvelará, los hijos de los alcohólicos son particularmente propensos a convertirse en perfeccionistas. Recurrimos a la perfección para proteger nuestro entorno y alimentar la ilusión de que nuestra familia es igual a cualquier otra. Al mismo tiempo, deseamos con desesperación aparentar que todo está bajo control. Usamos la corrección máxima como una herramienta para encajar, para mantener a raya las disonancias y fingir que somos dueños de nuestra vida.

Sin embargo, en la práctica, en lugar de recompensarnos con una vida diez, el perfeccionismo nos devuelve grandes dosis de angustia psicológica. Perseguir una y otra vez un ideal inalcanzable significa temer el fracaso, evitar los riesgos, nadar en un mar de dudas y ansiedad y normalizar la negatividad. Para el perfeccionista, nada es suficiente, y el mundo que nos rodea refuerza esa ilusión.

El cuerpo, en muchos casos, se convierte en un foco de hiperatención para los perfeccionistas, en especial para las mujeres. Nosotras somos más propensas a exagerar la importancia de la imagen, algo que puede influir en nuestros hábitos alimentarios y sembrar el terreno para posteriores trastornos de alimentación.

Sin llegar a esos extremos, muchas de nosotras caemos en la trampa de agarrarnos a la dieta de moda o al último truco para adelgazar como una tabla de salvación, como un camino a esa felicidad que nos elude. Albergamos la ilusión de que el éxito y el amor aumentarán en la medida en que nuestra cintura se encoja. Una y otra vez nos marcamos objetivos imposibles de alcanzar o que nos exigen un precio demasiado alto.

Cuando era joven, sufrí tanto anorexia como bulimia, dos trastornos que anulaban mi capacidad de vivir en el presente y disfrutar de todo mi potencial. Incapaz de adelgazar lo suficiente como para satisfacer mi necesidad de control o de comer tanto como para llenar mi soledad, perdí seis de mis mejores años enredada en una relación disfuncional con la comida. La falsa ilusión de que mi vida me pertenecía me mantenía aislada, presa de la ansiedad y sumida en la humillación.

Muchas de las mujeres con las que he conversado a lo largo de los años, sin llegar a los extremos de lidiar con un desorden alimentario, reconocen sentirse cada vez más presionadas por el imperativo de estar a la altura de las fotografías y los vídeos que ven a diario. Nos hemos acostumbrado tanto a la versión editada de la realidad que ya no distinguimos entre unas expectativas realistas y otras inalcanzables. Es una situación de locos, cuyo mensaje implícito lleva a muchos a preguntarse cómo criar a sus hijas con una autoestima sólida o cómo protegerlas del peligro que representa aspirar a lo que muestran las redes.

Si acaso tienes hijas o sobrinas jóvenes, espero que este libro te proporcione estrategias para ayudarlas a expresar lo mejor de sí mismas (en lugar de tratar de imitar a su estrella favorita, real o de Instagram). También confío en que, a lo largo de las páginas, descubras cómo soltar el ancla de unas expectativas poco realistas antes de que te arrastre al fondo. En mi caso, esas aspiraciones se multiplicaron de manera exponencial, tanto que tuve que recurrir a una dieta detox para perfeccionistas por pura necesidad.

MI CAMINO AL PROGRAMA DETOX PARA PERFECCIONISTAS

Hubo una época de mi vida en la que creí tenerlo todo controlado. Corrían los años noventa del siglo anterior y yo ascendía en mi profesión a velocidad de vértigo. Cuando cambié mis zapatillas de baile por las de gimnasia, mi experiencia en el teatro musical me catapultó a un éxito fulgurante como instructora de aerobic en Nueva York. Me convertí en la experta de *fitness* más buscada de la ciudad, aparecía en DVD superventas, trabajaba con una larga lista de celebridades que abarcaba desde las olímpicas Nancy Kerrigan y Dara Torres hasta atletas tan adorados como George Foreman. Ofrecía charlas y presentaciones a miles de personas cada año y había ganado casi todos los premios que existen en el campo del *fitness*. Daba clases en Nueva York, en salas atestadas de punta a punta, y mi foto llegó a aparecer en el dorso de una caja de cereales Special K. Estaba en la cresta de la ola de mi profesión. Sin embargo, nada de todo eso me parecía bastante.

Una vocecilla interior me recordaba a diario que yo no daba la talla. Me acusaba de ser un fraude, una impostora, y me decía que alguien, algún día, me desenmascararía. Cuanto más me esforzaba en hacer caso omiso de esa voz, más potente se tornaba y más socavaba mi autoestima y la confianza en mí misma.

La voz no me permitía olvidar que mi padre era alcohólico y que todo el mundo lo sabía a mi alrededor. Se empeñaba en recordarme que, para mis profesores de danza, yo jamás sería una gran bailarina. Y constantemente estaba ahí para que tuviera presente que, según una coreógrafa a la que adoraba, me sobraban unos kilos. Esa detractora interna cobraba presencia cada vez que estaba a punto de reunir el valor para disfrutar de la vida. Y si alguna oportunidad fantástica asomaba en el horizonte, allí estaban las voces de mi pasado para recordarme que estaba demasiado gorda, que era demasiado tonta o que no daba la talla.

Al final, el perfeccionismo derivó en una ansiedad que me acompañaba allá donde iba. Y aunque al principio podía disimular los síntomas con facilidad, pronto se transformaron en auténticos ataques de pánico. Como buena perfeccionista, hice lo imposible por seguir como si nada. Por desgracia, aunque podía disimular el corazón desbocado, la sensación de ahogo y el hecho de estar buscando la manera de salir por piernas de dondequiera que estuviera sin que nadie se diera cuenta, había un síntoma que no podía ocultar: el sudor que me empapaba el cuerpo en un instante. Era una reacción incontrolable, tremendamente embarazosa, y una prueba palpable de la magnitud de mi imperfección. Después de cada ataque de pánico me sentía vacía, perdida, triste, agotada, sola y todavía más defectuosa si cabe.

A medida que las crisis se tornaban más frecuentes, los compromisos empezaron a escasear en mi agenda. En el transcurso de dos años rechacé propuestas de alto nivel, como apariciones en los magacines *Today*, *The View* y *CBS This Morning* por miedo a sufrir un ataque de pánico. En aquella época no me sentía capaz de hacer nada a derechas, excepto sufrir una crisis de ansiedad en toda regla; por desgracia, no sabía cómo ni cuándo sucedería. Cuanto más me esforzaba en controlar la situación, menos lo conseguía.

Comprendí entonces que, igual que mi agenda se estaba quedando en blanco, mi vida pronto se iría a pique a menos que abordase el problema de raíz. Pasé siete años y pico sometida a terapia para vencer la ansiedad, al principio con ayuda de un tratamiento farmacológico; leí los mejores libros e investigaciones sobre el tema; me inscribí en un curso de psicología positiva dirigido por el escritor y profesor de Harvard Tal Ben-Shahar; y con el paso del tiempo he puesto a prueba numerosas estrategias en el laboratorio de la vida. Todo ello, unido a mi experiencia y mis nociones sobre los poderes curativos del movimiento físico, sería la materia prima de lo que hoy es el programa *Detox para perfeccionistas*. Comprendí que otras personas podrían usar las lecciones que yo había aprendido para superar sus propias tendencias perfeccionistas. Sin embargo, no imaginaba entonces que hubiera tantas mujeres sufriendo lo mismo que yo.

VEINTIÚN PASOS PARA VENCER EL PERFECCIONISMO

Sospecho que la búsqueda de la perfección ha hecho estragos en tu vida igual que los hizo en la mía. Lo único que nos diferencia ahora mismo es el hecho de que yo he vivido el problema desde ambos lados de la barrera. Tardé siete años en desenmarañar, desmontar y empujar a un lado los demonios que me hacían dudar de mí misma, pero, una vez que lo conseguí, mi vida mejoró hasta extremos que superaban mis sueños más ambiciosos.

Con este libro, pretendo compartir contigo las mejores herramientas y estrategias que adquirí a lo largo de mi viaje para que tú también puedas disfrutar cuanto antes de alegría y libertad. En esta obra encontrarás mi proceso de detox para perfeccionistas, de siete años de duración, comprimido en veintiún pasos.

Sé que dispones de poco tiempo y que tienes un montón de cosas que hacer, y he pensado que el mejor modo de empezar a conocernos sería ofrecerte la versión abreviada del viaje que tienes por delante. He intentado redactar el libro de la manera más eficaz posible, explicando siempre el cómo y el porqué de cada paso.

Las instrucciones del programa detox para perfeccionistas se dividen en tres partes, cada una de las cuales se centra en un aspecto concreto y aspira a cumplir un objetivo. A continuación te explico en qué consisten.

Primera parte: reeduca a tu detractora interna y explora tu potencial. En esta sección identificarás las voces negativas que te hablan desde el pasado y descubrirás de dónde proceden. Igualmente, analizarás y erradicarás cualquier creencia o idea que haya contribuido a que el perfeccionismo tomara las riendas de tu vida.

Segunda parte: desplaza el foco de atención y vive con audacia. Este tramo te permitirá reivindicar tu verdadero yo y recordar todo lo bueno que hay en ti. Al dejar de prestar atención a tu detractora interna para centrarte en los objetivos de una vida positiva, construirás unas bases sólidas y sanas sobre las que erigir el mejor futuro posible.

Tercera parte: libérate y da rienda suelta a tu alegría. Esta sección te ayudará a crear las condiciones para un futuro próspero. Está diseñada para fundirles los cables a tus demonios internos y programar en tu cerebro una mentalidad de alegría óptima, positividad y potencial.

Si bien es verdad, como ya he mencionado, que las perfeccionistas libramos muchas batallas parecidas, también es cierto que cada perfeccionismo es único y no existe una solución universal. Teniendo presente esta idea, he diseñado el plan de tal modo que puedas centrarte en los aspectos de tu vida más afectados. Aunque te recomiendo que lleves a cabo los veintiún pasos, será suficiente con que completes los que puedas. Es posible que algunos resuenen en ti más que otros; asegúrate de dedicar más tiempo a esos que tocan de manera especial tu fibra perfeccionista.

El programa está pensado para realizarse en orden consecutivo. Basado en la ciencia de la psicología positiva, el laboratorio de mi propia vida y los cientos de horas que he dedicado a impartir cursos sobre este material, este proceso depurativo trabaja con una metodología que te permitirá expulsar el perfeccionismo sin que tu vida cotidiana sufra perturbaciones. Dicho eso, tú eres quien mejor conoce tu historia, tus batallas y tus puntos débiles. Este viaje te pertenece y la intuición será tu mejor guía en este proceso de limpieza interna. Si alguno de los pasos no resuena en ti, sáltatelo sin complejos y déjalo quizá para más adelante.

NO HAY UNA MANERA PERFECTA DE HACER ESTO

El programa consta de veintiún pasos, pero eso no significa que debas terminarlo en veintiún días. Tal vez para algunas personas ese sea el ritmo ideal. Una etapa por día, una sección por semana, tres semanas y listo. Para otras el proceso podría resultar menos compacto. Es posible que superes unas cuantas etapas con facilidad y que de súbito te topes con una que te exige más trabajo. Tómate el tiempo que necesites, experimenta cómo te sientes en cada paso y pronto, igual que pasa con los buenos amigos, descubrirás que ciertos procesos te acompañan de maravilla en distintos momentos de tu vida.

Te animo a observar qué te funciona mejor y a quedarte con lo que te dé buenos resultados. Recuerda que esto no es una carrera, sino un baile. Un baile que gira hacia dentro para llevarte de vuelta a la persona que eras antes de que la perfección te hechizara con su oscura magia.

A continuación te ofrezco siete sugerencias que te ayudarán a completar con éxito el programa.

1. Respeta el orden de los pasos.
2. Si descubres que alguno no resuena en ti, déjalo para más adelante.
3. Si una de las etapas te parece particularmente útil o efectiva, dedícale todo el tiempo que quieras antes de continuar.
4. Mantén viva la curiosidad durante todo el proceso detox y acoge de buen grado las revelaciones sobre ti misma.

5. Algunos días todo fluirá como la seda, y otros bastará con que asomes la cabeza.

6. Haz lo que puedas y será perfecto.

7. El momento ideal para empezar es ahora mismo.

Una recomendación antes de que te sumerjas de pleno

Te invito a tener a mano un diario según avanzas en el plan detox. A lo largo de las páginas, te pediré que escribas tus pensamientos y sentimientos y las ideas que se te vayan ocurriendo. Si bien nos hemos acostumbrado a tomar notas en el ordenador o en el teléfono inteligente, nada tan poderoso como el boli y el papel, en trabajos introspectivos, para sacar el máximo partido al tiempo y obtener mejores resultados.[1]

Ve a una tienda y compra un diario que te encante, algo que te agrade al tacto, que te parezca bonito o que te haga sonreír cuando lo veas. Abundan los estudios sobre los beneficios de llevar un diario, entre ellos uno que demuestra que la escritura introspectiva reduce los pensamientos intrusivos y mejora la memoria.[2]

Tú decides cuándo y cómo usar el diario. No hay un momento ideal para escribir ni una manera perfecta de hacerlo. Algunos días tal vez escribas varias páginas mientras que otros te limitarás a unas pocas líneas. Puede que de vez en cuando no te apetezca escribir, y no pasa nada.

Aunque no creo que, como buena perfeccionista, te avengas a escribir en el trabajo, te sugiero que anotes ideas o apuntes en el teléfono inteligente según acudan a tu mente a lo largo del día. Luego, cuando te vaya bien, traslada tus pensamientos, observaciones y reflexiones al diario con más detalle.

ES TIEMPO DE VIVIR LA VIDA QUE TE MERECES

He aquí la pura verdad: mereces una vida pletórica de alegría, esperanza y posibilidad. Si has escogido este libro, significa que anhelas, en el fondo de tu

---

1. Pam A. Mueller y Daniel M. Oppenheimer, «The Pen Is Mightier Than the Keyboard», *Psychological Science* 25, n.º 6, 2014, 1159-1168, doi: 10.1177/0956797614524581.

2. Siri Carpenter, «A New Reason for Keeping a Diary», *American Psychological Association* 32, n.º 8, septiembre, 2001: 68.

corazón, experimentar la vida en todo su esplendor, una existencia menos dominada por el miedo, menos impregnada de ansiedad y remordimiento, con espacio para que el optimismo vuelva a reinar.

Espero que, más que un libro, consideres esta obra un recurso al que acudir una y otra vez. Tanto si vas a pasar la tarde tirada en el sofá (soñar no hace daño, ¿verdad?) como si dispones de cinco minutos antes de una reunión importante, en estas páginas encontrarás instrucciones para reeducar a tu detractora interna, vivir con audacia y desatar tu alegría.

Ten fe en el proceso y confía en los momentos tal como vengan. Por último, antes de empezar, te invito a colocar tres ingredientes en tu corazón: aceptación, amor y valor. La aceptación te ayudará a moderar tu tendencia a la crítica, el amor gestionará tu miedo y el valor reducirá tu ansiedad.

Con el programa *Detox para perfeccionistas* serás capaz por fin de erradicar el miedo inherente a la perfección y alzar el vuelo hacia la vida de tus sueños. Como dijo Elizabeth Gilbert: «El perfeccionismo tan solo es miedo, pero con unos buenos zapatos». Ha llegado el momento de librarte de ese calzado y echar a andar por la vida que te espera.

||||||||||||||||||||||||||||||||||||||||||||||||||||||||||||||||||||||||||

PRIMERA PARTE

REEDUCA A TU DETRACTORA INTERNA Y EXPLORA TU POTENCIAL

Percibe el ruido

Si alguna vez has intentado meditar, ya sabrás hasta qué punto resulta complicado «acallar» la mente. Por más que te esfuerces en concentrarte en la respiración, ahí están esos inoportunos pensamientos decididos a irrumpir en tu consciencia… «Oh, no… He olvidado recoger la ropa de la tintorería, ¿qué me voy a poner para la fiesta?» «No me puedo creer que me haya dormido esta mañana. ¿De dónde voy a sacar el tiempo para preparar la reunión?» «Hoy me toca recoger a los niños del colegio, ¿verdad? Creo recordar que Sara me pidió que cambiáramos el día.»

Aunque parezca lo contrario, esta cháchara interna no es en absoluto trivial. Forma parte del monólogo interno, presente en toda conciencia, que en buena parte conforma nuestra sensación de quiénes somos. No me refiero a esa avenida del pensamiento en la que se atasca el tráfico de las tareas pendientes, sino a los mensajes más profundos y relevantes que impactan en tu identidad. Los que te acusan de no estar a la altura, de no ser suficientemente inteligente o *perfecta*; los que te despiertan inseguridades muy arraigadas, tal vez atrincheradas desde hace tiempo. Esos mensajes tan tremendos están ahí, tanto si eres consciente como si no, y debes descifrarlos y desmantelarlos si deseas vivir con audacia y dar rienda suelta a tu alegría.

En esta primera etapa vamos a prestar atención a esa cháchara interna y a identificar los tres pensamientos negativos que te repites con más asiduidad. Para empezar te ayudaré a cobrar consciencia del contenido de tu monólogo interno, y luego trabajaremos para remplazar los mensajes tóxicos por otros más positivos. Pero, antes de dar comienzo al proceso, me gustaría que echaras un vistazo a lo que sucede en tu mente a diario.

UN DÍA EN LA VIDA DE TU MENTE

Una investigación llevada a cabo por el Laboratorio de Neuroimagen de la Universidad del Sur de California constata que cada persona genera alrededor de setenta mil pensamientos diarios o, aproximadamente, 48,6 por minuto. Y nada menos que un 95 por ciento de los pensamientos que tendrás hoy serán idénticos a los que ayer cruzaron tu mente. (Algunas personas afirman que esas estadísticas son imposibles de demostrar, pero yo sospecho que las cifras no se alejan mucho de la realidad.)

Esto no tendría mayor trascendencia si los pensamientos fueran neutrales, pero no es así: el 80 por ciento de nuestros enunciados habituales son negativos. No se debe a que seamos unos pesimistas redomados, sino a un mecanismo evolutivo de autopreservación heredado de nuestros antepasados, cuando la capacidad de detectar amenazas podía suponer la diferencia entre seguir vivo o convertirse en la cena de algún depredador.

El problema —y por eso este programa es tan necesario para tu salud y felicidad— es que el cerebro no distingue entre las percepciones subjetivas de una situación y la realidad. Tu organismo reacciona igual si un pensamiento te provoca ansiedad, como por ejemplo: «Se van a dar cuenta de que no soy tan inteligente como sugiere mi currículum», que si un animal hambriento te persigue por la calle (si sucediera, no sería mala idea que salieras corriendo). En ambos casos, una descarga de adrenalina y cortisol inundará tu cuerpo y entrarás en un estado de estrés agudo.

Para los perfeccionistas, la predisposición natural hacia la negatividad puede ser especialmente destructiva, por cuanto se alimenta de las inseguridades y fomenta un círculo vicioso de indecisión y autocrítica. Si no les ponemos freno, este tipo de pensamientos repetitivos se convierten en auténticos ladrones de felicidad que menoscaban la autoimagen, las relaciones y las expectativas. Afectan a casi todos los ámbitos de la vida, destruyen los sueños, apagan nuestros deseos y nos impiden alcanzar todo nuestro potencial, lo mismo que, irónicamente, el perfeccionista ansía más que ninguna otra cosa.

Para la mayoría, los demonios de la duda se han hecho tan poderosos que ni siquiera somos conscientes de que nos gobiernan. Pensamos que llevamos las riendas, pero no es verdad. Son ellos los que están al mando. Y ha llegado la hora de recuperar el control.

TOMA LAS RIENDAS DE TU CEREBRO

¿Cómo arrebatarles el mando a los demonios de la inseguridad? Puedes dejar de alimentarlos con esa cháchara tan pringosa y negativa que tanto les gusta. Puedes librarte de pensamientos falsos y derrotistas y reforzar percepciones propias productivas. Plantéatelo como una mudanza (sin el esfuerzo físico): vas a liar el petate y dejar atrás los pensamientos negativos al mismo tiempo que creas espacio para instalarte en una forma de pensar nueva y mejorada.

También es importante que deseches el sentido que has venido dando a esos enunciados. Las ideas no tienen poder sobre nosotros a menos que les otorguemos significado, en particular esas que hemos usado para construir el espejismo de la perfección. Al fin y al cabo «perfecto» no es más que una fantasía creada por uno mismo y socialmente reforzada.

En el caso de mis clientes y de las mujeres que participan en mis talleres, los pensamientos negativos más recurrentes suelen girar en torno a la apariencia, el trabajo, lo que esperan de sus relaciones y el hecho de envejecer. Entre las mujeres, en especial entre las madres trabajadoras, la idea de no dar la talla se lleva la palma; en casa, en el trabajo o socialmente. Sus pensamientos contienen un matiz áspero de culpabilidad e insatisfacción que les arrebata la energía y el optimismo respecto al futuro. Lo que no saben, y yo les ayudo a comprender, es que en lugar de abrir espacios para el cambio, el crecimiento y la expansión, esos pensamientos sofocan y proscriben las pequeñas oportunidades que ofrece la experiencia cotidiana. Nos impiden encontrar lo extraordinario en lo que parece ordinario.

Durante muchos años, mis pensamientos negativos más persistentes estaban teñidos de crítica, comparación y control. Si bien variaban en función de las circunstancias, venían a decir más o menos lo siguiente:

1. No soy tan lista como para estar hablando ante este público. Alguien me preguntará algo que no sabré responder y se darán cuenta de que soy una farsante.
2. Mi cuerpo no es perfecto y, siendo una experta en *fitness*, debería serlo.
3. No me puedo creer que haya cometido este error. Van a pensar que soy idiota y que no debería estar participando en esta reunión.

Estos y otros enunciados parecidos se tornaron tan automáticos que ni siquiera los relacionaba con el dolor emocional que sentía. Aprender a librarme de ideas como esas fue crucial para mi proceso de recuperación.

Los tres pensamientos más recurrentes de las mujeres que asisten a mis talleres tienden a coincidir también. El síndrome del impostor acostumbra a pulular por sus pensamientos más asiduos. A continuación cito unos cuantos ejemplos:

1. «¿Quién me he creído que soy para estar hablando delante de toda esta gente?» «Me van a desenmascarar.» «Se van a dar cuenta de que a veces no sé qué contestar y que, desde luego, no lo sé todo.»
2. «Soy un fraude y todo el mundo está esperando a que cometa un error para señalar que no merezco este ascenso, empleo, etc.»
3. No me puedo creer que acabe de encontrarme con mi jefa sin maquillaje y en chándal. Acaba de verme tal como soy en realidad, y me juego algo a que no quiere a una persona como yo en su equipo.»
4. «Tengo que estar impecable, hacer el comentario perfecto, manejar la situación de maravilla y asegurarme de que todo el mundo esté a gusto para que la fiesta/experiencia sea un éxito.»

Si no tienes claro qué pensamientos son tus ladrones de felicidad, dedica el día de hoy a escuchar con más atención las palabras y las expresiones que sueles emplear cuando hablas contigo misma (por favor, dime que tú también lo haces). Si te sorprendes usando la palabra «debería» con demasiada frecuencia, refiriéndote a ti o a otra persona, plantéate si no estarás presuponiendo cosas que, por acumulación, pueden acabar siendo más tóxicas que útiles.

La costumbre de sacar conclusiones negativas sobre una, los demás o las situaciones mediante expresiones del tipo «nunca más...» u «ojalá...» puede ser otra pista de que necesitas sacudirte de encima pensamientos negativos. Si cometes un error y no ves más allá del fallo, tal vez precises un baño de realidad indulgente. Empieza por escribir una lista de pensamientos tóxicos en tu diario y busca patrones.

EXAMINANDO EL TORNADO DE LOS PENSAMIENTOS

En ocasiones, las personas con las que trabajo me comentan que les cuesta distinguir si cierto pensamiento aparece simplemente porque tienen un mal día o si, realmente, han dado con una de sus tres «canciones del verano». En esos casos, siempre respondo lo mismo: «Cuando dudes, escoge los pensamientos que te dicte tu intuición, y ya los sustituirás más adelante si cambias de idea». En otras palabras, no hay respuestas equivocadas. Recuerda que no estás obligada a cubrir esta etapa, ni ninguna otra en realidad, a la perfección. Nadie va a ponerte nota ni a juzgar tu competencia en el programa *Detox para perfeccionistas*.

Otro factor que podría causarte problemas a la hora de identificar tus tres pensamientos negativos más habituales sería la presencia de voces múltiples en tu cabeza. No me refiero a *personalidades* múltiples, sino a las distintas voces que empleas para dirigirte a los amigos o a la familia, a esa persona especial, a tus hijos o a ti misma. El grado de indulgencia, paciencia, severidad u otras características será distinto en cada caso.

En uno de los talleres que conduzco, una mujer llamada Diane comentó que esa multiplicidad de voces le impedía distinguir con facilidad los diálogos que mantenía consigo misma. Me confesó que al principio tuvo problemas para identificar sus tres «canciones del verano». Escribió: «Por lo visto, hay dos vocecillas en mi cabeza. Una es negativa, sentenciosa y mezquina, y la otra es amable, dulce, tierna y acogedora».

En el transcurso del taller, Diane descubrió que la voz negativa evidenciaba cómo se hablaba a sí misma, mientras que la más positiva reflejaba el tono amable y dulce con el que solía dirigirse a los demás. Describió la primera voz como parte de su «diálogo interno, más furtivo», que, por lo general, «procuraba ocultar». Diane tuvo que sumergirse en esa charla oscura y secreta para encontrar sus demonios de la inseguridad. Y es probable que tú también debas emprender ese viaje si te propones descubrir tus enunciados tóxicos más frecuentes.

En todos los casos, los tres grandes tópicos fluyen por el diálogo interno que no compartimos con nadie. Su enorme poder se debe en parte a ese secretismo. En el instante en que proyectamos un rayo de luz sobre los pensamientos recurrentes, su poder empieza a disminuir (se debilitan aún más cuando los aceptamos y acogemos, pero ya llegaremos a eso en el paso 6). Los llamo «canciones del verano» porque se apoderan de la mente sin que nadie los controle ni repare en ellos. Igual que el temazo del momento se te pega al pensamiento después de oírlo unas cuantas veces, los enunciados negativos pueden crear un bucle en tu mente. La diferencia está en que unos te animan y los otros te deprimen. Con cada pensamiento tóxico, tu corazón recibe un golpe que te arranca un trocito de autoestima. Pensamiento a pensamiento, golpe a golpe, estás demoliendo tu confianza en ti misma y tu valor.

Es posible que las «canciones del verano» se vayan transformando a medida que cobras consciencia de su existencia. Los pensamientos irán entrando y saliendo de tu mente, pero pronto descubrirás que uno aparece con particular frecuencia. Se trata de tu pensamiento clave.

Igual que adquirimos buenas y malas costumbres, también generamos pensamientos constructivos y destructivos. Tal como comentaba Charles Duhigg en *El poder de los hábitos*, el cambio de hábitos a menudo depende de una conducta clave,[3] una acción en concreto que provoca una especie de efecto mariposa sobre el resto y que acaba por transformar la totalidad de la vida. Igualmente, podemos dar con un pensamiento clave que lo puede cambiar todo, a mejor o a peor. Cuanto más poderoso sea el pensamiento, más profundo será su impacto. Por desgracia, los pensamientos negativos tienen más fuerza que los positivos, y si los dejas a su aire desatarán tus tendencias perfeccionistas y causarán estragos en tu mente y en tu estado de ánimo.

Como ya sabes, uno de los tres pensamientos que más me persiguen es la idea de que debería ser más lista. Descubrí que constituía asimismo mi enunciado clave. El mismo tema de siempre con distintos disfraces. A medida que subieron las apuestas (como te sucederá a ti co

nforme te vuelvas más audaz), empezó a asomar cada vez con más frecuencia.

Durante las tres décadas que duró mi carrera de instructora de *fitness*, cada vez que optaba a un puesto o me entrevistaban para formar parte de una junta de asesores me tocaba asistir a una reunión de alto nivel. Aunque no eran plato de mi gusto, por fin tenía controlada a mi detractora interna y ya no dejaba que la falta de autoestima me acomplejara.

Sin embargo, cuando dejé el mundo del *fitness* para convertirme en conferenciante motivacional y escritora, el paisaje cambió, las apuestas aumentaron y los malditos demonios de la inseguridad decidieron asomar la cabeza.

Corría un caluroso verano en la ciudad de Nueva York y, unas semanas atrás, mi buena amiga Dorie Clark, que casualmente es listísima (lista al nivel de Harvard) y autora de varios libros, me había invitado a una cena de escritores. Yo no me consideraba oficialmente una escritora por cuanto todavía estaba en la fase de preparación de este libro, pero eso a Dorie le traía sin cuidado. Sencillamente, pensó que la cena me ofrecería una buena oportunidad de conocer a otros escritores que vivían en la ciudad, así que acepté la invitación.

Resultó que la cena en cuestión cayó en el día más tórrido que se pueda

---

3. Charles Duhigg, *The Power of Habit: Why We Do What We Do and How to Change*, Random House Books, Londres, 2013. [*El poder de los hábitos*, Urano, Barcelona, 2015.]

imaginar. Yo llevaba unos días nerviosa, pero conseguí mantener a raya la ansiedad hasta que llegó el momento de elegir el vestuario. Los demonios de la inseguridad asomaron sus horribles cabezotas y se apoltronaron en el sofá como si fueran los jueces de un programa de telerrealidad llamado *Qué conjunto no deberías llevar si quieres encajar*.

Supuse que entre los invitados a la cena habría escritores, conferenciantes, profesores, madres o, sencillamente, cualquiera que no perteneciera al mundo del *fitness*. Yo me movía de maravilla entre deportistas, pero el mundillo de los libros era nuevo para mí y, por tanto, un territorio en el que mi detractora interna se sentía a sus anchas.

Decidí acercarme al restaurante andando, porque no aspiraba a encontrar un taxi en plena hora punta y sabía que meterse en el metro equivalía a viajar en un horno. Cuando doblé despacio la esquina de la calle en la que estaba el restaurante, vi a unas cuantas personas que reconocí de las redes sociales, todos escritores. Se habían parado en la entrada para saludarse unos a otros antes de entrar y, según cruzaban de uno en uno la puerta principal, mis demonios interiores decidieron que había llegado el momento de abalanzarse sobre mí. «Qué listos parecen... Salta a la vista que son escritores, probablemente del ámbito académico, y todos se conocen. Deberías haber vuelto a la universidad a sacarte el doctorado antes de empezar este libro. Todos se mueven tan bien en este ambiente y mírate tú, teñida de rubio platino. Vas a dar la nota. ¡Y qué bien vestidos van! ¿Cómo se te ha ocurrido ponerte un vestido largo? Te dije que con los pantalones negros parecerías más lista *y* delgada. Es obvio que todos han publicado, y seguro que sus libros aparecen en la lista del *New York Times*... ¿Cómo se te ha ocurrido pensar ni por un momento que podrías encajar?»

Uf... ¿No te agotas solo con leerlo? Durante unos instantes, esa ráfaga de pensamientos desfiló por mi mente a la velocidad del rayo. En el pasado, la retahíla me habría acompañado hasta la mesa a la que todos se habían sentado y me habría impedido estar presente y disfrutar de la velada. Sin embargo, como perfeccionista recuperada, los demonios de los pensamientos obsesivos y de la autodegradación ya no me enredaban. Sabía que Dorie no me habría invitado de haber pensado que me iba a sentir desplazada, y también estaba convencida de que cualquier amigo suyo sería cortés, solidario y acogedor. Para cuando llegué a la puerta del restaurante, les había cerrado el pico a esos monstruos destructivos y estaba dispuesta a pasarlo de maravilla. Y, para que le conste a mi detractora interna, ¿quién en su sano juicio llevaría pantalones negros en Nueva York el día más caluroso del verano?

Ejercicios detox del día

1. Para empezar, te voy a pedir que identifiques tus tres pensamientos negativos más habituales. Empieza por observar los comentarios que acuden a tu mente a través de una lupa de aumento benevolente, sin juzgarlos, únicamente con el fin de tomar nota del tema que abordan, el tono que usan e incluso el volumen que adoptan. A medida que avances, empezarás a identificar los pensamientos recurrentes y los tópicos más comunes, y tendrás la oportunidad de idear una actitud alternativa y más sana. Pero, de momento, el objetivo es cobrar conciencia y nada más.

    Puede que los identifiques de inmediato —serán esos que han levantado la mano gritando «escógeme a mí, escógeme a mí»— o es posible que, si te pareces a Diane, tus pensamientos negativos sean de naturaleza más sutil o permanezcan ocultos en las profundidades de tu diálogo interno. En ese caso, te recomiendo que pases veinticuatro horas anotando todos tus enunciados mentales que te parezcan repetitivos. Si estás dudando de su presencia, créeme, están ahí. Solo te cuesta encontrarlos porque llevan tanto tiempo contigo que se han mezclado con tu psique. Ha llegado la hora de sacudirla para obligarlos a salir.

    A medida que vayas redactando tu lista de pensamientos, medita cuáles son los tres que resuenan con más fuerza en ti, esos que mejor conoces y que te escuecen una pizca. Reconocerlos no debería entrañar dificultad. Limítate a preguntarte: ¿este pensamiento aumenta o disminuye mi sensación de felicidad? Si la pregunta te incomoda, es señal de que has dado con alguno de los enunciados que más te duelen. Con el tiempo aprenderás a reformularlos para restarles toxicidad y acabarás por erradicarlos. Entonces tendrás espacio para los pensamientos que alimentan tus sueños en lugar de esos que los ahogan.

    Una vez que hayas pasado al papel tus tres «canciones del verano», no emitas opiniones, no les pongas etiquetas y no incurras en pensamientos obsesivos (¡promételo!) Te recuerdo también, con todo el cariño del mundo, que te limites a tus tres pensamientos más habituales. Puedes cambiar los enunciados todas las veces que quieras, pero no debe haber más de tres al mismo tiempo. Si ya has aislado uno de ellos, tu pensamiento clave, siéntete libre para trabajar únicamente con ese, de momento.

    Si en esta fase del proceso has sido capaz de identificar los pensamientos que te impiden ser feliz, puedes avanzar al paso 2. Si todavía no has reconocido tus tres pensamientos más negativos, continúa con los ejercicios del día.

2. «Cuida tus pensamientos, pues se convierten en palabras; cuida tus palabras, pues se convierten en acciones; cuida tus acciones, pues se convierten en hábitos; cuida tus hábitos, pues se convierten en tu carácter; cuida tu carácter, pues se convierte en tu destino.» Esta cita ha sido atribuida a infinidad de personas, desde Lao Tzu hasta Margaret Thatcher y Frank Outlaw. No importa su procedencia; en este paso posee una relevancia especial.

Algunas de mis clientas han constatado que les resulta más fácil centrarse en sus actos repetitivos que fijarse en sus pensamientos. A lo largo de una jornada, más o menos, presta atención a —e incluso anota— esos actos que parecen propiciar consecuencias negativas. A continuación intenta localizar los pensamientos y las ideas que los originaron. Si te provocaron sentimientos negativos —inseguridad, miedo o remordimiento—, es posible que sean estos los detonantes destructivos que acechan detrás de tus actos fallidos.

Puede que esta idea de observar tus pensamientos te parezca poco práctica o te preguntes cómo vas a seguir con tu vida si tienes que estar observándola todo el tiempo. Sencillamente, haz lo que puedas con lo que te salga al paso. Algunos días identificarás un pensamiento negativo y tendrás tiempo de escribirlo, en otros pasarán horas antes de que te fijes en el efecto tóxico de un detonante negativo e incluso habrá jornadas en las que estarás tan ocupada apagando fuegos y tratando de seguir a flote en este viaje llamado vida que no tendrás tiempo ni de pensar en el programa detox hasta el final del día. No pasa nada. El sencillo pero poderoso acto de declararte dispuesta a desconectar de esa fantasía llamada perfección es un excelente comienzo.

3. Tu mente y tu cuerpo pueden ser tus mejores aliados si aprendes a prestar atención a tu sabiduría interna. La respiración te ofrece una magnífica herramienta para ayudarte a reconocer tus pensamientos negativos más asiduos.

Con esa idea en mente, quiero que empieces a fijarte en tu respiración a lo largo del día. Si es profunda y fluida, significa que estás relajada y al mando. Ahora bien, si te sorprendes conteniendo el aliento o adviertes que se ha tornado súbitamente breve y superficial, es muy probable que un pensamiento negativo te haya rozado. La respiración entrecortada indica que te estás encogiendo, que tratas de ocupar menos espacio y que te has cerrado. Recuerda que la postura recogida es la menos adecuada tanto para la respiración como para el estado mental.

A continuación, te propongo un ejercicio respiratorio sencillo que puedes llevar a cabo cada vez que necesites contactar con tu guía y tu sabiduría internos. Lo puedes hacer de pie o sentada, calzada o descalza.

Empieza por plantar los pies en el suelo, más o menos a la altura de los extremos de la cadera.

Ahora imagina que tienes una cinta dorada prendida a la coronilla que te estira hacia arriba con suavidad. Intenta alargar la columna y abre los hombros hasta situarlos en paralelo con la cadera.

Una vez adoptada la posición descrita, llévate una mano al pecho y otra al abdomen. Para empezar, limítate a concentrarte en la respiración y observa qué mano se mueve más. Es probable que sea la situada en la parte superior, lo que indica que estás respirando desde el pecho.

Dedica un rato a observar con curiosidad tu manera habitual de respirar. Transcurridos unos instantes, empieza a respirar más profundamente, despacio. Piensa que llenas todo tu cuerpo de aire reconstituyente hasta que tu mano superior deje de moverse y la inferior suba y baje con cada inhalación y exhalación.

Cuando respiras en profundidad llenando la barriga de aire en lugar de hacerlo desde el pecho como es lo habitual, tu aliento se comporta como un puente entre el cerebro y el cuerpo. Si te cuesta realizar el ejercicio al mismo tiempo que lees esto, descárgate el audio en inglés en theperfectiondetox.com.

El trabajo de hoy ha consistido en amplificar tu consciencia y abrir los ojos a la vida. Ha llegado el momento de empezar a reeducar a tu detractora interna y recuperar el poder.

Córtales el grifo a los demonios de la inseguridad

Ya hemos dejado claro que tus tres pensamientos más asiduos tienden a ser de naturaleza negativa; y que a menudo reflejan lo que percibes como tus defectos, carencias o fallas. Por lo general, el cerebro está tan acostumbrado a sopesar y a diseccionar estos fragmentos de información y a regodearse en ellos que ni siquiera somos conscientes de que sucede. Ahora bien, tanto si nos damos cuenta como si no, esta corriente constante y subliminal de pensamiento negativo puede tener un efecto devastador en nuestro bienestar emocional y físico.

Cuando nos sumimos en una espiral imparable de pensamientos repetitivos quedamos atrapados en esa corriente tóxica. En lugar de usar la mente como un espacio para la inspiración y el aprendizaje, estamos presos en una caja de pensamientos limitadores que a la larga, si no les ponemos freno, acaban por convertirse en nuestro nuevo sistema de creencias.

Cuando tu paisaje mental es este, experimentas grandes apuros para ver los aspectos positivos, especialmente de ti misma (he oído decir —y me parece una excelente analogía— que en este estado la negatividad se pega como velcro, mientras que la positividad resbala como teflón). Aun si aparecen estímulos constructivos, a menudo los devaluamos y minimizamos automáticamente. Por ejemplo, piensa en la última vez que alguien te hizo un cumplido; apuesto a que lo desdeñaste sin más. Sin embargo, en presencia de algo tóxico tendemos a exagerar tanto la causa como el efecto.

La negatividad precisa alimento para sobrevivir y prosperar, y he aquí la buena noticia: tú puedes cortarle el grifo. El secreto está en reconocer y desarmar los pensamientos y los bucles mentales antes de que se conviertan en pensamientos obsesivos, ideas repetitivas relativas a sucesos y experiencias que no podemos cambiar porque ocurrieron en el pasado. Los pensamientos obsesivos solo sirven para hundirte todavía más en el perfeccionismo y alejarte de tu verdadero potencial.

LA TRAMPA DE LOS PENSAMIENTOS OBSESIVOS

Los pensamientos obsesivos son el debilitante proceso de tratar de cambiar lo que no existe. El pasado quedó atrás y el futuro está fuera de nuestro alcance. Pese a todo, una parte de nuestro cerebro está convencida de que «si pienso en esto el tiempo suficiente, con la intensidad y la frecuencia necesarias, la situación cambiará y yo me sentiré mejor». Intentamos modificar nuestras sensaciones transformando el pasado o ejerciendo control sobre el futuro. No hace falta que te diga hasta qué punto es inútil. Nuestro poder únicamente reside en el momento presente. Cedemos ese poder, una y otra vez, cada vez que nos obsesionamos con el ayer o nos preocupamos por el mañana.

Los expertos en psicología empezaron a referirse a este hábito como «rumiar»[4] porque el acto de pensar en algo de manera reiterativa recuerda a la regurgitación del bolo alimenticio que llevan a cabo los rumiantes, como las cabras, las ovejas o las vacas (si esa imagen no basta para que tengas ganas de reeducar tu cerebro, no sé qué hará falta). Eso significa que cada vez que pensamos obsesivamente en algo estamos mascando lo que ya ha sido parcialmente digerido. Hace poco, hojeando una revista, me topé con el titular: «Comprueba el sabor de las palabras antes de soltarlas». Yo lo cambiaría por: «Comprueba el sabor de los pensamientos antes de masticarlos».

Las investigaciones sobre estresores psicológicos demuestran que pensar obsesivamente en algo es más perjudicial que los remordimientos en lo concerniente a bienestar y felicidad. Así lo afirma el cuestionario virtual sobre el estrés más importante que se ha realizado en el Reino Unido, que reunió respuestas de más de 32.000 participantes de 172 países. El estudio constató

---

4. Christopher Bergland, «The Brain Mechanics of Rumination and Repetitive Thinking», *Psychology Today*, 1 de agosto de 2015, www.psychologytoday.com/us/blog/the-athletes-way/201508/the-brain-mechanics-rumination-and-repetitive-thinking.

igualmente que el pensamiento repetitivo es uno de los mayores factores predictivos de ansiedad, depresión y estrés.[5]

La capacidad de descubrirse a uno mismo en el acto de pensar obsesivamente es una habilidad poderosa porque nos ayuda a abandonar el papel pasivo que adoptamos cuando nos limitamos a criticar. Sorprenderse pensando obsesivamente sobre una experiencia que involucra a otra persona no tiene mayor dificultad. Cuesta más identificar los pensamientos repetitivos ensimismados, por más que sean todavía más tóxicos para nuestro bienestar emocional.

Hablamos de ensimismamiento obsesivo para referirnos a lo que pasa cuando nos quedamos enganchados en pensamientos negativos sobre nosotros mismos. Nos obsesionamos con nuestros defectos, tropiezos y supuestas transgresiones. Nos convertimos en nuestros propios abogados del diablo, que señalan todas las faltas y son incapaces de proponer soluciones.

Susan Nolen-Hoeksema, antigua profesora de psicología de la Universidad de Yale, y Sonja Lyubomirsky, doctora en psicología social y autora de *La ciencia de la felicidad*, investigaron ese fenómeno. Llegaron a la conclusión de que los pensamientos obsesivos centrados en uno mismo aumentan la tendencia a pensar en negativo,[6] empeoran la calidad de vida, disminuyen la motivación e incrementan el riesgo de depresión. Y, en realidad, nos impiden resolver el problema que causó el sentimiento negativo de buen comienzo.[7] Por eso es tan importante reparar en esos pensamientos tóxicos que nos empujan a una espiral de ideas disruptivas. Solo cuando nos percatamos de lo que está sucediendo podemos emprender acciones positivas que nos permitan salir de esa inercia.

En mi caso, noto que he entrado en un estado de ensimismamiento obsesivo porque me cambia una pizca el humor. Cada vez que mi cerebro se queda enganchado en uno de mis tres pensamientos más asiduos, me invaden la agitación y la irritación. De repente, todo me molesta, tengo un nudo en el estómago y me siento incapaz de apreciar las cosas buenas. Si no hago nada al respecto, empiezo a estar más triste y deprimida (tal como indica la

---

5. Denise Winterman, «Rumination: The Danger of Dwelling», BBC News, 17 de octubre de 2013, www.bbc.com/news/magazine-24444431.

6. Sonja Lyubomirsky y Susan Nolen-Hoeksema, «Effects of Self-Focused Rumination on Negative Thinking and Interpersonal Problem Solving», *Journal of Personality and Social Psychology*, 69, n.º 1, 1995: 176-190, doi: 10.1037//0022-3514.69.1.176.

7. Parafraseado de Sonja Lyubomirsky, *The How of Happiness: A New Approach to Getting the Life You Want*, Piatkus, Londres, 2010: 112. [*La ciencia de la felicidad*, Urano, Barcelona, 2008.]

investigación).[8] Y como soy una persona habitualmente optimista, considero esas sensaciones mi timbre de alarma. El cuerpo me está avisando de que un pensamiento negativo o dos se han pegado a mi subconsciente. En lugar de reconocerlos por lo que son, soltarlos y seguir adelante, mi cerebro y mi cuerpo se han quedado atrapados en las redes del ensimismamiento obsesivo, algo que siempre me lleva al terreno de la inseguridad y la destrucción.

Si la lógica nos dice que los pensamientos obsesivos son malos para la salud y la felicidad, ¿por qué no podemos parar? Sabemos perfectamente que no nos ayudan a alcanzar nuestros sueños y objetivos, igual que los malos hábitos. Entonces, ¿por qué, oh, por qué es tan difícil dejarlo?

Eric Zimmer, presentador del pódcast *The One You Feed*, ofrece un magnífico símil: «Compáralo con una excursión por el bosque. Tus pensamientos son los excursionistas. El primero se abre camino campo a través, pero, después de que unos cuantos excursionistas hayan seguido sus pasos, se habrá creado una senda en el bosque. Cuantos más caminantes recorran el sendero, más fácil será transitarlo y más probabilidades hay de que futuros excursionistas lo escojan. Requiere mucha más energía apartarse del camino.»

Nuestro cerebro busca la máxima eficiencia en términos de gasto energético. Si su estado por defecto es negativo, los pensamientos destructivos le requieren menos energía y, en consecuencia, hay más probabilidades de que entre en el círculo vicioso de negatividad. La repetición refuerza el proceso, así que cuantos más pensamientos negativos generemos, más poder ejercerán sobre nosotros. Por desgracia, cuando las ideas nos asaltan con insistencia también provocan una reacción fisiológica. Piensa en algo con la suficiente frecuencia e intensidad y tu cuerpo tendrá que adaptarse para protegerse de la embestida de la negatividad. Es muy probable que su reacción sea el mecanismo conocido como «de huida o lucha». Más cortisol, más adrenalina y más estrés.

Para muchos, los pensamientos obsesivos se han convertido en un hábito que, como todos los automatismos, se desencadena a partir de unos detonantes.[9] Charles Duhigg, periodista empresarial del *New York Times* y autor de *El poder de los hábitos*, afirma que el proceso de consolidación de un hábito consta de tres partes, también conocidas como «el bucle del hábito»:

---

8. Susan Nolen-Hoeksema, Blair E. Wisco y Sonja Lyubomirsky, «Rethinking Rumination», *Perspectives on Psychological Science* 3, n.º 5, 2008: 400-424, doi: 10.1111/j.1745-6924.2008.00088.x.

9. Edward R. Watkins, «Four Tips from Habit Research to Reduce Worry and Rumination», *Psychology Today,* 28 de julio de 2013, www.psychologytoday.com/blog/mood-thought/201307/four-tips-habit-research-reduce-worry-and-rumination.

1. Detonante
2. Rutina
3. Recompensa

Al igual que los hábitos, los pensamientos obsesivos a menudo son producto de un detonante subliminal. Los detonantes más habituales son:

1. Una ubicación
2. Un momento temporal
3. Un estado emocional
4. Una persona
5. Una acción que precede al hábito

Los detonantes pueden variar, pero uno de los principales, en mi caso, es una ubicación muy concreta: la ducha. Si no estoy absolutamente presente, podría comenzar el día de un humor horrible y sin saber por qué. Los pensamientos obsesivos adoran los momentos de inactividad cerebral, así que mi rutina de la ducha diaria se convirtió en una época en el entorno ideal para que mis demonios hicieran de las suyas. Ducharse requiere una concentración mínima, de manera que mi mente aprovechaba el momento de ocio en la ducha para sacarle espuma a la negatividad. Diez minutos más tarde, mientras me secaba con la toalla, me percataba de que estaba muy enfadada, un modo nada agradable de afrontar la jornada. Tan pronto como me di cuenta de que la ducha actuaba como detonante en mi caso, ideé una acción positiva y empecé a emplear ese espacio como ritual de mindfulness matutino. Porque dejar de ducharme no era una opción, la verdad.

RECUPERA EL PODER DE LA ELECCIÓN MEDIANTE LA NUTRICIÓN POSITIVA

La tendencia natural del perfeccionista a buscar el confortable (aunque improductivo) regazo de los pensamientos obsesivos tiene un precio. Si bien no es caro en el sentido en que lo sería, pongamos por caso, el hábito de comprar zapatos, lo pagas perdiendo poder de elección, que es infinitamente más valioso. Cuando renunciamos a la capacidad de elegir, estamos cediendo las riendas de la propia vida. El pensamiento tóxico toma el volante y dejamos de ver cualquier alternativa que no implique negatividad.

Tenemos la capacidad de disminuir o ampliar el sufrimiento en función de los pensamientos que sostenemos.[10] Por tanto, a menos que empieces a desplazar la atención a algo bueno, no lograrás un cambio duradero. Pero la ciencia ha demostrado que el mero intento de suprimir un pensamiento negativo no constituye una solución eficaz. Piensa en la última vez que alguien te pidió que no pensaras en algo. ¿Qué pasó? O recuerda el día que un amigo te pidió que no te dieras la vuelta en un restaurante. Te pasaste todo el postre deseando mirar. Ordénale algo y tu cerebro se empeñará en hacer exactamente lo contrario.

A la mente no le gusta encontrarse en el vacío. Por eso, para limpiarla de pensamientos negativos, es importante llenar el hueco con algo constructivo.[11] Si no le ofrecemos una acción inmediata, nuestra programación por defecto ocupará el espacio: otro pensamiento negativo. Para muchas de las mujeres con las que trabajo, una acción subsiguiente fácil de adoptar consiste en recordarse a sí mismas en silencio y con amabilidad que dan la talla. Por el mero hecho de negarse a seguir en guerra consigo mismas, crean cimientos sólidos desde los que emprender el camino de vuelta a la alegría de vivir.

NO A LOS PENSAMIENTOS OBSESIVOS, SÍ A LA REFLEXIÓN

Los pensamientos obsesivos no son lo mismo que reflexionar. La reflexión nos permite contemplar el pasado tal como fue y no como desearíamos que hubiera sido. Cuando nos quedamos enganchadas a un pensamiento y nos aferramos a él con tanta fuerza como para revivir únicamente lo que percibimos como errores, nos estamos negando la posibilidad de descubrir toda la información de utilidad que albergan tanto los aciertos como los fallos.

Solamente porque hayamos vivido una experiencia imperfecta no significa que no podamos extraer de ella conclusiones importantes y aprovechables. Cuando reflexionamos sobre nosotros mismos somos más capaces de cribar los aspectos positivos. Los pensamientos serán de índole más neutra y orientada a la acción, y suscitarán un diálogo interno basado en preguntas abiertas

---

10. Catherine M. Pittman y Elizabeth M. Karle, *Rewire Your Anxious Brain: How to Use the Neuroscience of Fear to End Anxiety, Panic, and Worry*, ReadHowYouWant, Sydney, 2016.

11. Richard M. Wenzlaff y Daniel M. Wegner, «Thought Supression», *Annual Review of Psychology* 51, n.º 1, 2000: 59-91, doi: 10.1146/annurev.psych.51.1.59; Universidad de Liverpool, «Dwelling on Negative Events Biggest Cause of Stress, news.liverpool.ac.uk/2013/10/17/dwelling-on-negative-events-biggest-cause-of-stress.

como: «¿Qué puedo aprender de esto?» La reflexión nos permite quedarnos con lo que podemos utilizar y desligarnos del resto.

Para dar lo mejor de nosotras y optimizar nuestro potencial tenemos que aprender del pasado y, desde ese conocimiento, prepararnos para el futuro. Ahora bien, si queremos obtener mejores resultados la próxima vez, antes tenemos que explorar la distancia entre los pensamientos obsesivos (autocastigo) y la reflexión (autodescubrimiento).

A continuación encontrarás una lista en dos columnas que puedes utilizar para comprobar en cuál de los dos estados sueles pasar más tiempo. Ambos ocupan un considerable espacio mental, pero únicamente la reflexión nos permite descubrir información y soluciones nuevas que transformarán el futuro a mejor.

Pensamiento obsesivo	Pensamiento reflexivo
Pensar en el pasado	Vivir en el presente
Desear un desenlace diferente	Operar desde la realidad
Rellenar los huecos con relatos	Operar desde los hechos
Adoptar una postura autocrítica	Adoptar una perspectiva autoindulgente
Se centra en los problemas	Centrarse en las soluciones
Ver amenazas en los desafíos	Ver oportunidades en los desafíos
Sentirse impotente ante los problemas	Pasar a la acción
Alimentar los demonios de la inseguridad	Cortar el grifo a los demonios de la inseguridad

Tu cerebro lleva años recurriendo por defecto al pensamiento reiterativo, de modo que sé paciente contigo misma. Imagina esta etapa como un baile entre la consciencia y la aceptación. Cuanta más curiosidad e indulgencia puedas aplicar al proceso, más disfrutarás del baile.

Ejercicios detox del día

1. Los pensamientos obsesivos constituyen un hábito. De ahí que resulte tan complicado reconocer el proceso cuando cobra impulso en la mente. El primer paso consiste en observar los detonantes de los pensamientos repetitivos y anotarlos.

¿Es un lugar? ¿El gimnasio quizás, estar delante del espejo o dejar a los niños en el colegio? ¿Empiezas a tener pensamientos obsesivos en presencia de ciertas personas? Puede que te hayas sorprendido entrando en modo de comparación y que la espiral de la inseguridad se desate en torno a ciertos colegas del trabajo. Quizá te suceda cuando estás cansada, puesto que nos cuesta más recurrir a la fuerza de voluntad y al poder de decir «no» al final de un largo día.[12]

Cuando identifiques tus detonantes, anótalos. A continuación procura evitar y/o eliminar tantos como puedas. En ocasiones te bastará con cambiar tu rutina habitual. Cuando no sea posible esquivar o erradicar un detonante por completo, crea una reacción nueva y positiva para sustituir los pensamientos obsesivos. Cada acto que emprendemos como parte de un plan representa un paso enorme en la buena dirección. Por ejemplo, si uno de tus detonantes es el espejo, como les sucede a tantas mujeres, puedes idear una reacción más sana y mejor ante la visión de tu reflejo, por cuanto evitar los espejos por completo no constituye una solución práctica.

En el instante en que identifiques en ti misma el deseo de desacreditarte, ¿podrías recurrir a una nueva rutina con el fin de impedir que el detonante negativo se dispare? Una estrategia que les funciona a muchas de las mujeres con las que trabajo es crear un minimantra o buscar una palabra de poder que cambie al momento el rumbo del diálogo interno. Yo uso, entre otras, el término «piña». Pronunciar esa palabra de poder me ayuda a darme cuenta de que mi cerebro está a punto de caer en una espiral de negatividad. Decir «piña» siempre me hace sonreír y corta de inmediato los pensamientos obsesivos. Puede que a ti te funcione mirar tu reflejo en el espejo y sonreír o decir en voz baja «calla ahora» en cuanto empieces a oír la vocecilla de tu detractora interna. Todas estas propuestas constituyen pequeños pero poderosos recursos para modificar el marco de referencia y te ayudarán a apartar la atención de una situación desmoralizante en potencia.

Según la definición de Susan Nolen-Hoeksema, pensar obsesivamente es hacerlo de forma reiterada y pasiva en las causas y las consecuencias de un problema sin pasar a la acción para resolverlo. Tú, amiga mía, ya estás pasando del pensamiento a la acción.

2. Cuando estamos sumidos en pensamientos obsesivos, nuestra mente está trabajando a tope, pero no estamos, ni de lejos, en estado de mindfulness.

---

12. Kelly McGonigal, *The Willpower Instinct: How Self-Control Works, Why It Matters, and What You Can Do to Get More of It*, Avery, Nueva York, 2013. [*Autocontrol*, Urano, Barcelona, 2012.]

Practica un mantra que te ayude a romper el círculo vicioso del pensamiento obsesivo. Uno de mis favoritos, que suelen adoptar también las asistentes a mis talleres y conferencias, es «quédate aquí». Parece sencillo, pero funciona tan bien como un chasqueo de dedos sobre los pensamientos obsesivos. Pronúncialo tantas veces como te haga falta hasta que hayas silenciado a tu detractora interna. Otro que me gusta es: «Yo lo valgo». Más recientemente, he adoptado un nuevo mantra: «Me niego a machacarme».

3. Una investigación de la Universidad Rutgers demuestra que el mindfulness y la actividad física, una combinación también conocida como el entrenamiento MAP, por las siglas en inglés, puede ejercer un impacto positivo en la tendencia a enfrascarse en pensamientos obsesivos.[13] En mi época de bailarina, los únicos lugares en los que me libraba de proyectar pensamientos obsesivos eran la clase de danza y el escenario. Cuando mi cuerpo entraba en movimiento, me encontraba plenamente presente y mi mente guardaba silencio. Si necesitas una solución rápida durante la jornada, simplemente, PARA: **P**lántate sobre los pies. **A**nda. **R**epara en lo que te rodea. **A**coge un pensamiento positivo.[14] Las dos primeras acciones te ponen en movimiento, la tercera te arrastra al presente y la última te permite llenar el vacío con un refuerzo constructivo. Un cambio de escenario podría igualmente ser suficiente para romper el bucle del pensamiento y airear tu mente. Si no tienes tiempo de dar un paseo, golpea los pies contra el suelo. Cualquier cosa que te obligue a levantarte y ponga tu cuerpo en marcha funcionará.

13. B. L. Alderman, R. L. Olson, C. J. Brush y T. J. Shors, «MAP Training: Combining Meditation and Aerobic Exercise Reduces Depression an Rumination While Enhancing Synchronized Brain Activity», *Translational Psychiatry* 6, n.º 2, 2016, doi: 10.1038/tp.2015.225.

14. M. D. Sacchet *et. al.*, «Attention Drives Synchronization of Alpha and Beta Rhythms between Right Inferior Frontal and Primary Sensory Neocortex», *Journal of Neuroscience* 35, n.º 5, 2015, 2074-2082, doi: 10.1523/jneurosci.1292-14.2015.

Quítate un peso de encima

Para los perfeccionistas (en particular las mujeres), la idea de «peso» evoca al instante los kilos que marca la báscula, es decir, el peso que soporta el esqueleto. La cifra en cuestión suele suscitar toda clase de remordimientos, sentimientos de angustia e incluso odio hacia una misma; una reacción que abordaremos más adelante. De momento me gustaría centrarme en un tipo de peso distinto: la carga metafórica que el perfeccionismo coloca sobre tus hombros.

La perfección es un fardo muy pesado. Y, sin embargo, tal vez no seas consciente de que está ahí. Igual que no notamos los kilos que acumularnos hasta que no podemos abrocharnos los pantalones, el peso del perfeccionismo llega sin hacer ruido. No nos percatamos de que lo tenemos encima hasta que nuestra relación con la vida deja de proporcionarnos placer o hasta que nuestra compañía empieza a provocar en los demás una sensación de impaciencia. Súbitamente sentimos como si la existencia nos quedara estrecha, o como si nosotros no acabáramos de ajustarnos bien a la vida.

En estos casos, es lógico preguntarse de dónde procede este peso. No se debe a un exceso de calorías ni a una falta de ejercicio físico, sino a capas y capas de expectativas no cumplidas que se acumulan por doquier. Las expectativas son las compañeras inseparables de los perfeccionistas. Esperamos mucho de nosotros mismos y seguimos persiguiendo nuestros objetivos a cualquier precio, incluso si son insensatos, inalcanzables y quizás inconvenientes para nosotros.

Por si fuera poco, si eres una de esas personas que espera perfección también de las personas de su alrededor (hablaremos más de ello en el paso 15), colocarás esas mismas expectativas en los demás. En este caso das por sentado que todo el mundo quiere ser tan perfecto como tú, por lo que proyectas en el otro tu inflexible deseo de alcanzar un máximo nivel de excelencia en todo.

Asimismo podrías tener la sensación que las mismas reglas y sentido del deber que inspiran tus actos gobiernan a los demás. Sin embargo, esta idea suele ser una quimera, una fantasía que te arrastra a un pozo sin fondo de decepción y que puede estropear las relaciones existentes o impedir que se desarrollen otras nuevas. Imagina el peso que colocamos sin darnos cuenta sobre amigos, colegas y miembros de la familia cuando sienten que lo único tan bueno como para satisfacer nuestros altísimos niveles de exigencia es un resultado perfecto.

En este paso pretendo abrirte los ojos al grado de expectación que existe en tu vida y a la carga que esos imperativos suponen para ti y tus allegados. Cuando superes el deseo de que tu existencia sea perfecta y desplaces tu atención del resultado a la vivencia, experimentarás una profunda transformación y tu experiencia cotidiana te hará más feliz. No se trata de esforzarte menos, sino de cambiar los objetivos que te marcas en casa, en el trabajo y en la vida.

EXPECTATIVAS NO TAN GRANDES

Podemos definir las expectativas como la idea de que (1) algo sucederá o se hará realidad en el futuro, o de que (2) alguien conseguirá algo. En la teoría no parecen demasiado negativas u onerosas, pero hazlas desfilar por la mente de un perfeccionista y la historia pronto cambiará. Para el perfeccionista, «las expectativas son resentimiento en construcción», como dijo en cierta ocasión la escritora Anne Lamott. La frase es válida tanto si hablamos de las esperanzas extremas que albergamos sobre nosotros mismos como de las que proyectamos en los demás; en cualquier caso, no pasará mucho tiempo antes de que se acumule el resentimiento y empiece a pesarnos físicamente.

No es buena idea vivir de acuerdo con las propias expectativas, ni para la felicidad ni para la productividad. Alimentamos esperanzas desmesuradas sin darnos cuenta, pensando que incrementarán nuestra productividad y mejorarán los frutos de nuestro trabajo, quizás incluso las probabilidades de triunfar, cuando lo único que estamos haciendo es exigirnos niveles de calidad imposibles y ponernos barreras que nos predisponen al fracaso.

Como perfeccionista, es probable que seas hipersensible a lo que se espera o no se espera de ti. El problema radica en que, con frecuencia, esas expectativas no solo son poco realistas, sino que también te separan de la realidad de la experiencia.

Las esperanzas irreales a menudo son autoimpuestas y tienden a ser tan inflexibles como perjudiciales. Funcionan casi como minicontratos implícitos que firmamos con nosotros mismos, cuyas cláusulas jamás nos favorecen, por cuanto incluyen la necesidad de saberlo todo y controlarlo todo (dos imposibles), y de nunca desfallecer en la búsqueda de la perfección. Y si te pareces en algo a mí, subirás la apuesta y elevarás las expectativas sin cesar, lo que te alejará cada vez más la posibilidad de cumplirlas. Se trata de una trampa perpetua que nos conduce al fracaso y a la desilusión.

Constantemente, las perfeccionistas nos sacamos de la manga imperativos inventados y alejados de la realidad. Tal vez te reconozcas en el siguiente ejemplo: *Estoy segura de que las otras mamás llevarán galletas caseras a la fiesta del colegio; será mejor que me quede levantada hasta la una de la madrugada para prepararlas. Seguro que si compro algo en el supermercado me pongo en evidencia.*

A menudo supone un gran alivio descubrir que no somos las únicas en caer en este tipo de fabulaciones. Hace poco, en una entrevista, el escritor superventas Simon Sinek confesó pensar que la gente esperaba que tuviera respuesta para todo.[15] A continuación explicó que se sentía tan presionado por esas expectativas nada realistas y autoimpuestas que, si acaso no conocía una respuesta, intentaba fingir que sí.

Sonreí aliviada cuando me enteré de que una de las personas a las que más admiro en el mundo reconocía sufrir esta presión imaginaria. En mis comienzos como entrenadora de *fitness*, yo tenía la misma sensación. En ambas situaciones, hablamos de imperativos irreales. Nadie ha dado jamás por sentado que tuviéramos que saberlo todo, y nadie tiene ni puede tener respuestas para todas las preguntas. Sin embargo, ambos estábamos tan convencidos de ello que esas falsas creencias se convirtieron en nuestra nueva realidad.

Las perfeccionistas tenemos facilidad para aumentar el peso de las expectativas con nuestras fabulaciones; tenemos una imaginación prodigiosa cuando se trata de contarnos patrañas.

Exageramos los errores, minimizamos los éxitos e inventamos desenlaces negativos cuando todavía carecemos de la mitad de la información. Una terapeuta me dijo en cierta ocasión que, en las relaciones románticas, las mujeres rellenan los espacios en blanco con fantasías. Por mi parte, pienso que, en la

---

15. Sarah Robb O'Hagan y Simon Sinek en Heleo's Cocktails and Conversation, 21 de abril de 2017, vimeo.com/214180083.

relación con nosotras mismas, a menudo rellenamos los espacios en blanco con mentiras y odio.

Piensa en la última vez que esperabas hacer algo a la perfección y no se cumplieron tus expectativas. ¿Te paraste a analizar la situación y fuiste capaz de aprender de la experiencia? ¿O te dedicaste automáticamente a desacreditarte y humillarte exagerando tus supuestos errores? Una expectativa no cumplida puede desencadenar vergüenza, y nada contribuye tanto a la humillación como colocarnos bajo un microscopio que magnifique todo aquello que no salió de maravilla. Cuando nos comportamos de ese modo, es difícil distinguir dónde terminan las expectativas y dónde empiezan las emociones negativas. Esa mentalidad alimenta los demonios de la duda y nos empuja a actitudes de obsesión y comprobación o de parálisis y procrastinación, ninguna de las cuales nos acerca a nuestros objetivos. Lo que hacen es hundirnos aún más en nuestro monólogo interno y secreto y alejarnos de las relaciones y la interacción con los demás.

Conocí a Lindsay en uno de mis talleres detox para perfeccionistas, en Nueva York. Recuerdo haberla visto al entrar en el estudio de yoga donde se celebraba el seminario. Estaba sentada en el suelo, escribiendo en su diario. Cuando llegué, alzó la vista, me dedicó una deslumbrante sonrisa y me saludó. A primera vista Lindsay parecía, bueno, perfecta. Es guapa, agradable y poderosa. Tiene cuerpo de bailarina, uno de esos que parecen emanar energía. A lo largo de las horas siguientes descubrí también que Lindsey poseía un sentido del humor corrosivo, y que era sumamente autocrítica, superlista y bondadosa.

Cuando llevábamos una hora de taller, empecé a hablar del peso de las expectativas, del impacto que ejercen en la experiencia y de su capacidad para arrebatarnos la alegría de vivir. Según planteaba esta conversación, advertí que Lindsay hundía los hombros y, despacio, empezaba a replegarse sobre sí misma. No podía imaginar entonces que esa mujer cargaba el peso de cuatro mil quinientos kilómetros sobre los hombros.

Cuando el taller llegó a su fin, me acerqué a Lindsay con la intención de desentrañar lo que acababa de presenciar antes de que se marchara. Nos sentamos con las piernas cruzadas en un rincón tranquilo del estudio y ella, poco a poco, me contó su historia.

A la sazón, Lindsay llevaba dos meses en Nueva York. Se había mudado a la Costa Este tras haber vivido diez años en Los Ángeles. El motivo de su traslado era un nuevo empleo como directora de juego de un importante equipo deportivo. El trabajo requiere redactar y organizar todas las actividades (al margen del partido en sí) que se proponen a los fans durante los eventos.

El empleo, uno de los más codiciados de su profesión, involucraba grandes dosis de presión y expectativas. Sin embargo, el peso que Lindsay llevaba a cuestas se lo había impuesto ella misma. Como buena perfeccionista, había dado por supuesto que llevaría a cabo la transición de mudarse a vivir a la otra punta del país con una rapidez y una facilidad nada realistas. De hecho, había resumido sus expectativas en una hoja, en la que había detallado todos sus planes. Incluso había bajado fotografías de Internet para ilustrar cada uno de los pasos y había clasificado sus proyectos personales y profesionales por colores.

Lindsay había pasado más de diez años en Los Ángeles; la vida en la Costa Oeste no tenía secretos para ella. Desde la iglesia a la que acudía hasta su instructora de yoga favorita, el mercado de productos frescos o las amistades que cultivaba, Lindsay había diseñado su vida en función de sus sueños y valores.

Y ahora allí estaba, cuatro semanas después de su llegada a Nueva York, sin entender por qué su vida no fluía de maravilla. Ya llevaba allí dos meses y todavía no se sentía plenamente asentada en la Gran Manzana ni acababa de pillarle el tranquillo a su nuevo empleo. Por si fuera poco, todavía estaba buscando la clase de yoga ideal, la nueva iglesia y un mercado de productos frescos. Y la lista estaba abreviada. Lindsay intentaba replicar en Nueva York la vida que llevaba en la Costa Oeste, y a toda prisa.

Procedimos a examinar sus expectativas, y Lindsay me confesó estar convencida de que si se aferraba a las cosas que conocía lo tendría todo bajo control. Después de charlar conmigo, empezó a respirar con más facilidad, pero todavía tardaría meses en encontrar su lugar.

Durante el primer año que pasó en la ciudad, Lindsay hizo el trabajo necesario para conservar sus ambiciones al mismo tiempo que recuperaba la alegría de vivir. Entendió que si se empeñaba demasiado en tenerlo todo controlado se perdería muchas de las experiencias que le salían al paso. Decidió no renunciar a la planificación porque le gusta prepararse de antemano, pero ahora con una gran diferencia, pues aprendió a no albergar expectativas acerca del rumbo que pudieran tomar sus planes. En las sabias palabras del escritor Joseph Campbell: «Debemos estar dispuestos a renunciar a la vida que planeamos para poder disfrutar la vida que nos espera».

Lindsay y yo quedamos hace poco para tomar el té. Sonriendo, me habló de las numerosas experiencias mágicas que había protagonizado una vez que renunció a pensar cómo «debían» ser las cosas. Últimamente ha sustituido los viajes al mercado por las visitas al museo; en lugar de caminar por la playa, pasea por Central Park; y ha renunciado a practicar yoga con un único instructor, porque prefiere la flexibilidad que supone poder elegir la clase que mejor se adapte a su ajetreada agenda.

DEJA LAS EXPECTATIVAS EN LA ENTRADA

Las expectativas a menudo se cuelan en nuestras relaciones e interacciones sociales, y pueden llegar a estropear experiencias positivas al arrebatarnos la capacidad de disfrutar del presente. Por ejemplo, yo tenía la costumbre de pensar cómo «devolver el favor» en el instante en que me invitaban a una fiesta o evento antes incluso de que se celebrara. No quería sentir que le debía nada a nadie, así que «actuaba» de antemano. Nada de aguardar con ilusión la comida o la fiesta, o de disponerme a conocer gente; yo tenía que estar lista para corresponder a la invitación y así asegurarme mi puesto de amiga perfecta.

Si alguna vez has vuelto a casa después de disfrutar de una cena maravillosa en casa de los vecinos y de inmediato te has puesto a buscar una fecha para compensarlos con un evento parecido, ya sabes de qué estoy hablando. La cuestión no es si la anfitriona espera o no que la invites a tu vez, sino que tú te sientes obligada a hacerlo, como invitada perfecta.

Las expectativas también nos impiden crecer porque imponen restricciones a la hora de pedir guía o consejo. Cuando empecé a escribir y a dar conferencias, dudaba de si pedir ayuda a mis nuevos conocidos porque me preguntaba si esperarían algo a cambio (no lo esperaban) y, lo que es peor, porque pensaba que, de ser así, no tenía nada que ofrecerles. Todo estaba en mi cabeza, como es natural, y mis intentos de cuadrar las cuentas, ese toma y daca constante, eran agotadores e incrementaban mi ansiedad. Puede que mis intenciones fueran buenas, pero estaba tan obcecada que no era capaz de disfrutar del don del presente. (Centrarse en el presente supone todo un desafío para las perfeccionistas, y volveremos a ello a lo largo del programa.)

Igualmente, las expectativas tienden a estropear los buenos ratos, incluso estando de vacaciones. Mientras escribía este libro, a menudo le comentaba a mi hermana las ideas que tenía, y cuando le mencioné este capítulo salió a colación el tema de los viajes. Fue entonces cuando descubrí la carga extra que solía colocar en su maleta.

Jennie inspiró profundamente. Saltaba a la vista que no sabía si mencionar una experiencia que nos atañía a las dos. Después de asegurarle que quería profundizar en el impacto que ejercen las expectativas en las relaciones, empezó a hablarme de cuánto le pesaban mis ideas fijas en relación con los vuelos, los hoteles y las cenas cuando viajábamos juntas. Me confesó que, cada vez que yo trataba de organizar el viaje perfecto para las dos, no conseguía nada más que añadir estrés a las vacaciones en lugar de diversión.

Ni una sola vez había expresado mi hermana la necesidad de que las vacaciones fueran perfectas para considerarlas maravillosas. Toda esa planificación que yo veía como un valor añadido le provocaba grandes dosis de ansiedad y, a decir verdad, también a mí. Me agobiaba a cada paso tratando de que todo estuviera a la altura de sus expectativas (que ella jamás me había comentado) y Jennie, a su vez, sufría por si el viaje no cumplía las mías. Mi hermana sabía que una habitación estupenda no sería suficiente para mí; tenía que ser la habitación perfecta (intenta dar con ella cuando viajas al extranjero). Teníamos que cenar en el restaurante ideal y disfrutar de la velada más memorable de la historia. Sin embargo, la idea que Jennie tenía de unas vacaciones fantásticas tan solo incluía mi compañía y, quizás, una buena botella de vino.

Todo eso se traducía en horas perdidas delante del ordenador buscando en TripAdvisor reseñas de hoteles y restaurantes (a menudo durante las mismas vacaciones). Jennie me recordó asimismo que (siendo realista) esperaba como poco al tercer cambio de habitación para preguntarme: «¿Ya podemos deshacer el equipaje?» Reímos y charlamos sobre el tema, pero ya te puedes imaginar la tensión que reinaba en cada viaje, sin que yo lo sospechara siquiera.

Si vuelvo la vista atrás, advierto que muchos de mis recuerdos más entrañables proceden de los momentos inesperados y espontáneos que surgieron en el transcurso de nuestros periplos, incluido el día que perdí a mi amiga Denise durante tres horas en la Toscana, cuando cumplí los cincuenta. En la actualidad, si bien todavía prefiero encargarme de preparar el viaje y reservar el hotel, paso menos tiempo obsesionándome con la experiencia perfecta. Ahora prefiero aguardar con ilusión las sorpresas y las aventuras que puedan acontecer, sean cuales sean. (Sin embargo, todavía busco habitaciones no comunicadas y lejos del ascensor.)

¿Te reconoces en alguno de estos ejemplos, aunque sea vagamente? Podrías necesitar tiempo para asimilar qué son las expectativas y qué papel ocupan en tu vida, y luego un poco más para ser capaz de reconocerlas. Ahora, cuando menos, ya sabes qué buscar y en qué ámbitos de tu vida deberías practicar el ejercicio de soltar las riendas. Desalojando las esperanzas extremas ganamos espacio para los objetivos, que son mucho más saludables para nuestro bienestar.

RENUNCIAR A EXPECTATIVAS TÓXICAS PARA DAR CABIDA A OBJETIVOS SANOS

Los objetivos sanos nos motivan y nos proporcionan energía; el miedo solo se cuela cuando tenemos expectativas imposibles basadas en aspiraciones poco realistas.

Así pues, ¿cuál es la diferencia entre marcarse objetivos sanos y proponerse expectativas irrealizables? Los objetivos sanos nacen de dentro y dan cabida a los desafíos y a la superación personal. Nos fijamos hitos a lo largo del camino para medir nuestros progresos y somos capaces de abordar lo que nos surge al paso con previsión, esfuerzo y curiosidad. Colaboramos con los acontecimientos, exploramos, nos cuestionamos nuestra antigua manera de pensar y hacemos hueco para nuestro potencial. Reflexionamos con frecuencia para comprobar hasta dónde hemos llegado al mismo tiempo que acogemos con agrado los desafíos que todavía tenemos por delante. Las expectativas irrealizables vienen de fuera, motivadas por la idea de que los demás esperan de nosotras lo imposible. Aparecen envueltas en tensión e impregnadas de miedo, y nos inducen a mirar adelante constantemente con el fin de calcular el camino que todavía nos queda por recorrer.

Una herramienta excelente para marcarse objetivos sanos es la conocida como SMART. Los objetivos SMART son específicos, mesurables, asequibles, realistas y temporales. Este sencillo acrónimo resultará muy útil a los perfeccionistas, porque les ofrece un marco de referencia y les ayuda a asegurarse de que sus metas se ajustan a un esfuerzo y a unos resultados sanos.

Los dos adjetivos esenciales del acrónimo SMART son *asequible* y *realista*, ninguno de los cuales se aplicaría normalmente a las expectativas nacidas en un entorno perfeccionista.[16] Los objetivos saludables deberían ser también muy específicos. Cuando nos esforzamos por alcanzar la perfección en lugar

---

16. Centre for Clinical Interventions (CCI), «Perfectionism in Perspective», www.cci.health.wa.gov.au/resources/infopax.cfm?Info_ID=52.

de avanzar hacia una meta concreta, el blanco al que apuntamos es difuso y cambiante. De ahí que nos cueste reparar en los progresos que hacemos o distinguir las habilidades que ya poseemos de las que deberíamos adquirir o mejorar.

Las siguientes preguntas clave te ayudarán a diferenciar un objetivo sano de una expectativa poco realista:

1. ¿La meta a la que aspiro es *realista*, teniendo en cuenta mi momento vital?
2. ¿Es realizable con trabajo duro y esfuerzo?
3. ¿Puedo establecer etapas concretas y fácilmente mesurables para poder ir observando mis progresos a lo largo del camino?

Si la respuesta a todas las preguntas es afirmativa, es muy probable que te hayas marcado una meta positiva y enriquecedora. Tomando la experiencia de Lindsay como ejemplo, la primera pregunta le habría servido para darse un poco de cancha. Tal vez las metas que se marcó hubieran sido realizables de haber llevado varios meses en la ciudad. Sin embargo, pensar que podía cruzar el país, encontrar casa, adaptarse a un nuevo empleo y tenerlo todo organizado y controlado en solo dos meses y en una ciudad que no conocía no era realista, ni siquiera deseable.

Cuando trabajo con perfeccionistas, este es el punto que más resistencias genera, sobre todo entre los directivos de empresa. A menudo expresan el miedo a que, si reducen o modifican sus expectativas, bajarán el listón, rendirán menos y obtendrán resultados mediocres. Ahora bien, imagina una cultura corporativa construida sobre el presupuesto de que todos los objetivos se deben alcanzar, en todos los casos, y cuyo éxito se mide con el rasero de la perfección. ¿Quién se atreverá a proponer una idea creativa y original o nuevas soluciones para antiguos problemas? Nadie, por cuanto hacerlo implica correr riesgos, y en el universo del perfeccionismo y las aspiraciones extremas no cabe el atrevimiento.

Si bien estoy completamente de acuerdo en que necesitamos patrones y metas parciales para medir los avances y los resultados, las expectativas poco realistas no nos acercan más a esos indicadores. Ahora bien, imagina cómo sería avanzar hacia tus objetivos si las ideas preconcebidas desaparecieran de la ecuación para ser remplazadas por la la ilusión.

PRUÉBATE EL TRAJE DE LA ILUSIÓN

El escritor escocés Samuel Smiles escribió: «Una enorme ilusión transforma por sí misma la posibilidad en realidad; nuestros deseos a menudo no son sino la antesala de lo que somos capaces de lograr». La ilusión aporta un elemento de emoción y deja las puertas abiertas a las sorpresas agradables. También da cabida a la creatividad y a la investigación, y nos permite contemplar los fracasos como valoraciones o críticas, de tal manera que el miedo desaparece. Puede que el esfuerzo sea el mismo, pero el nuevo marco deja espacio para el descanso y la diversión, dos factores que con toda probabilidad contribuirán a elevar la moral y la productividad. Imagina el proceso como una ecuación:

Ilusión + Acción = Productividad Inspirada

La ilusión nos transporta por el camino que lleva a los objetivos. Nos permite disfrutar del viaje al mismo tiempo que nos desafiamos a trabajar con valentía por coronar nuevas cumbres. La ilusión nos permite detenernos de vez en cuanto para felicitarnos por nuestros esfuerzos, identificar lo que está funcionando y reajustar aquellas partes del proceso que puedan precisar cambios.

Las expectativas, en cambio, se ubican más allá de nuestros objetivos. Nos mantienen enfocadas en el futuro y en estado de alerta, siempre pendientes de que todo vaya de maravilla antes de aflojar las riendas. En las escasas ocasiones en que cumplimos nuestras propias aspiraciones, la detractora interna quita importancia a la hazaña atribuyéndola a la suerte.

En este paso, te invito a que seas consciente de cómo te impones expectativas, obligaciones o reciprocidad. Todos estos conceptos pueden convertirse en hábitos mentales que con el paso del tiempo se amontonan hasta sumar una carga difícil de sobrellevar. A la larga, ahogan el placer y la alegría de las interacciones humanas, tan necesarias.

Como es natural, no sugiero que descuides tus obligaciones. Únicamente que rebajes los niveles de expectación *excesivos* y *autoimpuestos* que te impiden vivir en el presente. Libérate del peso de imperativos y fabulaciones y concéntrate en crear un vínculo más profundo con tus objetivos y aspiraciones. No tienes que ser perfecta para merecer una vida rica y próspera, sembrada de metas y sueños.

Ejercicios detox del día

1. Las perfeccionistas solemos ser amigas excelentes. En ocasiones, sin embargo, redactamos listas de obligaciones internas que llevamos a nuestras relaciones. Comienza esta etapa del programa detox prestando atención a tu manera de relacionarte con aquellos a los crees «deber» algo, ya sea tiempo, atención u obra. ¿Es algo que te han solicitado de manera explícita o te lo dice tu vocecilla interna, que habla desde el remordimiento, la duda o la inseguridad? Si reconoces tu voz interna, párate a reflexionar las causas profundas de tu necesidad compulsiva de complacer. Está bien ser una amiga excelente, claro que sí, pero no hace falta devolver todos los gestos al momento.

2. Repara en las expectativas que los demás puedan haber depositado en ti. ¿Te sirven de ayuda? ¿Están en consonancia con tus valores y con tu vida? Igual que debemos reeducar a la detractora interna, también tenemos que acallar las voces ajenas, sobre todo cuando no nos benefician. Si las expectativas de una amiga o un miembro de la familia chocan con tu manera de vivir tal vez haya llegado el momento de mantener una conversación afectuosa. Recurre al tacto para explicarles que, si bien les agradeces que se preocupen por ti, si no son capaces de apoyarte y de respaldar tus decisiones, preferirías que se guardaran sus ideas y opiniones.

3. Gestiona tus propias expectativas cortando cualquier pensamiento que haga referencia a los resultados. Por ejemplo, si estás planificando una fiesta, intenta no imaginar qué opinará o pensará cada uno de los invitados. Procura estar presente y concéntrate al máximo en todo aquello que te ayude a disfrutar de la velada, y entrégate al cien por cien. Sepárate de tu tendencia a conseguir un resultado perfecto. Tus invitados prefieren que estés presente a que seas impecable.

4. Piensa en algún evento inminente y medita si albergas alguna perspectiva poco realista en relación con el resultado. Utiliza el sistema SMART como referencia. Escribe cómo te haría sentir el acontecimiento si desligaras tus expectativas del resultado para colocarlas en la experiencia. ¿Qué cambiaría si tu única aspiración fuera estar presente y dar lo mejor de ti misma?

5. Pruébate el traje de la ilusión. Escribe en tu diario una posibilidad que te ilusione. Puede ser relativa al trabajo, a la familia o, sencillamente, a un proyecto

que quieres sacar adelante. A continuación, escribe las acciones, paso por paso, que deberías realizar para cubrir la distancia entre el punto en el que estás ahora y ese al que te gustaría llegar. Presta atención a las sensaciones que te invaden cuando empiezas a crear un espacio para la acción inspirada.

Descifra el miedo

Para los perfeccionistas, el miedo es un adversario poderoso, dotado de incontables caras. Si bien hablamos de una única emoción desagradable, se despliega hasta el infinito en nuestro caleidoscopio particular de desastres. Tenemos miedo a que nos desenmascaren, miedo a no hacer algo de maravilla, miedo a meter la pata, miedo a cometer un error, miedo a un resultado regular, miedo a [_____] (rellena el hueco con el temor que te haya venido a la mente mientras leías este párrafo).

Como tendemos a fantasear con escenarios idealizados y desproporcionados, es decir, alejados de la realidad, la decepción suele ser tan inevitable como demoledora. Para el perfeccionista, esta tendencia coloca la satisfacción o la alegría —que requiere vivir el momento presente— prácticamente fuera de su alcance. El momento se nos escurre entre los dedos mientras nos dedicamos a analizar errores del pasado y a tratar de prevenir nuevos tropiezos en el futuro. Con el tiempo, aceptamos resignados que nada será nunca tan ideal como debería y nos refugiamos en la pasividad, por cuanto el miedo concreto a un error futuro siempre será más fuerte que el temor difuso a perder una oportunidad en el presente, por más que la ocasión nos esté mirando a los ojos.

En ese sentido, el miedo es un ladrón que nos roba recuerdos, conexión y cualquier tipo de deseo, e incluso la voluntad de probar nuevas experiencias. Y como la ansiedad generalizada se cuenta entre sus efectos secundarios, el miedo también puede ser debilitante, humillante y desmoralizante.

Numerosas personas sugieren que la manera ideal de vencer el temor es librarse de él. Pero esa táctica se basa en una imposibilidad biológica: nacimos con la capacidad de sentir miedo, y habrá momentos en que tendremos necesidad del reflejo que desencadena, instantes incluso en que nuestra vida dependa de ello. No podemos ignorarlo, no podemos librarnos de él, pero sí podemos trabajar para comprenderlo e identificar cuándo nos resulta útil o está justificado y cuándo no. Si lo consigues, este conocimiento te proporcionará una de las experiencias más liberadoras del programa.

NOTAS DESDE EL FRENTE DEL MIEDO

Diane (a la que conoces del paso 1) me envió una nota tras asistir a un taller del programa detox para perfeccionistas: «Tengo la sensación de que funciono en estado de alerta máxima y no acabo de entender por qué abordo las tareas cotidianas como si fueran un enorme incendio. Siento tanta ansiedad y me da tanto miedo que los demás se den cuenta de lo que me pasa que he acabado por encerrarme en mí misma».

No es la única; he hablado con otras mujeres cuya tremenda honestidad sobre las dificultades y las exigencias que acarrea una mentalidad perfeccionista me ha conmovido hasta la médula. Muchas han compartido conmigo sobrecogedoras reflexiones que detallan cómo su deseo de perfección les ha arrebatado la alegría de vivir el momento presente y la oportunidad de crecer y mejorar.

Diane me contó más adelante que en su nota trataba de describir hasta qué punto es agotador querer hacerlo todo bien y cargar con las consecuencias de ese intento. ¿Qué se había perdido por «encerrarse en sí misma»?, le pregunté. Le dolía demasiado imaginarlo siquiera.

Para Diane y otras mujeres que pasaron por mis talleres, el miedo se había tornado tan poderoso y había llegado a ser un obstáculo tan insalvable que, para empezar a trabajar, tendríamos que devolverlo a su dimensión real o, cuando menos, rebajarlo a una más asequible. De manera que, para ayudarlas a superar esa versión ficcional del miedo que se había apoderado de sus vidas, formulé cuatro pensamientos clarificadores:

1. Otorga un nuevo significado al miedo

Me gusta definir el miedo como «Falsas Expectativas con Apariencia Real» (del inglés, *FEAR*). Para restarle poder al miedo, tenemos que arrojar luz sobre las expectativas (tal como hemos comentado en el paso anterior), pero el verdadero secreto para transformar nuestra relación con él pasa por entender de qué estamos hablando, cuándo nos paraliza y cuándo podemos considerarlo una fuerza positiva en la vida.

Tendemos a olvidar que, con frecuencia, sentimos miedo y ansiedad porque nos implicamos, y la capacidad de implicarse es una cualidad maravillosa. Cuanto más te importa algo, mayor es el nivel de ansiedad. Y cuanto más te esfuerzas y te desafías, más tiendes a asustarte. El pánico indica que estás haciendo algo importante para ti.

La gente a menudo me pregunta si me da miedo hablar en público. Yo respondo que, si bien ya no me asusta lo que la gente pueda pensar de mí (miedo engañoso), todavía me pongo nerviosa. Considero mi nerviosismo una señal de implicación y una muestra de respeto hacia mi público. Si no me agitara, me preocuparía haberme tornado autocomplaciente y descuidada. Así pues, la estrategia consiste en conservar la preocupación, pero desplazarla a otro objeto. Dejamos de preocuparnos por alcanzar un resultado perfecto (demasiadas variables) y empezamos a concentrarnos en estar presentes (una sola variable).

Otro sistema para contemplar el miedo desde otra perspectiva consiste en meditar la estrecha relación que existe entre la ansiedad y la emoción, y trabajar para ser capaces de asimilar la primera a la segunda. Tanto los sentimientos de *emoción* (por lo que estamos haciendo) como los de *ansiedad* (por el resultado) se originan en el sistema nervioso simpático (SNS). Esta parte del sistema nervioso nos coloca en estado de alarma («huida o lucha») y dispara todas las sirenas si no estamos plenamente presentes. Cuando prestamos atención y escogemos con cuidado los pensamientos que motivan nuestros actos, podemos transformar un detonante como «Hacer algo nuevo me provoca ansiedad» por un enunciado más positivo: «Estoy emocionada y agradecida por este nuevo desafío». Basta con cambiar el diálogo interno.

Tenemos que dejar de contemplar el miedo desde una perspectiva negativa. Lo llevamos grabado en los genes y está diseñado para protegernos. Recuperamos nuestro poder cuando dejamos de rechazar el temor y empezamos a mirar lo que se esconde debajo de ese montón de ansiedad. ¿Ha sido la realidad la que ha desencadenado el pánico, o una poderosa mentira creada por los demonios de la inseguridad?

Cuando aceptamos y exploramos la ansiedad, el miedo se convierte en un excelente maestro. No debemos considerarlo un enemigo. Como afirma la psicóloga y maestra de meditación Tara Brach: «El miedo solo es un problema cuando rebasa sus propios límites». Y le encanta rebasar sus límites siempre que puede, en particular cuando puede campar a sus anchas.

2. Recuerda que no estás sola

Toda perfeccionista se ha sentido paralizado por sentimientos de miedo y ansiedad, y la mayoría de nosotras por el temor a no estar a la altura de las expectativas (autoimpuestas o ajenas). Una encuesta reciente realizada por la empresa de recursos humanos Accountemps reveló que el 30 por ciento de los entrevistados había confesado que su mayor miedo era cometer un error de tipo laboral.[17]

Trabajo con muchas personas distintas y he oído infinidad de relatos relacionados con el deseo de perfección. He descubierto que un miedo en particular, tremendamente debilitante, aparece en la práctica totalidad de las historias: el temor a ser «desenmascarado». La sensación de impostura es uno de los pensamientos más prevalentes entre los perfeccionistas, y lo que sea que pretendas ocultar a los demás será tu talón de Aquiles. Esta pequeña llaga seguirá abierta y sensible a la opinión ajena hasta que la afrontes y la reformules.

El síndrome del impostor no es un concepto nuevo, pero he observado a muchas mujeres que, una vez comprendida la idea, asumen la nueva presión de pensar que deberían ser capaces de superar el complejo al instante y, cómo no, hacerlo a la perfección.

Hace poco oí a una buena amiga mía hablar del tema en el transcurso de una tertulia. En su último empleo, Julie había sido vicepresidenta senior de una importante empresa de tecnología y ahora llevaba tres años ocupando un alto cargo en una prestigiosa compañía de moda y cosmética. Habían ido a buscarla para ofrecerle el nuevo puesto profesional y estaba encantada de formar parte de una empresa fundada por mujeres.

Por desgracia, junto con su nuevo cargo, los fantásticos beneficios sociales y un aumento de salario, a la vida de Julie llegó el síndrome del impostor. Cuando le preguntaron cuánto tiempo tardó en dejar de sentirse una farsante, su respuesta pilló a todo el mundo por sorpresa.

Cuando mi amiga fue tan valiente de compartir la verdad y pronunció las palabras «dos años» tuve la sensación de que la sala entera contenía el aliento. Súbitamente montones de manos se alzaron y las mujeres de la concurrencia empezaron a pedirle a Julie que contara más. El hecho de conocer y entender algo no nos garantiza que seamos capaces de dominarlo de la noche a la mañana.

---

17. Chad Brooks, «Employees Reveal Their Biggest Work Fears», *Business News Daily*, 25 de octubre de 2012, www.businessnewsdaily.com/3323-employees-reveal-their-biggest-work-fears.html.

El nuevo trabajo de Julie implicaba un equipo mayor que dirigir, una manera distinta de hacer las cosas y una serie de reglas totalmente nuevas, muchas de ellas implícitas. Por primera vez, tuvo la sensación de que quizá se habían equivocado al contratarla. Cada vez que se sentía fuera de lugar, su sensación de impostura aumentaba y su autoestima menguaba.

Julie reveló el profundo dolor que experimentaba cuando llegaba al trabajo fingiendo seguridad en sí misma, capacidad y dominio de la situación. Por más que supiera que la habían contratado por sus conocimientos y su talento, así como para traer aire fresco a la empresa, no podía librarse de la sensación de que no estaba hecha para el puesto. Confesó haberse sentido tan incómoda en el papel de ejecutiva que a menudo le quitaba importancia al cargo. Si bien todo parecía indicar que «había triunfado», Julie únicamente podía concentrarse en sus lagunas y en las cosas que no funcionaban según lo planeado.

A medida que sus sentimientos de no dar la talla aumentaban, su confianza en sí misma empezó a tambalearse. A menudo se cuestionaba y rara vez pedía ayuda, por considerar que ese gesto sería otra prueba más de su impostura. Por fin, a finales del segundo año, creyó haber entendido por fin lo que quería la empresa. Sin embargo, en la evaluación anual, su jefa le dijo que no estaba segura de que el trabajo fuera para ella. Después de dos años tratando de sortear errores y fracasos, sus miedos imaginarios se habían convertido en una realidad.

Durante los tres meses siguientes, Julie se enfrentó a sus temores. Había llegado el momento de ponerse las pilas y hacerse notar, por cuanto había comprendido que llevaba dos años tratando de hacer las cosas como creía que deseaban los demás. Se había centrado tanto en las ideas, las necesidades y los deseos ajenos que había perdido de vista quién era y para qué la habían contratado.

Julie decidió hacer las cosas a su manera. Sacó fuerzas de flaqueza, se arriesgó e hizo lo que creía mejor para la empresa. En muy poco tiempo todo cambió. Sus colegas empezaron a decirle que parecía una persona completamente distinta, y su jefa dejó de controlar cada uno de sus pasos y permitió que Julie fraguara y llevara a cabo dos proyectos muy importantes.

Al atreverse a ser ella misma y dejar de buscar pistas secretas en los demás, por fin se apoyó en sus propias habilidades, cualidades y experiencia sin dejar por ello de pedir ayuda cuando la necesitaba. Julie por fin se sintió más que capacitada para el empleo, ganó sus primas, lideró a su equipo de modo que todos pudieran aprender y mejorar y pudo acudir cada día al trabajo inundada de alegría y pasión.

Como seres humanos sanos que somos, es fisiológica y psicológicamente imposible no tener miedo. El temor en sí mismo no te perjudica; el factor decisivo será tu manera de relacionarte con él. Por favor, recuerda que no estás sola con tus miedos y que asustarse no constituye un signo de debilidad. Siempre vamos a protagonizar momentos de duda e inseguridad, por cuanto ambos sentimientos son inherentes a nuestra condición humana. Pero podemos mantenernos unidas y recordarnos que el miedo a menudo solo es Mi Imaginación Empeñada en Distraerme de mis Objetivos.

3. Busca la diferencia: miedo funcional o miedo imaginario

En tercer lugar, debes entender que tu cerebro no conoce la diferencia entre un miedo racional o funcional (tu hijo pequeño está a punto de bajar del bordillo) o imaginario (seguro que tu jefa se da cuenta de que no estás preparada para el ascenso que te acaban de ofrecer). Los sentimientos no son hechos en lo que concierne al miedo, pero el cerebro tiende a confundirlos.

Cuando el miedo y la ansiedad siembran el caos en la mente, la parte del cerebro que podría ayudarnos a devolverlo todo a su lugar, la corteza prefrontal, se toma unas minivacaciones. Como la parte frontal del cerebro tarda más en arrancar (está analizando qué reacción será la más adecuada), la más antigua, la amígdala, también llamada en ocasiones el cerebro reptiliano o de lagarto, acude encantada al rescate. La amígdala no se detiene a pensar, actúa sin más. En el instante en que el cerebro experimenta una reacción biológica de alarma (huida, lucha o inmovilidad), la parte encargada del pensamiento lógico desconecta. Por eso el miedo resulta tan complicado de gestionar.

Nuestros antepasados, para sobrevivir y prosperar, se veían obligados a decidir constantemente qué podía hacerles daño y qué podía resultarles de utilidad. De cara a la supervivencia era más importante concentrarse en las amenazas que en las recompensas. La zona de tu cerebro que se activa cuando te sientes amenazada es la misma que se dispara cuando temes cometer un error, te sientes enjuiciada o piensas que alguien descubrirá «quién eres en realidad» detrás de la fachada. El miedo irracional o imaginario seguirá siendo una fuente de dolor en tanto no cambies la relación con esa parte de ti misma que consideras defectuosa.

Uno de los miedos imaginarios que me persiguió durante años fue la idea de que, en mis apariciones públicas, me criticarían o me mirarían mal si no daba una imagen perfecta. Se desencadenó cuando empecé a frecuentar los platós de televisión. Presentaba un programa de *fitness* que se emitía en varias cadenas, y mi cerebro decidió que debía estar «lista para las cámaras» en todo momento.

A la larga, la sensación empezó a empapar todas mis interacciones sociales. El terror disfuncional se había instalado en mi mente hasta tal punto que durante un tiempo sufrí frecuentes ataques de pánico en compañía de mis mejores amigos. Para empeorar las cosas, si un desconocido me reconocía y se acercaba simplemente a saludar, entraba en alerta roja. Cuando en un restaurante alguien se acercaba a mi mesa, empujaba hacia otro comensal a toda prisa los alimentos o el alcohol que tuviera delante si juzgaba que no eran «perfectamente saludables».

Escribir esto todavía me provoca una pizca de tristeza. Dejé pasar tantas cosas y me perdí tantas experiencias fantásticas por culpa del miedo imaginario a no hacer un papel impecable en las situaciones sociales. Los pensamientos tóxicos habían pirateado mi cerebro hasta tal punto que tardé mucho tiempo en desenredar el entuerto.

Tuvieron que pasar varios años, hasta que estudié psicología positiva y la neurociencia que explica la capacidad del cerebro de transformarse a partir de los pensamientos repetitivos, para que entendiera lo que pasaba. No puedo decir que mis terrores imaginarios desaparecieran de la noche a la mañana, pero cuando los acepté como una parte de mí empezaron a perder fuelle.

¿Eres capaz de identificar alguno de tus miedos imaginarios? Te animo a prestar atención la próxima vez que la ansiedad te invada; respira y pregúntate si el miedo está justificado o es necesario. De no ser así, comunícale a tu cerebro que estás a salvo y prueba a desactivar las sinapsis. Me encanta la idea de decirle «ahora calla» cada vez que notemos cómo una oleada de ansiedad no justificada nos inunda. Un mensaje sencillo y afectuoso para informarle de que agradecemos su intento de protegernos, pero que en este momento está rebasando sus límites.

4. Pregúntate: ¿estoy experimentando una reacción programada?

Y, para terminar, si bien el miedo se nos antoja una experiencia en presente, a menudo se trata más bien de la reacción a algo sucedido en el pasado o de una estrategia preventiva ante un problema del futuro inmediato. Sacas conclusiones basadas en tus experiencias y, en consecuencia, prevés dificultades. Cuando tienes miedo, hay muchas probabilidades de que te hayas deslizado al pasado o te estés preocupando por el futuro.

Uno de los aspectos más peliagudos del temor, tanto del real como del figurado, es su capacidad para activarse con un solo pensamiento instantáneo.

Esta cualidad resulta frustrante y puede llegar a ser angustiosa en ocasiones. Para los perfeccionistas, los detonantes del miedo imaginario tienden a estar personalizados. El cerebro actúa contra sí mismo y se ha programado para considerar nuestros errores y defectos algo de lo que avergonzarse o asustarse. Como ya sabemos, la repetición refuerza aún más la programación, pero el hecho de que algo esté programado no significa que sea real real.

Empezamos a desterrar de la mente el miedo imaginario cuando aprendemos a observar los pensamientos en sí mismos en lugar de contemplar el mundo a través de nuestros pensamientos. Un ejercicio que me ha ayudado a separarme de mis enunciados mentales consiste en hacer un uso impecable de las palabras,[18] sobre todo de aquellas que me dirijo a mí misma. Antes, mi lenguaje venía a ser algo así como: «Tengo miedo de no ofrecer una imagen perfecta», pero aprendí a transformar el enunciado en algo más parecido a: «Estoy experimentando un sentimiento relacionado con la posibilidad de no ofrecer una imagen perfecta». Ese gesto me permite poner distancia entre el pensamiento y la vivencia. Haciéndolo de ese modo, dejo de identificarme con la emoción y puedo explorar el sentimiento para averiguar cuál es el verdadero detonante del miedo. Hablo de la diferencia entre *tener* un pensamiento y *ser* el pensamiento o la diferencia entre cometer un error y pensar que yo soy el error.

Para identificar los falsos miedos tenemos que estar tan presentes como sea posible, sobre todo en el momento en que hacen aparición. Esto último resulta particularmente complicado, pero el acto de prestar atención cada vez que notes la desagradable oleada del pánico te ayudará poco a poco a depurarte de pensamientos tóxicos inspirados en mentiras.

Cambiar la relación con el miedo requiere tiempo. También exige aceptación, consciencia y grandes dosis de gratitud a una misma por tener el valor de intentarlo. El hecho de que hayas emprendido este viaje ya constituye un aviso a tus temores irreales. Saben que estás empezando a desentrañar sus trucos y que solo es cuestión de tiempo que te despidas de ellos (para siempre). Hasta entonces, te tocará más de una vez dar la cara y actuar «como si» hasta que tu cerebro capte el mensaje. No pasa nada por hacer el trabajo asustada.

---

18. Don Miguel Ruiz, *The Four Agreements: A Practical Guide to Personal Freedom*, Amber-Allen, San Rafael, California, 1997. [*Los cuatro acuerdos*, Urano, Barcelona, 1998.]

LA CLAVE PARA LA RECONCILIACIÓN: PRESENCIA

Cuando una perfeccionista se asusta considera su miedo una prueba más de su incapacidad para gestionar la vida a la perfección. Al contemplar el temor como un defecto, trata de empujarlo al fondo de su consciencia, lo que solo sirve para aumentar su poder destructivo. Huir de algo nunca da resultado y, en todo caso, solo sirve para empeorar la situación. Si queremos firmar una tregua con nuestros miedos o desarrollar un grado útil de comprensión y compasión, tendremos que entablar negociaciones de paz.

A la hora de abordar un miedo o una fobia, muchos terapeutas recomiendan la terapia de exposición. Para las perfeccionistas, dicho tratamiento implica exponernos a eso que más nos horroriza y tratamos de evitar: nuestros temores particulares y específicos.

La idea sería crear escenarios que imiten el fracaso. Pavel Somov, un psicólogo especializado en perfeccionismo, propone ejercicios fascinantes para combatir el miedo a los errores y la ansiedad que aparece ante un rechazo en potencia. A modo de ejemplo, sugiere una situación que serviría para practicar la gestión del miedo: cuando te pares con el coche delante de un semáforo en rojo y la luz cambie a verde, espera unos segundos antes de arrancar. Oirás unos cuantos bocinazos y, si llevas la ventanilla abierta, alguna que otra maldición e insulto. Pero el mundo no se va a acabar por eso y, una vez que hayas arrancado, los protestones no volverán a dedicarte ni un solo pensamiento. O pronuncia mal una palabra a conciencia, sugiere Somov, búrlate de ti mismo o sé un engorro para alguien. Descubrirás que el apuro inicial no tiene consecuencias duraderas, así que todo ese miedo no solo es exagerado, sino también superable.[19]

Este tipo de estrategias me parecen valientes y creativas, pero he descubierto que, a la hora de la verdad, pocas personas cometen un error deliberado, ni siquiera a modo de ejercicio. Pese a todo, si te sientes audaz y tienes ganas de probar, te animo a poner en práctica esos experimentos.

Las perfeccionistas tendemos a disociar el miedo al futuro de nuestras esperanzas en relación con el porvenir. No entendemos por qué nos cuesta tanto superar las cosas y seguir adelante con nuestra vida. Lolly Daskal, autora de *The Leadership Gap*, nos dice que «lo que no asumes, te domina», y la frase le va como anillo al dedo al tema de los miedos. La tendencia a esconder la cabeza

---

19. Pavel G. Somov, *Present Perfect: A Mindfulness Approach to Letting Go of Perfectionism and the Need for Control*, New Harbinger, Oakland, 2010.

alimenta los demonios de la inseguridad. Pero si contemplamos la ansiedad a través del cristal de la compasión, el miedo deja de ser nuestro enemigo.

El programa que estás llevando a cabo ayudó a Diane y a otras mujeres en apuros, y espero que te ayude a ti. Aprender a gestionar la ansiedad ante el futuro te permite dejar de lado la autocrítica para poder concentrarte en algo más constructivo que andar siempre pendiente de lo que podría ir mal.

Ejercicios detox del día

- Los síntomas físicos del miedo tal vez varíen en cada caso, pero son muy reales. Cuando estamos asustadas o experimentamos ansiedad, el estómago se contrae, nos falta el aire, el corazón se acelera y la tez se congestiona. Presta atención e identifica los síntomas que te provoca el miedo, pero lleva tu consciencia al presente. Si estás sentada, levántate. Si estás levantada, camina. Muévete. Concéntrate en la respiración, intenta apaciguarla y alarga las exhalaciones. Piensa en la ansiedad que emana del miedo como una reacción de emoción, pero con menos oxígeno; el mero hecho de respirar más conscientemente puede transformar la ansiedad en emoción. Inhala contando hasta cuatro y exhala contando hasta ocho. Repite el mismo proceso a lo largo de un minuto. Mientras inspiras, recita para tus adentros: «Quédate aquí». Mientras espiras, di: «Esto también pasará».

- Recurre al ejercicio ESOAR-Q (Espera, Observa, Ajusta, Reflexiona, Cuestiona) para identificar cuál es el detonante del pánico y reformula los pensamientos en relación con el miedo. He usado este ejercicio muchísimas veces en mi propia vida. Si me siento asustada antes de comenzar una charla en un gran escenario, utilizo este proceso para no caer en pensamientos negativos. Mi ESOAR-Q viene a ser más o menos así:

  1. **Espero** un momento y me fijo en los sentimientos de ansiedad, que nacen de mi idea de que tengo que dar una charla perfecta.

  2. **Observo** cómo me siento y decido si necesito hacer algún cambio.

  3. **Ajusto** mi diálogo interno para decirme a mí misma: no hace falta ser perfecta para dejar huella; si consigo cambiar o ayudar a una sola persona de entre un público de ochocientas, el día habrá merecido la pena.

  4. **Reflexiono** sobre mi empeño en ofrecer un discurso impecable y lo reformulo. En lugar de aspirar a una valoración de cinco estrellas, me concentro

en ofrecer al público una experiencia de cinco estrellas. En otras palabras, estoy más pendiente de ayudar a los demás y menos de la validación consciente que el público pueda hacer de mi esfuerzo.

5. Para terminar, me formulo una **cuestión**: ¿qué acción puedo llevar a cabo para consolidar este estado mental mejorado? He descubierto que, en esta fase, el movimiento físico me ayuda a rebajar el exceso de adrenalina y ansiedad. Saltar sin moverse del sitio funciona bien, al igual que ponerse de puntillas en caso de que no tuvieras tiempo o espacio o, también mi favorito, un paseo rápido de poder. Escoge el método que te parezca mejor. Puede involucrar mover el cuerpo, pero sirve igualmente recurrir a la respiración.

PASO 5

¿A quién pertenece tu vocecilla interior?

El diálogo consigo mismo negativo, cuando se produce de manera crónica, no aparece de la nada. Sus orígenes están firmemente arraigados en el pasado y sus consecuencias hacen estragos en el futuro. Si quieres volver a plantarte con firmeza en el presente —el único lugar en el que deberías estar—, tendrás que investigar la procedencia de esas voces y qué relación mantienen con algunas de tus percepciones propias más limitadoras.

En mi infancia y adolescencia, las frases que causaron un impacto desproporcionado en mi autoimagen y que más marcaron mi futuro fueron: «Tu padre es un borracho», «Pareces una fulana» y «No te vendría mal perder unos cuantos kilos». Esas palabras tóxicas y las emociones que suscitaron me acompañaron durante décadas. Resonaron en mi cabeza con tanta frecuencia y durante tanto tiempo que, en algún momento, perdí la capacidad de distinguir a quién pertenecían las voces; al final, era mi propia voz la que repetía las frases.

Parezco una fulana, me decía cuando la mirada de un hombre se posaba un segundo de más en mi rostro. Qué gorda estoy, me decía cuando los vaqueros de pitillo me apretaban una pizca. Las voces hacían aparición cada vez que temía no tener el control absoluto de la situación, y se parecían tanto a la mía que no me preguntaba por su procedencia. Me costó siete años de terapia ser capaz de escuchar esas palabras en las voces originales de personas ya desaparecidas de mi vida. Recuerdo la fuerte impresión que sentí al reconocerlas. Incluso me acuerdo del momento en que sucedió. Estaba en Nueva York, arreglándome para acudir a un acto importante. Me miré al espejo y oí la frase «Pareces una fulana», que surgió como de la nada. Y entonces comprendí que la voz pertenecía a mi antigua profesora de danza, que debía de ser ya muy anciana, si acaso seguía viva. Y las palabras no tenían nada que ver conmigo, ni con la persona que soy ahora mismo ni con la que era entonces, cuando fueron pronunciadas. No eran más que opiniones expresadas con descuido y sin ningún criterio, de hecho.

En muchos casos, cuando desactivamos esos mensajes envenenados descubrimos unos cimientos inestables, en absoluto tan inquebrantables como creíamos. El mero hecho de desentrañar las enclenques bases de nuestras creencias basta para empezar a difuminar la humillación y el desencanto que han venido alimentando desde hace años.

LOS RELATOS QUE NOS MODELAN

Es fácil pensar que tu caso es único, y que solamente *tu* madre, *tu* padre u otros referentes de tus primeros años hacían este tipo de comentarios formativos y probablemente dolorosos. Y lo pensamos porque, afrontémoslo, no se trata de un tema objeto de conversación cuando cenamos con amigos. Pero te diré una cosa: si acaso viviste esa experiencia, no eres la única, ni mucho menos. Me di cuenta cuando decidí crear un espacio para que la gente pudiera descubrir, explorar y compartir sus relatos y donde di a conocer por primera vez mi propia historia.

Durante mi primer Taller Detox para perfeccionistas de 21 días, una de las participantes, Connie, contó una experiencia que en esencia parecía distinta a la mía, pero que también se remontaba a su infancia.

Connie asistió a un colegio católico muy estricto, donde una nota de 9,8 no se consideraba suficiente. Si puedes sacar un 9,8 en un examen, le decían las monjas, ¿por qué no un 10? El padre de Connie, un militar que esperaba de sus hijos la máxima perfección en todo lo que emprendieran, suscribía esta mentalidad rígida. Preocupado por el futuro de sus retoños, los vigilaba de cerca para asegurarse de que alcanzaran el máximo potencial, una actitud que había acabado por convertir a Connie en una persona extremadamente tímida y temerosa de cometer un error. «Cuando metía la pata —recordaba—, el miedo a que la situación se repitiera me atormentaba durante días.»

Comprendió que a lo largo de su vida había dejado pasar varias oportunidades, sencillamente, por el terror que le inspiraba la posibilidad de equivocarse. Es posible que el padre tuviera buenas intenciones al querer que Connie diera lo mejor de sí misma, pero aquella vigilancia extrema acabó por ejercer el efecto contrario: impedir que expresara todo su potencial, por cuanto se sentía cohibida, asustada de hacer algo que no fuera absolutamente perfecto. «Ahora comprendo que la vida es demasiado corta y que soy yo la que se la ha perdido», concluyó Connie. El programa la ayudó a separarse de las voces del pasado —en particular la de su padre— para poder vivir y respirar en el presente. La buena noticia es que Connie, ahora, ha decidido ser mentora de niñas de ocho a once años en un club deportivo.

Abundan historias parecidas a la de Connie a nuestro alrededor, algunas durmientes, otras ocultas como vergonzosos secretos. Pero ha llegado la hora de que salgan a la luz. Mientras leías este capítulo, es muy posible que te hayan venido a la cabeza las palabras y las frases que te dirigieron hace años, las mismas que todavía resuenan en tu mente. ¿Eres capaz de oír los mensajes que te transmitieron? ¿Identificas a quién pertenecen las voces? ¿Recuerdas cuántos años tenías en aquel entonces? Los mensajes que nos definen a menudo proceden de la infancia, así que sé paciente y no te preocupes si te cuesta identificar su origen. Avanza con delicadeza y recuerda que puedes regresar al pasado en cualquier momento para completar este paso.

LAS SEMILLAS DE LA AUTOESTIMA

Nacemos completos y vivimos de esa guisa hasta el día en que alguien nos rechaza o nos remodela. La primera vez que oímos un comentario censurador por parte de una persona a la que admiramos o cuya aprobación ansiamos, el ser empieza a dividirse y astillarse. Cuando la primera ola de decepción y humillación nos inunda, nuestra autoestima comienza un proceso de disolución.

De niños somos seres especialmente vulnerables y permeables. Nuestra identidad *depende* de los demás. Carecemos de la experiencia que nos permitiría cuestionar la opinión que otra persona tiene sobre nosotros. Y los mensajes que recibimos en esa etapa tienden, en consecuencia, a ser los que nos ayudan a construir el amor propio o la autoestima.

Las investigaciones han demostrado que el amor hacia uno mismo comienza a desarrollarse en torno a los cinco años. La educadora infantil Ellen Booth Church nos dice que los niños de cinco o seis años ya empiezan a preguntarse si agradarán a los demás cuando vayan al colegio.

La autoestima se refuerza o se debilita en la adolescencia, cuando una combinación de influencias externas, incluidos padre y madre, y figuras de referencia, como entrenadores y profesores, así como amigos y compañeros, nos puede prestar solidez o hacernos pedazos. Si un entrenador u otro referente en tu vida te dice en esos años formativos que eres demasiado perezosa, tonta o sensible, que estás excesivamente gorda, comes demasiado, no te esfuerzas lo suficiente y cosas por el estilo, resulta sumamente difícil no creerle.

Tu sensación de valía fluctuará con el paso de los años, pero son esas semillas tempranas las más complicadas de desenterrar y desenmarañar, particularmente porque suelen estar asociadas a personas que amaste y admiraste. Somos más propensas a personalizar e internalizar las críticas procedentes de personas importantes para nosotros (o acerca de personas importantes para nosotros, en mi caso) y a permitir que sus comentarios menoscaben nuestra autoestima. Si tenemos tendencias perfeccionistas, ese tipo de críticas podría dar lugar a una necesidad extrema de demostrar que encajamos, que merecemos lo que tenemos, que somos dignas. Cuando te sientes obligada a esforzarte tanto en validar tu existencia, vives constantemente fuera del presente.

A medida que vamos eliminando las creencias limitadoras del pasado, podemos remplazarlas por otras que nos permitan prosperar y realizarnos en el presente. Para crearlas tenemos que concentrarnos en reforzar nuestros mejores aspectos, un proceso que a su vez potencia una autoestima sana y potente. Nathaniel Branden, un referente en este ámbito, definió la autoestima como la capacidad de confiar en el propio pensamiento y el convencimiento de que merecemos felicidad.[20]

Una autoestima sana es condición fundamental para poder disfrutar de la vida y se apoya en los pilares de la autoaceptación, la responsabilidad hacia uno mismo, la asertividad y una vida consciente, con integridad y propósito. La unión de todos estos elementos crea una firme barrera entre las voces del pasado y la vida que creamos en el momento actual.

Durante un tiempo, el concepto de autoestima tuvo mala prensa entre la opinión pública. La gente empezó a cuestionar si realmente el amor propio, asociado con el ego y la arrogancia, se podía considerar un rasgo positivo de la personalidad.

Ahora bien, si hablamos de la autoestima en relación con la percepción de la propia eficacia y del respeto a uno mismo, este atributo nos otorga la capacidad de expresar lo que somos y de ayudar a los demás a realizarse también, igual que hace Connie con las chicas de su club deportivo. Se trata de una parte fundamental de una misma que debemos cultivar y cuidar según nos desprendemos del perfeccionismo.

---

20. Nathaniel Branden, *The Six Pillars of Self-Esteem*, Bantam, Nueva York, 2004. [*Los seis pilares de la autoestima*, Paidós, Barcelona, 2011.]

EMPIEZA A PRESTAR ATENCIÓN A TU CUBO

En 2006, Carol McCloud publicó *¿Has llenado un cubo hoy?*, un libro breve pero profundo.[21] Su mensaje es tan sencillo como poderoso: todos tenemos un cubo que se llena o se vacía en cada momento en función de los comentarios que recibimos. Cuando está lleno nos sentimos de maravilla, y cuando se vacía nos hundimos en la miseria.

Volviendo la vista atrás, pregúntate: «¿Quién vació mi cubo?» Esas son las voces de las que deberías separarte. Igualmente, si te preguntas: «¿Quién llenó mi cubo?», sabrás a qué voces debes prestar más atención. Cualquier viaje al pasado requiere avanzar con suma delicadeza y precaución (a menos que te pongas en manos de un terapeuta profesional). No se trata de escarbar viejas heridas, sino de buscar experiencias que podríamos haber desdeñado por considerar que no tenían importancia.

Muchos de mis pensamientos negativos aparecían formulados con la voz de personas a las que admiraba en mi juventud. «No eres lo bastante lista» y «Pareces una fulana» procedían de profesores en los que confiaba; «Te sobran unos kilos» fue acuñado por la coreógrafa a la que adoraba. Una década más tarde, cuando mi carrera en el *fitness* empezaba a despegar, y como mi autoestima estaba ya un tanto dañada, esas opiniones alentaron mi propia voz, que decía: «Si vas a dedicarte al *fitness*, tendrías que estar en perfecta forma», y con esa frase daba comienzo una espiral descendente de pensamientos tóxicos.

NO HACE FALTA QUE TE MACHAQUES

Cada vez que volvemos la vista atrás y recordamos algo doloroso corremos el riesgo de empezar a sumirnos en pensamientos obsesivos. No es eso lo que me gustaría que hicieras en este paso. Tan solo pretendo que seas más consciente de cómo esas voces pueden haber impactado en ti y lo seguirán haciendo si no te ocupas de ellas.

Las distintas situaciones que te animo a recordar deberían acudir a tu mente con facilidad. Tal vez recuerdes una ocasión en que una de tus figuras

---

21. La edición del décimo aniversario es *Have You Filled a Bucket Today?: A Guide to Daily Happiness for Kids*, de Carol McCloud con ilustraciones de David Messing, Ferne Press, Northville, 2006. [*¿Has llenado una cubeta hoy?*, edición bilingüe, Bucket Fillers, INC, 2017.]

de referencia te lanzó una crítica como de pasada. Como respetabas a esa persona y ansiabas su aprobación, no solo la escuchaste, sino que agarraste sus palabras y saliste corriendo. O puede que un entrenador al que admirabas te hiciera trizas y luego olvidara recomponerte. Es posible que alguna amiga caprichosa decidiese de súbito que ya no formabas parte de su círculo íntimo, por la razón que fuera. Esas voces pueden ser sutiles pero también sumamente tóxicas en lo concerniente a los bucles de pensamiento. Este paso te ayudará a reducirlas a un susurro antes de arrojarlas al olvido.

Mientras vuelves al pasado en busca de comentarios descuidados que te hicieran sentir «inferior», quiero que contrarrestes el efecto recordando a esas personas que te elogiaron y te apoyaron. Intenta evocar asimismo una figura de referencia digna de tu admiración, alguien que te animara a esforzarte para conseguir algo, que alabara tu trabajo y te hiciera notar que merecías disfrutar al máximo de la vida. Esas son las voces con las que debes conectar y que debes amplificar. Cree sus palabras y búscate allí.

Ejercicios detox del día

1. ¿A quién pertenecen las vocecillas internas que te censuran? Si no estás segura, intenta traer a la memoria las figuras de referencia que pasaron por tu vida de los seis a los dieciséis años. Es muy posible que, en ese periodo, alguna persona a la que admirabas te dijera que te sobraba esto o te faltaba lo otro. Despeja la primera capa de tus recuerdos, a ver qué asoma. Empleando la escala del bienestar, pregúntate qué voces llenan tu cubo para sumar alegría a tu vida y cuáles te arrebatan la dicha cada vez que lo vacían.

2. Trabaja para reestructurar tu manera de reaccionar a las voces internas. En lugar de escucharlas, creerlas y reaccionar automáticamente, rebélate una pizca: rechaza la idea y reformúlala. En mi caso, cambié «Pareces una fulana» por «Hoy vas vestida para brillar». Ayuda a los demás a hacer lo mismo. Reflexiona, reformula y cambia el enunciado.

3. Este último paso lo puedes llevar a cabo ahora o retornar a él más adelante, cuando hayas avanzado un poco más en el programa; ambas opciones son adecuadas para el proceso depurativo. Lo digo porque requiere perdón, que debe proceder del corazón y exige que te sientas preparada. Pese a todo, te

animo a completarlo antes de concluir el programa detox, por cuanto perdonar a los demás por el dolor que han causado abre un espacio en la mente y el corazón por el que pueden fluir cosas buenas. El perdón no equivale al olvido, ni siquiera a condonar el daño que te hicieron con los comentarios hirientes. Implica, eso sí, desengancharte de esas voces negativas del pasado para que pierdan la capacidad de influir en un futuro positivo. La otra cara del perdón es la responsabilidad, y la responsabilidad para con una misma constituye uno de los pilares de la autoestima.

¿Por qué es tan importante perdonar? Porque, parafraseando a la escritora Louise Hay, la mayoría de la gente actúa lo mejor que puede en función de lo que sabe y entiende. Si supieran más y fueran más conscientes, se comportarían de otro modo. Igual que mi padre hizo todo lo que pudo con lo que sabía, también las personas cuyas voces sigues oyendo hoy día llegaron hasta donde pudieron en su momento. Es importante hacer las paces con el pasado, por tu propio bien ante todo.

Solo cuando me reconcilié por fin con el hecho de que mi padre sufría de alcoholismo, la voz que me lo recordaba constantemente se convirtió en un susurro. Conforme fui entendiendo que mi progenitor había hecho cuanto había podido con las herramientas que la vida le había dado, empecé a ser capaz de perdonarlo. Aprendió de sus padres, que siempre habían bebido demasiado, y él no ansiaba nada más que la aprobación paterna. La disposición a conocer su historia me permitió descubrir que mi tía, que vivía en Australia y a la que apenas conocí, falleció igualmente a una edad temprana a causa de problemas orgánicos relacionados con el alcoholismo.

La horrible enfermedad le había arrebatado tantas cosas a mi padre, incluida una relación sana conmigo, que decidí hacer las paces con esa parte de mi pasado para que dejara de robarme mi poderoso presente. Es cierto que el atenuante de la enfermedad no siempre aparecerá en la foto cuando volvamos la vista hacia las voces de las personas que nos lastimaron, pero en toda historia hay siempre una imagen más amplia, aunque no la entendamos. Ahora se trata de separarse de las vocecillas nocivas para que seas tú, y no las personas de otro tiempo, quien escriba la superhistoria de tu futuro.

Redacta una carta breve a la figura del pasado cuya voz resuene hoy con más fuerza. No vas a enviar la misiva, pero debe ser sincera. La romperás tan pronto como la hayas escrito con el objeto de destruir tanto la carta como, simbólicamente, ese aspecto de tu historia que te hizo daño. Todo gira en torno a ti. Describe en la carta el instante en que esa figura de referencia te lastimó con sus palabras. Asegúrate de incluir las emociones que experimentaste en su momento. A continuación léela con un sentimiento de perdón y siendo consciente de que esa persona, con toda probabilidad, creyó que te estaba ayudando. Mientras rasgas el texto y lo tiras, di para tus adentros: «Me libero, me siento a gusto conmigo misma, estoy completa».

Recuerda que el perdón es un don para ti misma, no para las personas o los acontecimientos que te perjudicaron en otro tiempo. Si la voz que resuena con más fuerza es la tuya, siéntete libre para escribirte la carta a ti misma.

Trabaja tus carencias en lugar de rechazarlas

La aceptación y la compasión, en particular hacia una misma, son objetivos esenciales del programa detox para perfeccionistas. Pero ambos gestos pueden suponer un gran desafío, porque requieren, cuando menos al principio, oponerse al propio impulso de tornar perfecto lo imperfecto a toda costa. Antes de poder efectuar la depuración de los aspectos tóxicos del perfeccionismo, tenemos que desalojar este impulso, o al menos debilitarlo, mediante el poder de la aceptación. Debemos aceptar plenamente quiénes somos hoy, incluidos nuestros defectos reales o percibidos.

No tenemos la facultad de escoger qué partes de nosotras queremos conservar y cuáles ignorar. La aceptación funciona como un «limpiador del paladar» para el alma. E, igual que es preferible borrar sabores antes de probar uno nuevo, hay que ofrecerle al alma una pizarra en blanco antes de pasar a la fase siguiente, que consiste en reconquistar la alegría de vivir. Tienes que estar presente y preparada, pero no necesitas ser perfecta para mejorar tu actitud o tus circunstancias. Tan solo precisas una nueva perspectiva. Como dijo el psicólogo Carl Rogers, «cuando me acepto como soy puedo empezar a cambiar».

Y esa es, al cabo, la meta a la que deberías aspirar con este proceso detox: un cambio positivo y depurativo, que te libere de las cadenas del perfeccionismo, elimine sus efectos tóxicos y te permita volver a enamorarte —o tal vez por primera vez— de tu precioso yo. Porque, sin duda, lo mereces. Cuando no nos aceptamos, el amor se ahoga, mientras que la guerra interna se expande. Deepak Chopra escribió que debemos aceptar *lo que* nos pasa con los brazos abiertos porque, en caso contrario, nos arriesgamos a una división mental constante. Y eso se puede aplicar también a la necesidad de aceptar *quién* eres. Cuando te acoges, anulas la división interna y pones fin a la eterna batalla entre la persona que eres y la que, según tu percepción, deberías ser.

En este paso pretendo ayudarte a avanzar en el camino de la autoaceptación. El viaje comienza con una toma de conciencia y requiere una parada para llenar el depósito de autocompasión. Es probable que no recorras todo el tramo de una vez, pero me conformo con que te pongas en marcha en la buena dirección.

PARA EMPEZAR, CONCIENCIA

Para las perfeccionistas, la aceptación empieza por tomar conciencia del significado que tiene el éxito para nosotras. Con frecuencia llevamos a cuestas una definición absurda e inalcanzable de lo que implica conseguir por fin el santo grial del éxito con E mayúscula (o con P mayúscula). Queremos ser las mamás perfectas, las esposas y las novias perfectas, las amigas y las empleadas perfectas... *¿Perdón? ¿A quién queremos engañar? ¿De verdad nos hemos creído que podemos ser todo eso... y al mismo tiempo, por si fuera poco?*

He bautizado esta definición del éxito tan precisa y estructurada como «el falso diez en todo». ¿Por qué «falso»? Porque no se basa en la realidad, sino en un ideal inalcanzable. Este ideal entraña un gran peligro, pues si tratamos de estar constantemente a su altura, obviamente sin conseguirlo, acabamos por erigir una barrera infranqueable entre la persona que somos y la posibilidad de aceptarnos. Para despejar el camino tenemos que empezar por definir qué significa para nosotras ser un diez en todo. Solo entonces podremos dar cabida a la compasión, que además funciona como un puente capaz de transportarnos directamente al objetivo último de la aceptación.

Hace tiempo, el padre de una joven perfeccionista me habló de los problemas de su hija. Cuando le pregunté a qué se debían tantas dificultades, me respondió: «Está convencida de que, para que le vaya bien en la vida, tiene que ser "un diez en todo"». Entendí al momento a qué se refería porque, como antigua bailarina profesional, experta en *fitness* y celebridad televisiva, conocía de cerca el yugo de ser «un diez en todo» o, más bien, de lo que implicaba para mí ese sobresaliente universal. En mi opinión, un diez significaba una talla 36, brillar en pantalla y emanar salud, vitalidad y alegría en todo momento (algo que, mucha atención, a esas alturas me sentía incapaz de hacer la mayor parte del tiempo). Para expresarlo con otras palabras, tenía que ser la versión de mí misma que verías en un corte de dos minutos del magacín *Today* o en una valla de Times Square, no la persona con la que te cruzarías por la calle.

Precisé años de terapia para comprender que había malinterpretado el concepto del «sobresaliente universal» desde el comienzo. Pensaba que ser un diez implicaba estar perfecta de la cabeza a los pies, siempre. Estaba convencida de que para triunfar en mi profesión tenía que disfrutar al máximo con los entrenamientos cada día (no era el caso; de hecho, me requerían un gran esfuerzo), comer solamente alimentos sanos (algo que me aburría horrores y me recordaba los problemas con la comida que sufrí antes de los treinta) y no probar el alcohol (cualquiera que me conozca sabe cuánto disfruto con un par de copas de Chardonnay). Obligarme a mí misma a seguir esas reglas en todo momento me hacía muy desgraciada.

Por fin llegué a la conclusión de que, si bien me esforzaba por sacar un diez en todo, me estaba conformando con un cinco y, en último término, aislándome en mi propio envoltorio de perfección. A fuerza de andar día tras día a todo gas y mostrando mi fachada perfecta al mundo exterior, solo estaba consiguiendo que nadie pudiera identificarse conmigo. Yo no era un diez, sino un aprobado justillo. Para brillar necesitamos contraste. Necesitamos días buenos y días regulares, pleamares y claroscuros, aciertos y errores; necesitamos momentos estelares y tramas secundarias. Comprender que un diez y una nota perfecta son cosas distintas y que la imagen que yo me había creado era en realidad un «falso diez» supuso toda una revelación. Esa consciencia permitió que los brotes verdes de la autoaceptación empezaran a asomar.

La escritora y conferenciante Jenny Blake tiene un pódcast de enorme éxito. Su trabajo ha sido recomendado por Seth Godin, nada menos, y presentado en la CNBC. Dicho de otro modo, es «un diez en todo». Sin embargo, cuando los focos se apagan, los micrófonos se cierran y las firmas de libros llegan a su fin, hay una parte de ella que se siente cualquier cosa menos perfecta, sobre todo en lo concerniente a su incipiente relación romántica.

Somos buenas amigas y con frecuencia charlamos de nuestras batallas con el perfeccionismo. La necesidad de Jenny de estar siempre impecable nacía de la idea de que, si no era perfecta, ¿cómo sería capaz de mantener una relación? Si engordaba unos kilos o no iba maquillada, pongamos por caso (aun sabiendo que esas preocupaciones atañían a los aspectos más superficiales de la vida), ¿qué hombre querría seguir a su lado? Tras explorar el tema en profundidad, apareció la gran mentira que acechaba en la sombra: «si no soy perfecta, no soy digna de ser amada y, en consecuencia, ¿cómo voy a merecer una relación duradera y enriquecedora?» Si bien en el terreno profesional Jenny había descubierto el secreto de la aceptación, la confianza en sí misma y la fe en lo desconocido, su vida romántica siempre había carecido de esos mismos ingredientes esenciales.

Jenny acabó comprendiendo que (1) no podía vivir así y que (2) para poder evolucionar y sacar adelante su relación tendría que trabar amistad con sus miedos e imperfecciones. Ahora Jenny conoce los muchos paralelismos que existen entre nuestra vida profesional y personal. Es consciente de que las carencias, los miedos y las inseguridades, esas partes de nosotras que tendemos a esconder, pueden ser los mismos superpoderes que precisamos para acceder a nuestro máximo potencial.

Podemos mantener la calculadora de la perfección encendida en todo momento y llevar la cuenta hasta del último fallo y defecto, pero ¿y si todo eso que en teoría nos hace «inferiores» fuera un valor necesario en la suma global de un magnífico ser humano?

En mi caso, uno de los pasos precisos para comprender esta realidad fue redefinir el significado del concepto «ser un diez en todo». Según fui descubriendo, no involucraba la necesidad de ser perfecta y adorar cuanto hacía las veinticuatro horas del día, los siete días de la semana; de hecho, casi siempre obtenía los mismos resultados si hacía lo que podía y aceptaba lo que viniese. En ocasiones mi estrategia me conducía a la perfección y otras, bueno, no tanto. Aflojando las riendas conseguí serenarme y aprendí a fluir con los altibajos de la vida. Y no te lo pierdas: este reajuste suavizó mi coraza exterior y permitió que la gente se identificara conmigo más fácilmente. Resulta que nos identificamos más con las imperfecciones que con la perfección. El cambio de perspectiva transformó mi relación con los clientes y me granjeó oportunidades de crecimiento personal y financiero.

Y ahora tengo una pregunta que formularte: ¿se te ocurre algún modo de redefinir lo que significa «ser un diez en todo» para ti? ¿Te parece que tu sobresaliente universal podría ser falso? Contemplar otras posibilidades, como le comenté al padre preocupado, nos ayuda a rebajar la presión que ejercemos sobre nosotras mismas y empezar a avanzar en el camino de la autoaceptacion. Pero recuerda: no llegarás a tu destino a menos que refuerces o construyas el puente de la compasión hacia ti misma.

ÁBRETE A LA COMPASIÓN

La doctora Kristin Neff, catedrática de la Universidad de Texas y autora del libro *Sé amable contigo mismo*, define la compasión propia como la suma de tres elementos: bondad hacia uno mismo, mindfulness o atención plena y aceptación de la condición humana que todos compartimos.[22] Cuando nos autoprotegemos y nos tratamos con amabilidad, empezamos a comprender que nuestro poder reside en el momento presente. Igualmente, cuanto aceptamos que nuestras carencias nos hacen más semejante que distintos, la vida empieza a suavizarse. Aprendemos a prodigarnos a nosotros mismos los abrazos y la aprobación que tanto hemos ansiado de los demás.

Imagina cómo sería tu realidad si remplazaras la autocrítica por autocompasión. Si sustituyeras un diálogo interno negativo por palabras cariñosas que te ayudaran a trabajar con ahínco y a evolucionar. Un método de comprobación rápido al que puedes recurrir en cualquier momento y lugar consiste en imaginar que llevas un globo de pensamiento prendido a la cabeza. En este globo aparece todo lo que piensas de ti misma para que la gente lo vea. Considera los tres enunciados más recientes que te han pasado por la mente. ¿Te sentirías cómoda compartiéndolos con los demás? ¿Te sentirías cómoda si la gente supiera cómo te hablas?

Ralph Waldo Emerson escribió en cierta ocasión: «Ser uno mismo en un mundo que constantemente trata de convertirte en otro es el mayor de los logros». Es muy cierto, y ya suficientemente duro cuando intentamos estar a la altura de las aspiraciones ajenas; imagina lo que supone sumarle la presión de nuestros propios e ilusorios raseros de perfección. Al mismo tiempo que aumentas la compasión hacia ti, reconoce tu acto como un logro por sí mismo. Y no te contengas; sé rabiosa, descaradamente compasiva. Tienes mucho tiempo perdido que compensar. Cuanto mayor sea el grado de compasión que te ofrezcas, más avanzarás en el camino de la aceptación.

---

22. Kristin Neff, *Self-Compassion: Stop Beating Yourself Up and Leave Insecurity Behind*, Hodder & Stoughton, Londres, 2011. [*Sé amable contigo mismo: el arte de la compasión hacia uno mismo*, Oniro, Barcelona, 2012.]

AUTOACEPTACIÓN: EL TRATADO DE PAZ DEFINITIVO
CONTIGO MISMA

Nathaniel Branden, que, como ya he mencionado, fue un psicoterapeuta que obtuvo un gran éxito con sus obras sobre la autoestima, definió la autoaceptación como «la negativa a mantener una relación de antagonismo conmigo mismo». Eso significa que, en lugar de enzarzarnos en una batalla constante con nuestros defectos o carencias, empezamos a reconocer que la suma de todas las partes —lo bueno, lo malo y lo regular— crea nuestro ser único y hermoso.

La aceptación constituye uno de los ingredientes clave para construir una vida más feliz, pero también una de las prácticas que más cuesta convertir en hábito. Recientemente, como parte de una investigación, la organización benéfica Action for Happiness pidió a cinco mil personas que nombraran diez hábitos para ser más felices y dijeran con qué frecuencia los ponían en práctica.[23] El ejercicio de la bondad a través de la donación ocupó el puesto número uno, mientras que la aceptación, que se clasificó a partir de las respuestas a la pregunta: «¿Con qué frecuencia eres amable contigo mismo y te sientes cómodo siendo tal como eres?», apareció en último lugar con una puntuación de 5,6 en una escala de diez. La investigación constató que, de los diez hábitos para ser más felices incluidos en la encuesta, la autoaceptación era el mayor factor predictivo de felicidad al mismo tiempo que el eslabón más débil en la cadena que garantiza bienestar emocional.

La autoaceptación es un contrato que firmamos con nosotras mismas en el que nos comprometemos a no traicionar a nuestro auténtico yo en aras de lo que nos pide el mundo. Piensa en los numerosos actos de traición que cometemos a diario cuando arriesgamos nuestra felicidad para estar a la altura de las inalcanzables y a menudo falsas expectativas que proliferan a nuestro alrededor. Imagina cómo se nos encoge el corazón cada vez que nos miramos al espejo y enfocamos la mirada en las zonas que despreciamos, y de nuevo nos machacamos por no ofrecer una imagen perfecta.

La realidad es que no somos perfectas ni imperfectas. Hemos emprendido un viaje de mejora, pero la perfección no es y no debería ser el destino. Habrá ocasiones en las que todo cuadrará —tus objetivos, tu esfuerzo, la

---

23. Universidad de Hertfordshire, «Self-Acceptance Could Be the Key to a Happier Life, yet It's the Happy Habit Many People Practice the Least», *ScienceDaily*, 7 de marzo de 2014, www.sciencedaily.com/releases/2014/03/140307111016.htm.

oportunidad del momento— y marcaremos un golazo, y habrá momentos en que nos esforzaremos al máximo, trabajaremos con ahínco, pero el momento no será el más propicio y el proyecto, la relación o lo que sea no prosperará. Todo eso se llama «vida». Cuando aceptemos que algunas de las variables no se pueden controlar en lugar de criticar sin compasión los resultados, cuando seamos capaces de aprender en lugar de buscar culpables y cuando nos responsabilicemos plenamente y aceptemos en qué punto estamos, el perfeccionismo pesará menos.

La autoaceptación nos permite fluir (leerás más sobre ese estado en el paso 19), porque acalla la constante cháchara tóxica y nos permite estar en el presente sin los comentarios y las críticas de nuestras voces internas. Piensa en todos los momentos que desperdiciamos por oponer resistencia a la realidad. La aceptación es una de las herramientas que nos acercan a esa zona de poder que conocemos como el momento presente. Implica aceptar quién eres hoy y la idea de que «Yo lo valgo» combinada con el esfuerzo y la acción que te impulsan a avanzar hacia tus objetivos: «Yo lo valgo *y* todavía tengo trabajo por delante».

Funcionar desde la autoaceptación te permite asimismo arriesgarte más y sentirte radiante, valiente y lista para crear oportunidades o aprovecharlas cuando se presenten. Las investigaciones en el ámbito de la psicología positiva demuestran que la autoaceptación y la compasión propia se traducen en mayor resiliencia, optimismo, curiosidad y niveles más altos de satisfacción vital.[24] Te elevas a nuevas alturas porque dejas de malgastar valiosos recursos mentales y energía luchando por tu propia vida.

Para muchas perfeccionistas, aceptarse tal como son implica también reconocer y valorar sus bondades: cualidades, pasiones, sensualidad, ética laboral, alegría, orgullo, logros, capacidad de reverencia y asombro. Igual que tenemos facilidad para magnificar e inventar relatos que justifiquen nuestras tendencias perfeccionistas, también dominamos el arte de minimizar lo bueno. «He tenido suerte», les dice una trabajadora a sus compañeros cuando consigue el ascenso por el que tanto ha luchado. «Ah, ¿te gusta esta camiseta? La compré en las rebajas la semana pasada», musitamos cuando alguien hace un comentario elogioso sobre nuestro atuendo. «No ha sido nada», aseguras para restar importancia al cumplido que te han dedicado por echar una mano al equipo y salvar el proyecto en el últi-

---

24. «The secrets of Happiness», *Psychology Today*, 1 de julio de 1992, www.psychologytoday.com/us/articles/199207/the-secrets-happiness.

mo momento. Cuando alguien alaba a una perfeccionista, su reacción automática suele ser minimizar el logro y/o justificarlo. Es la voz de la detractora interna, que trata de protegernos. «No te lo creas demasiado», susurra. «Di algo negativo sobre ti misma antes de que lo hagan ellos», advierte. Piensa en la última vez que alguien te dedicó un cumplido. ¿Fuiste capaz de dar las gracias sin más o añadiste algún comentario tras esa sencilla palabra para rebajar tu luz?

Para seguir avanzando y ascendiendo tenemos que encontrar el equilibrio que implica ser capaces de valorar nuestras cualidades al mismo tiempo que reconocemos los aspectos que todavía queremos trabajar o potenciar. Hace un tiempo vi una entrevista en la que el legendario Quincy Jones comentaba la muerte de Whitney Houston. Hablaba de cuánto sufren los cantantes que siempre se esfuerzan en alcanzar las notas más agudas, llevados por la idea de que no hay más nota que la nota perfecta. Afirmó que los problemas surgen cuando los artistas dejan que los elogios se les suban a la cabeza y que las críticas les entren en el corazón. Lo mismo se puede aplicar a la autoaceptación. No dejes que tus cualidades se te suban a la cabeza ni que las dudas aniden en tu corazón. El secreto está en buscar el equilibrio, y si bien el peso se distribuirá cada día de manera distinta, ya no te resultará abrumador.

Es posible que tu detractora interna interfiera en tus esfuerzos por aceptarte y buscar armonía en la ecuación del todo o nada. Se le da de maravilla negar tus cualidades y menospreciar tus triunfos. Le aterra la idea de que abandones la zona del miedo para emerger a la luz. Quiere protegerte del riesgo del fracaso o de que te desenmascaren, pero solo cuando damos el paso de mostrarnos tal como somos, sin disculparnos, se despliegan los momentos mágicos.

Igual que el perdón no significa consentimiento, la aceptación no siempre implica que te guste al cien por cien lo que ves. Sin embargo, te permite observar con objetividad las partes de ti misma que quizá todavía necesitan refuerzo y mejora. En lugar de castigarte por esos aspectos de tu vida que no son perfectos, puedes usar el prisma de la autoaceptación para darte cuenta de que todavía no has alcanzado todo tu potencial. Cuando nos centramos en este potencial desde una postura constructiva, hacemos hueco para la celebración y el entusiasmo, y abrimos la puerta a la emoción que conlleva seguir trabajando por conseguir nuestros objetivos.

ACEPTACIÓN, NO CONFORMISMO

La aceptación no consiste en ignorar nuestros puntos débiles, sino que requiere modificar la manera de reaccionar a nuestras carencias y nuestros errores. En lugar de autoflagelarnos, aceptamos que, en cuanto que seres humanos, siempre tendremos fallas y defectos. Desde esa posición podemos mirarlos de frente y decidir si podemos vivir con esas rugosidades o si queremos trabajar para reducir el hueco entre lo que somos y lo que podemos llegar a ser. Es entonces cuando la oración de la serenidad nos puede ayudar: «Señor, concédeme la serenidad para aceptar las cosas que no puedo cambiar, valor para cambiar las que sí puedo y sabiduría para reconocer la diferencia». (Siéntete libre de sustituir «Señor» por la palabra que mejor se adapte a tus creencias personales.)

La vida solo pretende enseñarnos, y todo lo que necesitemos aprender nos saldrá al paso. Eso incluye las batallas con el perfeccionismo. Cuanto me diagnosticaron cáncer, hace más de veinte años, y durante las dos semanas que pasé esperando a saber qué clase de tumor maligno tenía, recuerdo haber pensado una cosa: «Quiero seguir aquí el tiempo suficiente para amar tal como sé que puedo hacerlo». En aquel entonces pensaba que me refería al acto de amar a otra persona. Sin embargo, acabé por comprender que en realidad hablaba de amarme a mí misma. Tardé otros quince años en conseguirlo, pero el viaje mereció la pena.

Ejercicios detox del día

1. Redacta una lista de tus tres defectos o carencias principales. (Ten en cuenta que, si casualmente la procrastinación se contara entre ellos, abordaremos el tema a fondo en el paso 12.) Cuando escribas tus artículos, contempla también el impacto que ejerces en tus allegados. Si llegas tarde por sistema, deberías trabajar para cambiar esa costumbre, por cuanto hay grandes probabilidades de que esté influyendo negativamente en tus relaciones con los demás. Ahora bien, si de vez en cuando te retrasas un par de minutos por causas imprevisibles y luego te pasas horas reprochándote tu impuntualidad, nos hallamos ante un problema que abordar en el programa. Hace poco, en un Taller Detox para perfeccionistas, una participante llamada Joanna me confesó que había estado a punto de no asistir. Joanna quería terminar su tesina antes de salir hacia el

taller y acabó llegando cinco minutos tarde. Entró en la sala en silencio y con sumo cuidado al poco de comenzar la sesión, sin ocasionar la más mínima perturbación. A la finalización del taller, Joanna me contó que la idea de llegar tan solo unos minutos tarde había bastado para que estuviera a punto de dar media vuelta. Me alegro infinitamente de que cambiara de idea, pues sus aportaciones al seminario fueron tan perspicaces que me ayudaron a mejorar el contenido del que organicé el mes siguiente. De manera ideal, los artículos de tu lista deberían ser específicos y dar cabida a la acción. Por ejemplo: «Tendría que ser perfecta en el trabajo» es un enunciado demasiado general que solo sirve para aumentar el grado de ansiedad. En cambio, escribir «Nunca sé qué responder en las reuniones administrativas, y para ser la gerente perfecta debería tener respuesta para todo» nos proporciona material para trabajar. Este paso es crucial en tu proceso depurativo, pues te permitirá iniciar la transición entre la necesidad de aparentar perfección y el trabajo para expresar tu mejor versión.

2. Echa un vistazo a la lista de tus tres grandes carencias y reflexiona si alguna de ellas influye negativamente en tu vida. Muchas perfeccionistas atribuimos nuestras fallas principales a la apariencia, la que vemos en el espejo y la que mostramos al mundo. Cuando las miramos de cerca y consideramos el impacto negativo que tienen, advertimos que la disrupción se produce únicamente en un plano mental. Y, si bien esos pensamientos coartan nuestra alegría y nuestra capacidad de estar presentes a diario, no son ni de lejos tan problemáticos como pensamos.

Reconcíliate y acepta tus «zonas imperfectas» explorando la posibilidad de que sean —como a menudo sucede— inofensivas. De hecho, esos defectos podrían abrirte la puerta a la excelencia. Descubrirás que buena parte de lo que consideras «carencias» no son sino atributos naturales del ser humano. Por ejemplo, uno de los elementos de mi lista habría sido: «Para ser la presentadora perfecta, debería tener respuesta para todas las preguntas cuando estoy en escena». Al volver la vista atrás, comprendo que me estaba poniendo el listón a una altura imposible, lo que equivale a fracaso garantizado. Nadie lo sabe todo (salvo quizás el difunto Stephen Hawking, e incluso él reconocía que, como mucho, solo podemos aspirar a formular teorías). Cuando reformulé mi supuesta laguna haciendo hincapié en la importancia de preparar bien mis apariciones pero renunciando a la necesidad de saberlo todo, mis habilidades comunicativas (y mis evaluaciones) ascendieron como la espuma. Ofrecía una imagen más cercana, más implicada y divertida. Si nos centramos en las cualidades (de las que hablaremos en el paso 11), una de las mías es el sentido del humor. Me preocupaba tanto la posibilidad de ser «desenmascarada» que nunca me concedía permiso para estar presente y reaccionar a las situaciones divertidas. Cuando dejé de obsesionarme y me pude centrar en el momento, empezaron a surgir de manera natural ocasiones de interactuar con el público que propiciaron risas y buen ambiente. En el momento en que renuncié a ir tres pasos por delante para prevenir tropiezos, el público empezó a tener la sensación de que conversaba conmigo más que escucharme.

Junto a cada una de tus teóricos defectos, escribe una reformulación positiva que muestre cómo podría dejar de ser un lastre para convertirse en un recurso.

3. Escoge una de las supuestos carencias. Imagina que es tu mejor amiga quien está lidiando con ese pensamiento. Escríbele una breve carta contándole lo que ves. Mirándola por el prisma de la aceptación y la compasión, ¿qué le dirías? ¿Cómo la animarías a cambiar de perspectiva para adoptar otra más enriquecedora? ¿Cuáles de sus puntos fuertes le señalarías, y qué cambios la animarías a realizar para que fuera más amable consigo misma? Una vez que hayas terminado la carta, léela despacio como si fuera dirigida a ti. ¿Puedes empezar a verte y aceptarte como la persona increíble que ya eres?

Descorriendo el velo de la vergüenza

La vergüenza es la última de las capas que nos impiden rescatar y mostrar al mundo nuestro verdadero yo. Para la mayoría, esta capa nació el día que alguien nos hizo sentir que éramos imperfectos; y, por lo general, es necesario retroceder hasta ese momento para proceder a retirar la envoltura de la vergüenza.

Si solo de pensar en la vergüenza te entran todos los males, no eres la única. Es normal retroceder ante los sentimientos de humillación y más aún si eres perfeccionista, por cuanto las personas como nosotras tendemos a considerar esta poderosa y a menudo dolorosa emoción como el paradigma de la imperfección. Ahora bien, igual que sucede con otras emociones, el rechazo tan solo sirve para darle alas. En mi caso, y en el de otros perfeccionistas, entender, procesar y reconocer los detonantes que nos empujan a la espiral de la vergüenza constituyeron pasos esenciales para la recuperación. Y estoy convencida de que ese será también tu caso.

Puede que no seamos capaces de erradicar toda la vergüenza en este único paso, pero empezar a entender qué es y por qué la experimentamos le restará buena parte de la toxicidad. Debemos poner en juego las emociones y esas partes nuestras que nos incomodan. Cuando las ignoramos, estamos dejando intacta la barrera silenciosa que nos separa de nuestro auténtico potencial. Ha llegado el momento de derribarla.

CINCUENTA SOMBRAS DE VERGÜENZA

La vergüenza forma parte de un grupo de emociones conocidas como «sociales», junto con el remordimiento, el azoramiento y el orgullo. Las emociones sociales pueden suscitar grados diversos de malestar. Desde el leve bochorno que experimentas cuando eructas delante de extraños en un ascensor hasta el apuro algo más intenso que te embarga cuando te tiras un pedo («ventosi- dad», como los llamaba mi madre) en clase de yoga (sí, a mí también me ha pasado) o la humillación más profundamente enraizada que nos hace sentir asiladas y separadas de las personas que nos rodean. Esta última capa de ver- güenza es la más difícil de limpiar.

En *The Science of Shame and Its Treatment* (La ciencia de la vergüenza y su tratamiento), Gerald Loren Fishkin escribe: «La vergüenza es misteriosa y elusiva por naturaleza. Puede dar lugar a una amplia variedad de conductas, pero evade la detección o la comprensión porque no podemos verla, tocarla ni medirla. Únicamente experimentarla». Y continúa diciendo: «la experiencia de la vergüenza es un estado del ser». En resumen, implica avergonzarte de ser quien eres.

Si no hacemos nada por resolverlo, el sentimiento de vergüenza nos afec- ta de dos modos. O bien nos sumergimos en él, nos sentimos defectuosos y cuestionamos nuestra valía o bien nos elevamos por encima de la desagrada- ble sensación con el fin de convertirnos en individuos perfectos e intocables (aunque la inseguridad sigue ahí, solo que ahora reprimida). No hace falta que te diga qué camino has escogido tú.

Muchas personas confunden el remordimiento con la vergüenza y emplean ambas palabras indistintamente. Aunque a primera vista pue- den parecer iguales, hay distinciones notables (a diferencia de la ver- güenza, el sentimiento de culpa sí se puede medir; es lo que hace el test del polígrafo). Simple y llanamente, si el remordimiento equivale a sentir malestar por algo que has hecho, la vergüenza implica sentirte mal por lo que eres. Expresado en otros términos, el sentimiento de culpa se refiere al hacer y la vergüenza afecta al ser. En lo que concierne al perfeccionis- mo, podemos bailar entre los dos sentimientos, pero yo tengo la sensa- ción de que los perfeccionistas preferimos a la vergüenza como pareja de baile.

Fishkin explica que el sentimiento de culpa es de tipo cerebral y cogniti- vo, y desencadena una reacción suprarrenal que aparece cuando nos damos cuenta de que hemos hecho algo mal.[25] La vergüenza, en cambio, no es una reacción mental sino visceral. Procede de las emociones y el sentimiento se

25. Gerald Loren Fishkin, *The Science of Shame and Its Treatment*, Parkhurst Brothers, Marion, MI, 2010.

refiere a nuestra misma identidad y no a las acciones que llevamos a cabo. Si vuelvo la vista al pasado, puedo contar con una sola mano las veces que recuerdo haber experimentado remordimientos por mis actos. La primera imagen que acude a mi mente es el día que me pillaron robando una bolsa de golosinas en la tienda de caramelos del barrio (una experiencia que a fin de cuentas me benefició, porque nunca más he vuelto a robar nada). Sin embargo, podría contar por cientos, sin exagerar, los momentos en que una oleada de vergüenza me recorrió de arriba abajo al sentir que no daba la talla de un modo u otro.

Todavía me parece notar la sensación que me embargaba cuando un ataque de pánico se apoderaba de mí como surgido de la nada. Estaba sentada en cualquier parte, charlando con una persona o con varias, y de súbito, sin razón aparente, me quedaba sin aire y mi vientre se tensaba, señales inequívocas de la crisis inminente. Yo siempre reaccionaba con rabia y humillación por no ser capaz de controlar las sensaciones que se adueñaban de mi cuerpo. Pensando que si dominaba los síntomas estos desaparecerían, intenté mil cosas para atenuarlos. (Ya te puedes imaginar para qué me sirvió.) Me quedaba petrificada en el sitio y contenía el aliento al mismo tiempo que buscaba una vía de escape; justamente lo que no debería haber hecho. En menos de un minuto tenía el cuerpo empapado en sudor, la expresión visible de un bochorno que ya no podía ocultar.

Además de la profunda ansiedad que caracteriza los ataques de pánico, el segundo y más doloroso efecto de mi mochila perfeccionista era la sensación de humillación. La vergüenza que me invadía después de que mi ansiedad se hiciera de nuevo evidente se me antojaba peor que la propia crisis si cabe.

Después de cada ataque venía el machaque verbal. ¿Qué diablos te pasa?, me reprochaba. ¿Por qué no lo superas de una vez? No comprendía que detrás de cada crisis de pánico se escondía una desesperada petición de ayuda por parte de mi cuerpo y que, con cada episodio, las secuelas de la vergüenza se grababan más profundamente en mi psique. Tardaría años en dar con un método para gestionar mis emociones y el bochorno que acarreaban.

Sucedió en el vestíbulo de un hotel de Chicago, donde disfrutaba de un descanso entre dos sesiones de la convención de *fitness* en la que participaba con una ponencia. De súbito, atisbé a mi dermatóloga, que casualmente asistía a una convención médica. Trabamos amistad después de que me salvara la vida, dos años antes, al descubrir que tenía un melanoma en el pie. No sé por qué el hecho de verla me provocó un ataque de pánico; quizá su imagen me trajo malos recuerdos, o tal vez verla fuera de contexto me descolocó y, en consecuencia, sentí que no controlaba la situación. Sin saber por qué, me forcé a saludarla. Mis niveles de ansiedad aumentaban por momentos hasta que de repente, sin tiempo para pensar conscientemente lo que estaba a punto de hacer, le solté: «Me alegro muchísimo de verte, pero creo que estoy en pleno ataque de ansiedad. ¿Te importa que sigamos hablando? Remitirá dentro de un momento».

Y, *bum*, allí mismo, la batalla llegó a su fin. Respiré aliviada, la tensión en el vientre cesó, relajé los hombros y dejé de sudar. Por lo visto, lo único que tenía que hacer para recuperar el control de mi cuerpo era reconocer que lo había perdido. Por alguna razón, confesar en voz alta lo que me estaba pasando lo cambió todo. Verbalizar la experiencia eliminó esa sensación de vergüenza que se enzarzaba estrechamente con la ansiedad y, con ese gesto, el inminente ataque de pánico perdió impulso. En el instante en que afronté y compartí el miedo que sentía, y reconocí que lo que estaba experimentando era mi mayor carencia física, la abrumadora emoción que lo alentaba perdió su poder. Tenía que confesar la sensación de vergüenza para que la ansiedad desapareciera. En un abrir y cerrar de ojos, se esfumó.

No sugiero que mi solución sea un remedio universal para las crisis de pánico ni para el problema transversal de la vergüenza. Los ataques de ansiedad, en especial si son recurrentes, pueden requerir terapia conductual y/o ayuda farmacológica. Yo, al principio, precisé medicación para poder controlarlos, y no habrían remitido por completo de no ser por la terapia conductual y de adaptación. Sin embargo, destaco ese momento con mi dermatóloga porque marcó un antes y un después y resultó ser crucial para mi proceso detox. También me ayudó a comprender que uno de los caminos para la recuperación pasa por el sencillo pero profundo gesto de acoger y reconocer.

Cuando aceptamos nuestra incapacidad para controlarlo todo y la verbalizamos, arrojamos luz sobre esas zonas que consideramos defectuosas. Al hacerlo, reconstruimos nuestra autoestima y recuperamos el sentimiento de valía. Despacio, a través del pensamiento positivo, incrementamos nuestro coraje interno, el mismo que nos permitirá vivir con audacia y autenticidad.

No todos los sentimientos de vergüenza se identifican tan fácilmente ni se encuentran tan ligados a una situación concreta. Como ya he mencionado, algunos poseen raíces mucho más hondas, y seguramente se remontan a largo tiempo atrás. Casi siempre proceden de la época de infancia o adolescencia, y tenemos que buscar sus orígenes e incluso recurrir a subterfugios para que se dejen ver. Localiza ese primer momento y habrás identificado la experiencia que originó tu vergüenza. Afronta ese relato y serás capaz de arrancar las malas hierbas del pasado que tanto te hicieron sufrir.

LA EXPERIENCIA DETRÁS DE LA VERGÜENZA

La vergüenza asoma por primera vez en la infancia temprana y nadie supera la niñez ileso o sin experimentar humillación. ¿Algún recuerdo ha saltado a tu mente de inmediato? O tal vez tengas que sentarte un rato para que tu historia se perfile. En cualquier caso, al llegar a esta fase del proceso, es importante detenerse un momento y respirar profundamente, por cuanto basta pensar en la vergüenza para que la respiración se acelere, una forma de cerrarse al exterior. Ahora, exhala desde la consciencia de que cualquier ser humano sano siente o ha sentido vergüenza en un momento u otro. Se trata de saber en qué grado y qué residuo ha dejado ese sentimiento, si acaso ha quedado alguno.

No conozco a nadie que no haya oído en la infancia, en un momento u otro: «¡Esto no me lo esperaba de ti!» o que no haya visto a su padre o a su madre sacudir la cabeza con aire decepcionado. La reacción sana y natural a estas situaciones es sentirse humillado. Si el progenitor o la figura de referencia le comunica al niño el motivo de su decepción y acompaña la explicación con un abrazo y un consejo envuelto en amor y posibilidad de aprendizaje, todo irá bien. Sin embargo, si la experiencia que llevó al niño a sentirse avergonzado no se resuelve de manera sana, el sentimiento enraizará y se abrirá paso hasta la autoestima, donde podría provocar daños. Cuando no se aborda en el presente, la vergüenza será una fuente de dolor en el futuro.

El investigador Gershen Kaufman, especializado en la psicología de la vergüenza, explica por qué se trata de un sentimiento tan difícil de afrontar: «la vergüenza es la experiencia más inquietante que un individuo puede vivir sobre de sí mismo. Ninguna otra emoción resulta tan turbadora, porque en el momento de experimentarla el ser queda herido desde dentro».[26]

---

26. Jane Bolton, «What We Get Wrong about Shame», *Psychology Today*, 18 de mayo de 2009, www.psychologytoday.com/blog/your-zesty-self/200905/what-we-get-wrong-about-shame.

Mientras estaba en terapia, aunque podía hablar de mi infancia y de las presiones profesionales, rara vez o nunca hacía referencia a experiencias que me avergonzasen. No me apuraba compartir otros aspectos de mi vida que, según intuía, pudieran haber contribuido a mi perfeccionismo, pero las historias que entrañaban humillación me incomodaban tanto que, sencillamente, las pasaba por alto. Como sucede con toda emoción negativa que silenciamos, el residuo tóxico empezó a envenenar mi vida.

Si bien hablaba de mi padre, nunca había confesado hasta qué punto me avergonzaba ser hija de un alcohólico. De niña pensaba que nadie más tenía un padre que se desplomase en mitad de la calle, y no sabía separar mi persona de los actos paternos. Me sentía igual que si fuera yo la que bebiera, y el bochorno y la humillación en ocasiones llegaban a extremos insoportables. Volví a sentirme profundamente avergonzada cuando una profesora miró mis orejas recién perforadas y me soltó que parecía una fulana. Me sentí tan abochornada que los sentimientos negativos en relación con mi aspecto me acompañaron durante décadas. Y la vergüenza que experimenté cuando una coreógrafa me dijo —delante de toda la compañía de danza— que me no me iría mal perder unos cuantos kilos permaneció en mi alma, ignorada, durante años y años.

La vergüenza no es un tema que nos guste comentar en una cena, ni siquiera con nuestros mejores amigos, así que se va pudriendo en los oscuros recovecos del alma. Tendemos a pensar que nadie más ha pasado por ese tipo de experiencias; de ahí que nos guardemos nuestras dudas y demonios a buen recaudo y dejemos que las capas de autocrítica se vayan acumulando.

El año pasado fue la primera vez que Lisa, mi mejor amiga desde hace más de veinticinco años, y yo hablamos de nuestras experiencias humillantes. Estábamos en un teatro de Broadway y, durante el descanso de la obra, le hablé de este capítulo y de lo mucho que pesa la vergüenza en el alma del perfeccionista. De manera natural empezamos a compartir historias de infancia que involucraban momentos bochornosos. Con lágrimas en los ojos, mostramos partes de nuestra vida interna que habían quedado al margen de nuestras conversaciones (y hemos mantenido cientos), por cuando nos avergonzaba revelar nuestra peor cara, aun a una amiga del alma.

Nunca había pensado que Lisa hubiera padecido ese tipo de problemas. Siempre la he considerado una persona entera y segura de sí misma. Conocía sus problemas igual que ella conocía los míos y, si bien Lisa reconocía abiertamente ser una perfeccionista, pensaba que su celo extremo la ayudaba más que otra cosa en el desempeño de su profesión. Se dedica a la producción y tiene una vista excelente para el detalle. Revisa programas y proyectos con mil ojos antes de dar el visto bueno y asesora a los profesionales de *fitness* más prometedores con tanto acierto que todos los jóvenes instructores con los que trabaja acaban por destacar en su profesión. En lo concerniente a su vida personal, es una amiga fantástica. Me acompañó a todas y cada una de las sesiones de quimioterapia, y se enfureció consigo misma la única vez que llegó diez imperfectos minutos tarde por culpa de un imprevisible retraso del tren. Lisa es una esposa atenta y cariñosa, y todo aquel que la conoce la respeta profundamente. Se ha esforzado mucho para superar los aspectos del perfeccionismo que no la benefician y ha conservado las facetas que actúan en su favor.

Lisa pasó largo tiempo lidiando con el perfeccionismo, un viaje que en el pasado tuvo un lado muy oscuro. Bulimia, anorexia y, en ocasiones, una profunda inseguridad que la carcomía por dentro. Hemos conversado con frecuencia de mi trabajo y de sus tendencias perfeccionistas, pero únicamente aquel día, charlando en el vestíbulo del teatro, comprendí tanto el origen de sus problemas como la vergüenza secreta que elevaba a la estratosfera su necesidad de estar perfecta.

Cierto día, cuando Lisa todavía estudiaba, su padre, al que adoraba y con el que hasta hoy mantiene una preciosa relación, descubrió que se estaba acostando con su novio.

Incómodo y seguramente azorado, le dedicó una frase: «Ya no eres especial». No tardó ni dos segundos en pronunciarla, pero el comentario se quedó flotando en el aire durante los diez años siguientes. Lisa jamás trabajó la vergüenza que experimentó ante el hiriente reproche paterno, y desde aquel momento puso todo su empeño en convertirse en la hija ideal. ¿Cómo? Siendo perfecta. Era una bailarina fantástica y, tal como me sucedió a mí, su perfeccionismo y su necesidad de control se apoderaron de su cuerpo, de su alimentación, de la cantidad de ejercicio que hacía y de su aspecto.

Muchos años después, Lisa creó una coreografía basada en el dolor que su padre le había infligido en aquel instante. Mientras bailaba, se desplazaba y fluía por el escenario, su cuerpo dio rienda suelta al sufrimiento que el corazón ya no podía soportar. Al final de la pieza, rompió el silencio que durante años había envuelto su humillación. Lisa se detuvo, respiró, alzó la vista hacia el público y repitió aquella única frase: «Ya no eres especial».

Ese día su padre estaba entre el público. Finalizada la actuación, dieron un paseo juntos. Con lágrimas en los ojos, el hombre se detuvo súbitamente y se volvió a mirar a su preciosa hija: «No tenía ni idea de que te había hecho tanto daño; solo trataba de proteger a mi hijita. Lo siento muchísimo». En el instante en que el padre de Lisa reconoció y verbalizó la vergüenza de Lisa, ella pudo por fin superarla.

POR LA BOCA MUERE EL PEZ

Se llamaba Peter. Era un chico larguirucho con pocas habilidades sociales que había decidido convertirme en el blanco de sus chanzas. «Labios sensuales», me llamaba. «Mírala, con esos labios tan sensuales», me chinchaba. Vale, si soy sincera, me encantaría que alguien hablara de mí en esos términos ahora mismo, pero a los ocho años el comentario me hacía sentir distinta, y a esa edad lo único que quieres es pasar desapercibida.

Yo tenía una de esas bocas por las que un cirujano plástico te cobraría miles de dólares hoy día, pero de niña odiaba destacar. De haber sabido entonces lo que sé ahora, le habría dicho a mi madre que Peter me molestaba y hería mis sentimientos. El gesto de compartir mi malestar me habría liberado del dolor y, por desagradable que hubiera sido, habría puesto punto final al problema. Como nos recuerda Brené Brown, renombrada investigadora y experta en el tema de la vergüenza, «si podemos compartir nuestras experiencias con alguien que responda con empatía y comprensión, la vergüenza no sobrevivirá». La vergüenza crece en soledad y muere ante la conexión.

Sin embargo, a los ocho años yo no sabía gran cosa, y en lugar de enorgullecerme de mi boca carnosa y mandar a Peter a paseo, pensé que algo mal habría hecho para que se fijaran en mí. Me tapaba la cara con la mano mientras hablaba, encogía los labios para que abultaran menos y me esforzaba cuanto podía por apagar mi luz. La idea de ser distinta me avergonzaba hasta tal punto que sacrifiqué la espontaneidad típica de la adolescencia. En lugar de brillar, me encogía cuando podía.

(Y solo para que conste: cuando era veinteañera, me contrataron como modelo de labios para un anuncio de refrescos de ámbito nacional y, por un *spot* de diez segundos, pagaron a esos labios sensuales más de treinta mil dólares. Chúpate esa, Peter.)

CUANDO LA VERGÜENZA SALTÓ A LAS NOTICIAS

La vergüenza discurre en las profundidades y nos puede inundar en cualquier momento. Cuando un secreto se hace público o una vieja herida sale a relucir, allí está ella esperando. A menudo segmentamos la vida en pequeñas parcelas y compartimentamos esas zonas que nos parecen distintas o incómodas. Conocí a Rocky cuando todavía presentaba ponencias en las convenciones de *fitness*. Era una instructora fantástica y una experta todavía mejor en el arte de la compartimentación. La instructora de *fitness* extrovertida y juerguista ocupaba el primer compartimento. En el segundo estaba la madre de dos chicos adolescentes y la esposa de un marido entregado. En el tercer compartimento guardaba el secreto de que sus dos hijos lidiaban con problemas mentales, y en el cuarto escondía el estrés que le producían más de 300.000 dólares en facturas de tratamientos médicos que el seguro no cubría. Con los años, Rocky había aprendido a desenvolverse en el sistema de salud y ayudado a sus hijos a resurgir de las cenizas más de una vez, pero nadie le había enseñado a ella cómo sobrevivir si todos sus compartimentos se derrumbaban.

Rocky decidió recaudar fondos para causas relacionadas con la salud mental. Con ese objeto, creó una organización benéfica llamada «Pongamos Fin al Estigma». Durante los primeros años dejó su historia personal al margen de las recaudaciones. Nadie sabía que la familia de Rocky lidiaba con su propio estigma en relación con la enfermedad mental. Al fin y al cabo, ¿cómo afectaría eso a su imagen de instructora de *fitness* perfecta?

Poco a poco, la distancia entre la vida ideal que mostraba de puertas a fuera y las dificultades que afrontaba de puertas adentro se tornó tan grande que ya no pudo seguir compartimentando. Empezó a sufrir frecuentes ataques de pánico, y en cierta ocasión el estrés la abrumó hasta tal punto que su cuerpo entró en choque anafiláctico.

Rocky comprendió que había llegado el momento de hacer algunos cambios. Así, además de compartir su historia con sus más íntimos allegados, también se convirtió en activista por la salud conductual y alzó la voz por aquellos que no podían hacerlo. A medida que su actividad fue cobrando notoriedad, empezaron a invitarla a exponer su campaña en organizaciones y reuniones de alto nivel. Por desgracia, cierto día y sin que ella lo supiera, alguien grabó la reunión y los compartimentos de Rocky saltaron en pedazos.

Nada hacía pensar que el 21 de diciembre de 2015 no fuera un día de invierno normal y corriente hasta que Rocky echó un vistazo al periódico local y descubrió que, sin que mediara aviso ni consentimiento, habían publicado en primera página todos los detalles de su situación familiar. La información privada que Rocky había dado a conocer en su última reunión oficial era ahora del dominio público.

El estómago se le anudó y una oleada de vergüenza al rojo vivo la inundó cuando vio su nombre, su dirección, sus problemas y su historia expuestos en la primer página del periódico local. Ahora todo el mundo estaba al corriente, incluido el vecino de al lado, los maestros, los dueños del supermercado, todos.

Llevaba unos cuantos días refugiada en la seguridad de su casa cuando Rocky decidió por fin salir a comprar las provisiones que tanto necesitaba. Todavía encogida de vergüenza, se desplazaba conteniendo el aliento, esperando las miraditas, los cuchicheos y las caras elocuentes. Pero nada de eso sucedió. En cambio, personas de toda clase y condición, conocidos y desconocidos por igual, se acercaron para darle las gracias por su valentía. Algunos compartieron sus propias tribulaciones junto con palabras de agradecimiento por la información sobre instituciones y servicios de ayuda que aportaba el artículo.

No hay modo de filtrar la vergüenza. Se trata de una reacción instantánea a todo aquello que percibimos como imperfecto en nuestra vida. Sin embargo, cuando miramos lo que se esconde debajo de este complicado sentimiento, encontramos viejas historias que ya no nos sirven o que no cumplen la misión de hacer del mundo un lugar mejor.

La humillación de Rocky se diluyó en el amor y la gratitud de todas las personas a las que estaba ayudando. Si hubiera guardado en secreto sus problemas, seguiría viviendo en la oscuridad del bochorno y la soledad. Rocky decidió convertir el dolor en una llamada. Ahora es una reconocida activista por la salud conductual que se ha propuesto conseguir más recursos para tratar la enfermedad mental. Recibe frecuentes invitaciones para hablar sobre el tema, y hace poco la llamaron de la Casa Blanca para que compartiera su historia.

Tu ejercicio detox de hoy será reconocer que todos sentimos vergüenza en un momento u otro, y que es normal. En cambio, seguir rechazando el sentimiento sí podría traerte problemas. Ha llegado la hora de mirar a la vergüenza a los ojos y soportar las desagradables sensaciones que despierta; solo a través de este acto conseguirás debilitar la poderosa emoción. Departir y negociar con tus sentimientos de humillación te permitirá sobrepasarlos y abrir la puerta a tu yo más radiante. Se trata de un gesto radical y posiblemente complicado, pero también uno de los cambios más gratificantes que puedes llevar a cabo.

Ejercicios detox del día

1. Dedica un rato a desentrañar qué aspecto de tu perfeccionismo desencadena un sentimiento de vergüenza o bochorno con más frecuencia. Escoge un único detonante y escríbelo. En el caso de Rocky, le avergonzaba fingir que su vida era perfecta cada vez que daba una clase de *fitness*. En mi caso, me sentía humillada tras los ataques de pánico.

2. Busca una manera artística de expresar el relato que se esconde detrás de tu vergüenza. En el caso de Lisa fue el baile; en el de Rocky, el zumba; en el mío fue la escritura. Tú podrías escoger también la danza o quizá la pintura o el dibujo. Escribir en tu diario acerca de cómo te sientes te ayudará igualmente a liberarte. O podrías crear un *collage* de imágenes y palabras; ¿cuándo fue la última vez que te sentaste con un montón de revistas y recortaste las fotos que te transmitían algo? La experiencia táctil (es decir, una que no involucre dispositivos electrónicos) te estabilizará, aunque te centres en el tema de la vergüenza. Sea cual sea la técnica que elijas, recuerda que el propósito del ejercicio no es crear algo estético; se trata simplemente de usar un medio para expresar tu relato. Podrías tardar un rato, y te animo a que te tomes tu tiempo para llevarlo a cabo; no tienes que terminarlo en una sola sesión.

3. Háblale de la vergüenza que se entreteje con tu perfeccionismo a alguien que no te vaya a juzgar. Recuerda que la confianza hay que ganársela, y compartir tus experiencias con un amigo, con un hermano o incluso con una figura parental empática constituye un gesto muy poderoso para cortar el juego de la vergüenza. Es muy probable que esa persona de confianza comparta a su vez su propia historia contigo.

4. Cada vez que te avergüences porque *creas* haberte equivocado o haber mostrado tus carencias, déjalo todo y abrázate. Me refiero a un abrazo literal. Te

ayudará a darte cuenta de cómo corremos siempre a enjuiciarnos. Un abrazo es un gesto de amor y autoaceptación extremo, así que no solo te ayudará a reducir el impacto del bochorno sino que estimulará tu centro nervioso del bienestar.

SEGUNDA PARTE

DESPLAZA EL FOCO DE ATENCIÓN Y VIVE CON AUDACIA

Considera los tropiezos oportunidades de explorar, aprender e implicarte

Ahora que ya has superado unos cuantos pasos del programa, cabe esperar que la carga del perfeccionismo se haya aligerado un tanto. Si todavía notas su peso sobre los hombros, confía en el proceso y en tu sabiduría interior, y piensa que esta fase que empieza te permitirá seguir trabajando para librarte de una parte de esa presión. Ten presente que no hay una manera perfecta de realizar el programa detox y que el viaje será distinto para cada cual. Igual que no hay una dieta ni una rutina de ejercicios universales, este trabajo depurativo tomará el rumbo que más os convenga a ti y a tu vida.

Sean cuales sean los pasos que hayas completado hasta ahora, quiero recordarte un aspecto esencial, algo que deberías grabarte en la mente y tener siempre presente en el corazón: el perfeccionismo no debe considerarse una maldición y tú ya eres una persona fantástica sin necesidad de cambiar nada (si nos conociéramos, nos haríamos superamigas, estoy segura). Eres digna de admiración, y no me cabe la menor duda de que había una estrella del rock en ti el día que escogiste este libro. Puede que ahora mismo hayas perdido de vista tu magia interior, pero la estrella del rock está ahí de todos modos, y quiero trabajar contigo para que vuelvas a tener presente tu grandeza.

Recuerda que ser perfeccionista tiene algunas ventajas. Por ejemplo, es probable que destaques en tu profesión (aunque tú no tengas esa sensación) o en alguna afición, y me atrevería a afirmar que tu excelencia se deja entrever incluso cuando haces pinitos en alguna actividad nueva. De hecho, es muy posible que obtengas resultados mucho más brillantes de lo que piensas en cualquier cosa que te propongas. Sin duda posees cualidades maravillosas.

Sí, puede que seas una de las personas más desaprovechadas que conoces. No te agobies; no se debe a que no merezcas sentirte satisfecha y realizada, aunque sospecho que lo piensas con frecuencia. Se debe más bien a que estás atrapada en un bucle que te empuja a poner el foco en los aspectos de tu vida que no te inspiran alegría, por cuanto te esfuerzas por estar a la altura de expectativas imposibles y ves fracasos donde no los hay. Esta dinámica te tiene atrapada en lo que viene a ser una condición de perpetuo malestar, un estado dominado por el terror a defraudar a todo el mundo, tú incluida. La culpa de esta aprensión sorda la tiene un miedo soterrado, de baja intensidad, que se ha convertido en tu constante aunque callado compañero. A los perfeccionistas, el fracaso, o incluso a la posibilidad de no cumplir sus propios objetivos de manera impecable, les asusta horrores. Este temor es tan intenso que te arranca del camino que conduce a tu máximo potencial y te impide disfrutar de las recompensas.

En este paso hablaremos de tropiezos y errores, esas circunstancias inevitables de la vida que las perfeccionistas creemos poder eludir mediante el uso de nuestros poderes sobrenaturales. Pero no podemos. Y si de algún modo nos las arreglamos para hacerlo, pagaremos un precio muy alto. Como nos recuerda la escritora J. K. Rowling (a la que por cierto le rechazaron el manuscrito de Harry Potter en *doce* editoriales antes de que una intuyera su potencial): «Es imposible vivir sin fallar en algo, a menos que vivas con tanto cuidado que no sea vida en absoluto, en cuyo caso se falla por defecto».

APRENDIENDO A VIVIR CON EL FRACASO

Tal Ben-Shahar, uno de mis maestros y autor de un libro de gran éxito sobre el fracaso, dice que, para evitar el peligro de quedarse en pausa permanente —a saber, ese estado paralizante en el que podríamos entrar si permitimos el miedo a no dar la talla se apodere de nosotras—, los perfeccionistas deben elegir entre «aprender a fracasar» o «fracasar en el aprendizaje».

Cuando habla de «fracasar en el aprendizaje», Ben-Shahar se refiere a que la incapacidad de aceptar el fracaso como posibilidad nos impide, a la larga, correr los riesgos necesarios para conseguir nuestros objetivos, avanzar y mejorar. Eso explica por qué casi todos los perfeccionistas acaban por estancarse, y si se estancan mucho tiempo, se arriesgan a que sus ideas, sus sueños y su auténtica voz caigan en saco roto.

El problema radica en nuestra tendencia a pensar que, aun sin correr riesgos, llegaremos a lo más alto, pero esa es otra de las mentiras que la vocecilla crítica nos cuenta a diario. Tratando de protegernos, nos hace dudar de nuestra valía y nos impide compartir nuestros puntos de vista particulares y lo mejor de nosotras por miedo a ser enjuiciadas o criticadas. Piensa en algún conocido que destacara por su gran potencial y que, para tu sorpresa (y la sorpresa de todos), se dejara llevar por la desmotivación y/o nunca alcanzara sus metas. No me cabe duda de que esa persona debía de encarnar muchos rasgos del típico perfeccionista. A menudo la mentalidad «todo o nada» no lleva a ninguna parte.

Cuesta recordar —en particular cuando te ciega el perfeccionismo— que los errores o los tropiezos tan solo demuestran que has forzado los límites, que lo has intentado y que has apuntado alto. El fracaso es inevitable en tales casos. Sin embargo, como los perfeccionistas consideran cualquier fallo, real o percibido, como una realidad global y no como un hecho aislado, lo evitan a toda costa. Contemplamos el fracaso, cuando se produce, como parte de nuestra identidad, un reflejo de lo que somos y no un acto entre otros muchos. En cambio, si piensas en el fracaso no como un desenlace a evitar sino como un «primer intento en el proceso de aprendizaje», tu manera de percibirlo experimentará una transformación radical. Yo no creo que vaya a fracasar en mi empeño de llegar a la cima, pero soy consciente de que el fracaso es una parte inevitable del camino al éxito.

CÓMO PASAR DE UNA MENTALIDAD FIJA A UNA DE CRECIMIENTO

Como conferenciante, me aterraba que me hicieran una pregunta en plena presentación y no conocer la respuesta. A pesar tanto sudor y lágrimas, de tanta ansiedad y energía invertida en ese miedo a lo largo de los años, la circunstancia solo se dio en una ocasión. Y sin embargo, esa única vez me ha atormentado durante años. Todavía hoy recuerdo con absoluto aunque innecesario detalle el evento, dónde se desarrolló (en Nueva York), cuál fue la pregunta y quién la formuló (mi amiga Annie). Así de profundamente se grabó el fallo, o la incapacidad de ofrecer al momento una respuesta adecuada, en mi mente perfeccionista.

El hecho de no haber previsto todas las preguntas que podían surgir y todos los rumbos que podía tomar la presentación me reconcomió durante meses. Hasta que experimenté una sencilla revelación: no es humanamente posible (1) prever todas las preguntas posibles ni (2) conocer todas las respuestas. Hace poco, comiendo con Annie, descubrí hasta qué punto fue absurda tanta autoflagelación. Resulta que ese tropiezo que tanto me había torturado ni siquiera se había grabado en la memoria de mi amiga. Cuando saqué a relucir el incidente, sucedido a finales de los noventa del siglo pasado (no te rías) y que me había perseguido durante años, no supo de qué le hablaba; ni siquiera recordaba haber acudido a aquella charla en particular.

Actualmente acojo todas las preguntas de buen grado en mis seminarios. Por lo general soy capaz de ofrecer una respuesta pertinente, pero de vez en cuando me quedo a cuadros. Sin embargo, ahora me tomo esas ocasiones como oportunidades de aprender algo nuevo, de explorar distintos ángulos que tal vez antes no había considerado y de ampliar mis conocimientos. Si no sé qué responder, lo digo tranquilamente o recurro a Google, mi ayudante virtual, para reunir cuatro datos con el fin de iniciar una conversación al respecto. Siempre prometo investigar el tema, y cuando puedo, hago seguimiento.

¿Todavía me enfrento a esa clase de situaciones? Desde luego que sí. Pero a menudo hay alguien entre el público que conoce la respuesta y yo recibo su aportación sin considerarla una afrenta a mi autoridad como ponente. Le doy las gracias de corazón. Normalmente este giro inesperado me ayuda a fortalecer el vínculo con los asistentes, y el público disfruta el evento todavía más si cabe porque tiene la sensación de haber aportado algo valioso al proceso. Le permite ver la experiencia como una conversación más que como una conferencia impersonal con preguntas y respuestas.

La psicóloga y escritora Carol Dweck se refiere a este cambio de mentalidad —pasar de temer la posibilidad de un fallo a aceptarla— el paso de una mentalidad «fija» a otra «de crecimiento».[27] Si partes de una mentalidad «fija» puede que consigas tu objetivo de vivir una vida libre de errores, tropiezos y fracasos, pero pagarás un terrible precio en términos de potencial y propósito. Igual que evitas el peligro de fracasar reduciendo los riesgos al mínimo, también te pierdes ocasiones de ampliar tus conocimientos, tus opciones, tus redes y tu satisfacción.

A la larga, tu tolerancia al riesgo se reduce tanto que cualquier posibilidad de evolución desaparece por completo. Tu esfera se va reduciendo a medida

---

27. Carol Dweck, *Mindset: The New Psychology of Success*, Ballantine Books, Nueva York, 2006. [*La actitud del éxito*, Ediciones B, Barcelona, 2007.]

que te tornas más crítica con los demás, en particular con aquellos que, a base de arriesgarse, acaban por superarte. Es cierto que habrán cometido muchos errores y tú no, pero a cambio habrán ascendido a cumbres más altas mientras que tú, en el mejor de los casos, seguirás navegando a una altura media.

CÓMO SE PRODUCE EL PROGRESO EN EL GRAN LABORATORIO DE LA VIDA

Modificar los procesos de pensamiento en relación con los errores y reajustar la definición de fracaso genera una gran libertad. Cuando aprendemos a contemplar los fallos no como fracasos, sino como peldaños en el ascenso a algo más grande y mejor, obtenemos acceso a nuestro coraje interior en lugar de seguir pendientes la vocecilla interna. Acuérdate de que algunos de los grandes descubrimientos de la humanidad proceden de experimentos fallidos. El juego del muelle conocido como *slinky*. Las notas autoadhesivas. ¡La penicilina! Y estos solo son algunos de los maravillosos inventos que nacieron de errores.

La mayoría, si no todos los grandes líderes, han aprendido el arte de sortear las equivocaciones y superar el fracaso (percibido). En una entrevista reciente emitida en el programa de actualidad *CBS This Morning*, le preguntaron Sarah Robb O'Hagan, directiva de Flywheel Sports y amiga mía, si pensaba que la gente aprendía más de los éxitos o de los fracasos. En su libro *Extreme You*, Sarah comenta con franqueza sus equivocaciones, incluidas algunas épicas, así que ya puedes imaginar su respuesta. A la pregunta en cuestión respondió que, en su caso, los fracasos le habían aportado grandes lecciones.[28] Fue igualmente en esos momentos cuando descubrió el alcance de su determinación, resiliencia y tenacidad, cualidades todas ellas necesarias para vivir con audacia y valentía.

En un artículo de la revista *Fast Company*, el fundador de Amazon Jeff Bezos confesó que el éxito de su empresa se debe en parte a la voluntad de potenciar la incertidumbre, la experimentación y cierto grado de incoherencia. Dijo que en Amazon no todo está organizado a la perfección. Bezos no solo tolera los errores, sino que se divierte con ellos y los considera ocasiones para que surjan flamantes ideas.

---

28. Sarah Robb O'hagan y Greg Lichtenberg, *Extreme You: Step Up. Stand Out. Kick Ass. Repeat*, HarperBusiness, Nueva York, 2017.

Es posible que ahora mismo estés poniendo los ojos en blanco y comentando para tus adentros: «Sí, claro, todo eso está muy bien, pero Amazon es una empresa enorme y a Sarah se promociona en la CBS. Ya han triunfado, así que se pueden permitir algún que otro error». Pero piensa que detrás de ese éxito «fulgurante» hay un viaje de diez mil horas. Uno no aprende a funcionar con ese grado de coherencia interna en dos días; se trata de un camino de crecimiento que no solo requiere desarrollar un hilo conductor sólido basado en la confianza en ti mismo sino, también tener fe en el proceso evolutivo necesario para que haya progreso.

Desde otra perspectiva podría decirse que han aprendido a aceptar que un éxito sostenido en el tiempo nunca es lineal. Consta de muchos triunfos pequeños seguidos de una caída estrepitosa y requiere oír «no» diez veces antes de escuchar un «sí». Para los perfeccionistas, esta realidad es extremadamente difícil de aceptar. Yo he aprendido, sin embargo, que podemos enseñarle al cerebro a instalarse en el desasosiego, y esa actitud propiciará que se manifiesten las lecciones que tienes que aprender. En esas lecciones encontrarás el catalizador del éxito.

AVANZANDO HACIA UNA VIDA AUDAZ

Si quieres disfrutar más de la vida, debes empezar por vivir con audacia. Y vivir con audacia significa estar dispuesta a probar, fracasar y volver a intentarlo.

Para mí, últimamente, el fracaso equivale a una cosa: no intentarlo. Si tuviera que rechazar entrevistas o giras de conferencias por miedo a cometer un error, o si renunciara a un prólogo original por miedo a que no fuera impecable, estaría condenando mi libro al fracaso. Antes me aterraba equivocarme; ahora, lo que me asusta más que nada es la idea de irme a la tumba diciendo «¿qué habría pasado si...?» Por encima de todo, deseo ser una alumna de la vida, seguir aprendiendo e investigando maneras nuevas y distintas de motivar e inspirar a mi público. Y cada vez que descubro algo nuevo, tengo la certeza de que mi futuro estará plagado de errores y caídas, pero también de emoción renovada, curiosidad y entusiasmo vital. Aceptaré el trueque las veces que haga falta.

En ocasiones poner a prueba tus nuevas habilidades resulta aún más complicado que aprender algo nuevo, como le sucedió a Laurie. La conocí en el primer taller del programa detox para perfeccionistas que organizaba en mi vida. Era una instructora respetada y experimentada que llevaba más de veinte años impartiendo clases de *spinning*. A Laurie le encantaba su trabajo, pero últimamente, tras dos décadas enseñando lo mismo una y otra vez, empezaba a estar un tanto quemada.

A lo largo de los últimos cinco años, Laurie se había matriculado en todos los cursos para instructores de *fitness* habidos y por haber (y los había superado con éxito). Aunque tenía pruebas de sobras para saber que estaba formada y lista para dar el salto, Laurie nunca había vencido el miedo a que su primera clase en la nueva disciplina no fuera la sesión perfecta. Tenía las habilidades, tenía la titulación, pero los miedos injustificados de su mente perfeccionista la paralizaban. La idea de que la imperfección equivale a desastre la empujaba a obtener una titulación tras otra. Así pues, hacía poco tiempo que Laurie había decidido poner en práctica sus nuevas habilidades.

Durante el taller, mientras hablábamos del miedo y del hecho de que el cerebro no distingue entre realidad y ficción, Laurie sacó a colación la abrumadora ansiedad que experimentaba cada vez que colocaba en la cuerda floja su reputación y sus habilidades al intentar algo nuevo. La premisa número uno era que Laurie, aunque se había limitado al *spinning* en sus veinte años de profesión, podía aplicar sus capacidades docentes a cualquier otra modalidad de *fitness*. La premisa número dos, que aprendía rápido y ya dominaba los elementos clave que necesitaba para dar clases de una disciplina distinta. La número tres era que Laurie siempre se preparaba al máximo, y todas sabíamos que practicaría, practicaría y practicaría hasta estar lista para dar cualquier clase que se le pusiera por delante. Y la última, que sus alumnos y clientes la adoraban, y muchos la habían seguido de gimnasio en gimnasio a lo largo de los años. Laurie podría haber dado una clase de cestería y casi todos se habrían apuntado.

Si bien es cierto que cambiar de modalidad le provocaría cierta ansiedad natural, Laurie, lo mires como lo mires, estaba plenamente capacitada para convertir cualquier «nueva» clase en una experiencia fantástica para sus alumnos. Considerando su trayectoria, se dio cuenta de que su ansiedad no era sino una muestra de lo mucho que se preocupaba por sus alumnos, igual que el miedo tan solo indicaba que estaba forzando los límites tanto de sí misma como de su zona de comodidad.

Hablamos de las emociones que la embargaban cada vez que se disponía a explorar un nuevo formato de *fitness*. La noche anterior, sus miedos imaginarios se adueñaban de ella, empezaba a dudar de sus capacidades y la asaltaban todas las dudas. Sin embargo, en cuanto la música empezaba a sonar,

Laurie entraba en la zona de comodidad propia de una instructora experimentada y disfrutaba al máximo cada segundo de la nueva clase.

¿Metió la pata alguna vez? Seguramente, pero ninguno de sus alumnos se dio cuenta y no sucedió nada que no pudiera arreglar recurriendo a sus veintitantos años de experiencia. Laurie me confesó que, aunque había decidido continuar con el *spinning* como formato principal, ahora estaba segura de poder enseñar con tranquilidad, incluso con entusiasmo, otros estilos de *fitness* si así lo deseaba.

Tú, igual que ella, puedes tomar medidas que te permitan protagonizar un cambio de mentalidad parecido o que te animen a dar el salto sin temor a las consecuencias. Puedes aprender a separar la realidad de la ficción, como yo le enseñé a hacer a Laurie. O podrías trabajar una serie de pasos que te ayuden a mejorar tu tolerancia al riesgo.

El primero consiste en cambiar de mentalidad en relación con los errores y los supuestos fracasos modificando el sentido que das a esas palabras. ¿Y si pensaras en las equivocaciones como datos e información? ¿En qué medida se ampliarían tus horizontes si contemplaras los fracasos como catalizadores de éxito? He descubierto que obtengo mucha más información de mis caídas que de mis triunfos, y que ese conocimiento me permite crecer o diversificarme en direcciones que nunca antes había previsto.

El siguiente paso será rebajar la importancia de los elogios. Eso significa concederte permiso para felicitarte cada vez que salgas airosa de una situación, pero sin dejar que las alabanzas alimenten tu ego. Para las perfeccionistas es importante marcar una separación entre lo que hacemos y quiénes somos en los buenos tiempos, pero igualmente en los regulares, cuando el ego tiende a castigarnos en lugar de ensalzarnos. Esa separación nos permite comprender que, aunque a veces cometamos errores, eso no nos hace erróneas. También nos ayuda a librarnos de los sentimientos de vergüenza y culpa que inevitablemente llaman a la puerta cuando metemos la pata o sufrimos un contratiempo.

Cuando lo damos todo, estamos plenamente presentes y sin embargo sufrimos un tropiezo, la mayoría de las perfeccionistas tenemos dificultades para ver el error como lo que es: un fallo sin más. Estamos programadas para pasar por alto o descartar las circunstancias atenuantes que usan otras personas para sentirse mejor cuando patinan. Sin embargo, tienes que recordar que, cuando la intención es buena y hemos dado lo mejor, la vergüenza y el remordimiento no son las reacciones más sanas. Esas respuestas nunca nos ayudarán a mejorar y, de hecho, es probable que nos impidan volver a intentarlo en el futuro, por cuanto los sentimientos tóxicos que acompañan a esas emociones son desagradables y difíciles de afrontar.

Contemplar las consecuencias del fracaso desde una perspectiva más racional nos puede ayudar asimismo a afrontar la vida desde una postura audaz. Puedes propiciar este cambio prestando atención a tus reacciones automáticas ante un error y parándote a pensar si la respuesta es proporcional al desliz.

Por ejemplo, piensa en la última vez que enviaste un email con un error tipográfico o que olvidaste felicitar a un compañero de trabajo por su cumpleaños. O en cualquier otro «fallo» que cualquiera de nosotros ha cometido en un momento u otro y seguramente volveremos a cometer. ¿En qué medida alza la voz tu vocecilla interna cuando cometes esa clase de equivocaciones? Es normal e incluso lógico que te sientas molesta contigo misma durante un par de segundos, pero que te sigas reprochando el fallo pasadas veinticuatro horas es otra historia.

El miedo ocupa un papel igualmente importante a la hora de reformular el fracaso. El temor a no estar a la altura de las expectativas ajenas suele ser debilitante, en particular para los perfeccionistas. Seth Godin, autor de dieciocho títulos de éxito internacional, incluido el superventas *Tribus*, dijo que para ser notable los demás tienen que notar que estás ahí. Eso significa que la gente comentará lo que les gusta de ti *y* lo que no. A todos nos gusta más oír lo primero que lo segundo, pero piensa que las críticas implican que alguien ha reparado en ti. Cuando vives con osadía, puedes considerar los comentarios negativos una muestra de que te has hecho oír sin sentir la necesidad de modificar tu mensaje para obtener el beneplácito de los demás. Mi amiga Jenny Blake, escritora y, como yo, perfeccionista en proceso de recuperación, me dijo que, cuando siente que su necesidad de aprobación ajena se dispara, se recuerda en silencio: «Esto no es una audición para figurar en la vida de nadie».

Si nuestra idea del éxito se basa en demostrar lo mucho que valemos y en tener siempre razón, ya podemos prepararnos para sufrir buenas jaquecas y desengaños. Cuando el triunfo depende del resultado, caminamos por una cuerda floja abrumadas por la tensión y el estrés. En vez de eso, deberíamos aspirar a permanecer a flote en tiempos difíciles y considerar los altibajos como parte del proceso de crecimiento; una prueba de que estamos vivas, de que amamos y, más importante, de que lo intentamos.

A la vez que reparamos en esas partes de nosotras que precisan mejoras o en esas habilidades que debemos potenciar, podemos contemplar las carencias como oportunidades de aprendizaje y crecimiento, y usar los éxitos de los demás como motivación para rellenar el depósito de la inspiración en vez de sentirnos amenazadas por sus logros.

Ejercicios detox del día

Durante el día de hoy y a lo largo de las jornadas siguientes, intenta hacer lo que propongo a continuación para reajustar tu percepción del fracaso:

1. Si alguien hace referencia a un nombre, suceso o lugar que no conoces, coméntale con sinceridad que ignoras el dato y solicítale que te lo aclare. Si te vas a sentir mejor, dile que te encantaría conocer la referencia, pero que no es así. Pídele que te ilumine al respecto. Este pequeño paso mejorará la comunicación al mismo tiempo que fomenta el espíritu de colaboración.

2. Si estás trabajando en una presentación o en algún tipo de evento público, fíjate un tiempo máximo de preparación que te parezca razonable. No trates de explorar *todos* los ángulos y preguntas posibles antes del evento. Te prometo que cualquier sacrificio que creas estar haciendo en cuanto a la perfección de tu presentación será una ganancia en energía y buen humor. Y la gente conectará mejor contigo. (Recuerda que nos identificamos más íntimamente con las personas «auténticas» que con las que nos parecen «impecables».)

3. Un día de esta semana, oblígate a salir de tu zona de comodidad. ¿Hay algún aspecto de tu profesión que te gustaría aprender? ¿Tienes algún proyecto en el tintero que no te has decidido a emprender porque necesitas ayuda y no te atreves a pedirla? O quizá te gustaría aprender a dibujar, apuntarte a clases de cerámica o empezar a bailar pero te inhibes porque no te gusta el papel de principiante. No esperes más: esta es la semana ideal para encontrar a tu Picasso o a tu Ginger Rogers interior. Cuando hayas escogido la disciplina y hayas dado el paso de matricularte, escríbelo en tu diario, y sigue anotando tus impresiones según vayas iniciando tu actividad. Si decides no continuar, averigua por qué y prueba otra cosa. Sigue probando hasta encontrar algo que puedas sostener.

Renueva tu vocabulario: reemplaza «no, pero...» por «sí, y...»

Las perfeccionistas vivimos en un mundo de blanco o negro, perfecto o imperfecto, bueno o malo, correcto o incorrecto. Medimos nuestras relaciones y las consecuencias de nuestros actos en términos de éxitos o fracasos, contemplamos nuestros destinos como ineludibles o imposibles. Igualmente, tenemos tendencia a habitar en el país de la decepción preventiva, donde reina la costumbre de esperar lo peor. E incluso una vez que un evento o experiencia ha quedado atrás, mostramos más tendencia a pensar «¿Qué habría pasado si...?» que a exclamar «¡Qué bien ha salido!»

El problema de vivir en el planeta de los absolutos, donde impera la ley del blanco o negro, es la soledad por un lado y la incapacidad de apreciar los matices —y el color— de la vida real por otro. En este paso me gustaría que abandonaras ese mundo solitario para habitar un lugar donde el blanco se funde con el negro y proliferan tonos rojos, azules y rosados. Llegar allí requiere que dejes de centrar la atención en las pequeñas carencias de la vida para contemplar sus abundantes posibilidades, un cambio de perspectiva que podemos llevar a cabo, en parte, recurriendo al poder del lenguaje. En particular, deberás replantearte el uso de las palabras «no», «pero», «sí» e «y». Puede que te parezcan insignificantes, pero son poderosas y van a ejercer una enorme influencia en tus posibilidades de sacar partido, o no, al poder de la elección.

MENSAJES DEL SOLITARIO PLANETA DEL «NO»

El primer grupo de palabras que te invito a eliminar de tu discurso es «no, pero...» Me refiero a esta combinación tal como la emplearías si, por ejemplo, una amiga te invitara a una cena (y tú ese día te vieras gorda o llevaras el pelo fatal): «No, pero me habría encantado si no hubiera quedado ya». O cuando te proponen participar en una actividad que nunca has practicado (y no sabes si te gustará o tendrás facilidad): «No, pero la próxima vez no me lo pierdo». O cuando alguien te pide que le muestres un proyecto en el que estás trabajando: «No, pero cuando esté listo (es decir, perfecto) te lo enseñaré».

Si tu primer impulso es decir «no» a las propuestas y meditarlo después, plantéate la posibilidad de responder «sí». No sugiero que aceptes de buenas a primeras algo que no te beneficia; de hecho, saber cuándo decir «no» a una invitación que no te hace feliz constituye una habilidad positiva, sobre todo si tiendes a hacer cosas para complacer a los demás. Lo que te propongo es que trabajes para no responder con una negativa a cualquier propuesta sencillamente porque ignoras si el resultado será de tu agrado. Lo conseguirás si (1) no cierras de un portazo cualquier puerta que se abra ante ti y (2) pones el foco de atención en las oportunidades que ofrece la situación. Considéralo una invitación a decir «sí» antes de sentirte preparada y a aceptar las ventajas en potencia aun sin tener la seguridad de que las habrá.

Al principio se te antojará aterrador y extraño, por cuanto estás habituada a emplear «no» y «pero» como vía de escape y como sistema de protección. De hecho, esas dos palabras constituyen el subterfugio de los perfeccionistas —y de los procrastinadores— para no tener que tomar decisiones. Nos convencemos de que la combinación «no» + «pero» suaviza el golpe del rechazo o nos permite esquivar la posibilidad de fracaso, pero esta estrategia de huida nos aleja de la vida, por cuanto elimina experiencias únicas y oportunidades de crecimiento. El verdadero problema aparece cuando «no» se convierte en nuestra reacción por defecto y acaba por devenir un hábito puro y duro.

Mi gran momento «no, pero» acaeció hace muchos años, cuando la CBS me invitó a acudir como experta de *fitness* a un programa dedicado a los propósitos de año nuevo. Mi respuesta inicial fue: «Me encantaría participar en el programa, pero ya me han contratado para ese día». El adversativo fue mi manera de suavizar el rechazo, y también una mentira. Carecía de compromisos para esa fecha, pero la idea de no ofrecer una imagen ideal y exhibir mis carencias en un programa de televisión en directo me abrumaba. Reaccionando como tenía por costumbre, me encajoné una vez más en el pequeño mundo del «no, pero».

Había rechazado tantas propuestas a lo largo de los dos últimos años que cada vez que enviaba otra oportunidad a paseo empujaba la experiencia al último rincón de mi mente y no lo comentaba con nadie. Con cada «no» perdía un trocito de mi autoestima. Sin embargo, aquella mañana de diciembre en particular sucedió algo sorprendente. Mi sabiduría interior, la parte de mí que era consciente de que ocasiones como esa no se presentan cada día, se levantó y alzó la voz. La esperanza vence al miedo y, en aquel momento, acallé el runrún de mi vocecilla interna y me abrí al universo de la posibilidad.

En el rato transcurrido entre el momento en que dije «No, ya me han contratado (mentira), pero me encantaría participar como invitada la próxima vez» y el instante en que los llamé para decir «He aplazado el compromiso (mentira) y sí, me encantaría aparecer en el programa» no habían encontrado a nadie. Tuve una suerte inmensa, porque la lista de candidatos para participar en ese programa de ámbito nacional era larga e incluía a personas de mucho talento. Fue un instante transformador; al dar una respuesta afirmativa a la cadena, estaba diciendo «sí» a la vida. Y lo hice antes de sentirme preparada, y sabiendo que tendría que buscar el modo de no defraudarme a mí misma ni a la CBS.

Tras acordar los detalles con la cadena, tenía dos semanas de margen para los preparativos de esa nueva oportunidad, que era emocionante y terrorífica a un tiempo. Sabía que no podría hacerlo sola, así que llamé a mi antigua psicoterapeuta. Con su ayuda y algunas técnicas de mindfulness me convencí de que sería capaz de gestionar el miedo. No dejaba de repetirme que la ansiedad no es sino una emoción tan fuerte que te quita el aliento. Ese pensamiento me tranquilizaba, porque me permitía hacer una lectura positiva de lo que estaba sintiendo (mariposas aleteando en mi barriga como posesas). Además me preparé, me preparé y luego me preparé un poco más. Sabía que la televisión en directo es cualquier cosa menos predecible, y eso significaba que cuanto más ensayase más presente estaría en el momento, más espontánea y fluyendo. E incluso existía la posibilidad de que me divirtiera. ¿Hice un papel perfecto? No lo creo, pero lo pasé de maravilla e, hice un trabajo lo bastante bueno como para que a lo largo de los dos años siguientes me convirtiera en la experta en *fitness* fija del programa.

Una joven poeta llamada Erin Hanson escribió en cierta ocasión: «Hay libertad esperándote en las brisas del firmamento, y tú preguntas: "¿Y si caigo?" Ay, querida, ¿y si vuelas?» Como es natural, si quieres volar, antes tendrás que apuntar al cielo.

Para acceder a las alturas debes sacrificar el «no, pero» en favor de las alas que te da el «sí». Decir «sí» te otorga la posibilidad de remontar el vuelo antes de estar lista. Se trata de responder afirmativamente a una entrevista laboral aun sin estar segura de ser la mejor candidata para el empleo o de que el trabajo sea ideal para ti. Se trata de aceptar una cita a ciegas, aunque tengas la sensación de que te sobran unos kilos. Se trata de colocarte frente a la cámara y decir «sí» a la foto, aunque no tengas un aspecto impecable. Ya no tendrás que esperar al momento perfecto, al peso perfecto, a la situación perfecta o a que todo cuadre para empezar. Porque, ¿sabes qué? Esos momentos nunca llegan.

ADOPTA EL HÁBITO DEL «SÍ» (Y ENTRA EN EL REINO DE LA «Y»)

Cuando somos capaces de responder con un «sí» a diario y no solo cuando nos sentimos perfectas, la vida cobra color. Empezamos a pintar fuera de las líneas y a mostrar predisposición por ser parte de las experiencias. («Predisposición» es una palabra que los perfeccionistas casi nunca usan, por cuanto implica participar en la totalidad de la vida y no solo en las circunstancias que creen poder controlar.) A través de este gesto de participación reconocemos que el deseo de perfección y la aceptación de la falla pueden coexistir en armonía, y eso siembra el terreno para la libertad y para una vida más luminosa y plena.

La afirmación, por encima de todo, te abre a la curiosidad y al asombro a la vez que desencadena más emociones positivas; te ofrece la ocasión de explorar la existencia en lugar de controlarla. Cuando decimos «sí», sumamos la acción a la intención de depurarnos del perfeccionismo; les damos pies a los pensamientos, por así decirlo, para que echen a andar.

Cuando nos comprometemos con el afirmativo y le añadimos la palabra «y», expandimos aún más nuestras oportunidades y nos concedemos espacio para discurrir, pedir ayuda o efectuar la investigación necesaria para llevar el «sí» al otro lado de la línea de meta. Mientras que «no, pero» ofrece excusas con las que declinar la ocasión que se nos brinda sin romper la ilusión de la perfección, «y» constituye la silenciosa promesa de sostener el «sí». Esa humilde aunque poderosa «y» es el compromiso de amor que firmamos con nosotras mismas de trabajar y poner nuestros sueños en movimiento. Decir «sí» es una cosa; comprometernos con la palabra es algo más.

Cuando nos concedemos permiso para vivir con el malestar de saber que quizás aún no estemos listas para el sí que hemos lanzado, podemos trabajar con coraje y resiliencia para mantenernos a flote hasta resolver la situación. La perfección no puede coexistir con un mero sí; requiere pedir ayuda, investigar los detalles y rellenar los huecos para no quedarse estancada; ahí entra en juego la «y».

Al hablar de «y» me refiero al trabajo interior que estamos dispuestas a llevar a cabo para ir al encuentro del «sí» ya lanzado al exterior con entusiasmo y determinación. «Y» implica la voluntad de poner toda la carne en el asador y nos ayuda a dejar de cavilar para empezar a vivir. «Y» te permite decir sí a la vida y dejar para más tarde los detalles. Si esperamos a estar (perfectamente) preparadas para hacer algo, nos perderemos incontables oportunidades.

Séneca, el filósofo romano, dijo que la suerte aparece cuando la preparación coincide con la ocasión. Cuando funcionamos desde la «y», estamos generando más suerte. Acepta la cita a ciegas, aunque no tengas ni un momento libre *y*, bueno, tal vez no encuentres al amor de tu vida, pero a lo mejor haces un nuevo amigo que disfruta con las mismas cosas que tú. Di sí a lo que sea que llevas un año aplazando *y*, a la vez que fuerzas tus propios límites más allá de lo que creías posible, podrías proporcionarle a tu valor una inyección positiva.

Aunque estés agotada, di «sí» a la noche en pareja *y* te acordarás de por qué te enamoraste de esa persona que está sentada al otro lado de la mesa. Aunque no creas que vayas a conseguirlo, di «sí» a la entrevista de trabajo *y* luego pide ayuda para acudir tan preparada como puedas. Si estás un poco depre *y* te sientes obligada a ir a trabajar, di «sí» a tomarte un día de salud mental *y* luego piensa que estás sentando las bases de lo que implica un autocuidado radical.

Di «sí» a ti misma, a tu vida, a tus sueños y, aunque no todo salga de maravilla, la persona en la que te vas a convertir a lo largo del camino te compensará por cada desengaño, fracaso, decepción y momento imperfecto.

Laurie, a la que ya conoces del capítulo anterior, estuvo pensando en formarse como entrenadora de nutrición integrativa para poder incluir técnicas de estilo de vida y conductuales en su capacitación profesional. Sabía que, después de veintitantos años enseñando, tenía que encontrar un modo de generar ingresos que no se basara en necesariamente en la transacción ni requiriese su presencia física. Como muchas de nosotras, Laurie se sentía muy cómoda circulando por su carril derecho de la vida, pero sus hijos ya eran adolescentes y ella deseaba proponerse objetivos nuevos y significativos que la ayudaran a prepararse para cuando los chicos abandonaran el nido. En el último Taller Detox para perfeccionistas al que asistió, estuvimos explorando la tendencia a postergar los sueños y ella comprendió que su reacción automática ante sus grandes aspiraciones era del tipo «no, pero». La semana siguiente, después de pensarlo bien y hablarlo con su marido, Laurie decidió decir «sí, y» a su futuro.

Antes de averiguar cómo se las iba a ingeniar para sacar adelante su plan, incluido el encaje de los ajustados horarios familiares, la organización de sus actuales compromisos y la dificultad de encontrar tiempo para ocho horas de estudio adicionales a la semana, dijo «sí» y se matriculó en un curso de nutrición de un año. Solo entonces procedió a planificar los detalles.

Si Laurie hubiera esperado al momento perfecto y a la situación ideal antes de apuntarse al curso, es muy posible que nunca lo hubiera hecho. Más tarde confesó que, al ocuparse de sus necesidades e ir en pos de su pasión, tenía la sensación de ser también una madre y esposa mejor y más cariñosa.

La palabra «y» nos permite abandonar esa mentalidad fija que lo ve todo en términos de blanco y negro, todo o nada. Nos ofrece una herramienta para pasar de un lenguaje de absolutos (éxito «o» fracaso, estoy delgada «o» estoy gorda) a un diálogo más tolerante y amoroso con nosotras mismas. Descubrimos que podemos fallar *y* extraer al mismo tiempo valiosa información del error, que nos ayudará a salir victoriosas la próxima vez. Y aunque no estemos en nuestro mejor momento cuando se presente la ocasión de salir con alguien o de acudir a una entrevista laboral, podemos ir a por ello igualmente con energía *y* vestirnos para triunfar, *y* darlo todo en el partido.

Todos sabemos que nunca hay un momento ideal para empezar. La mentalidad «sí, y» te permite ponerte en marcha antes de sentirte preparada y hacerlo de tal modo que sea la vida la que tenga que adaptarse a ti.

Uno de los efectos colaterales del perfeccionismo es la procrastinación. La tendencia a postergar nos protege de los juicios ajenos. Nunca nos ponemos en marcha, nunca terminamos la tarea y, en consecuencia, jamás tenemos que mostrar al mundo nuestro trabajo o nuestras ideas. La procrastinación aparece cuando pasamos demasiado tiempo dándole vueltas a la cabeza, sopesando los pros y los contras, los riesgos frente a las recompensas, y perdemos horas de nuestra valiosa vida tratando de esquivar la bala de un posible fracaso.

La gente tiende a pensar que para superar la costumbre de aplazar hace falta motivación. No obstante, si esperamos sentados la llegada de la inspiración, nunca pondremos manos a la obra. Decir «sí» es la mejor manera de conectar con tu motivación intrínseca para generar un nuevo modo de actuar, una nueva rutina, un nuevo hábito. Pronuncia la palabra mágica y te sorprenderá hasta qué punto se incrementan tu voluntad y tu pasión por la vida. La disposición y el entusiasmo por probar cosas nuevas aumentan a medida que adoptamos, poco a poco, la filosofía del «sí».

VE AL ENCUENTRO DEL AMOR (AUNQUE LLEVES EL PELO FATAL)

Para una persona perfeccionista, decir «sí» a una relación romántica entraña una dificultad particular. La aversión —manifiesta o inconsciente— a todo tipo de compromiso, ya sea serio o casual, es otro de los rasgos típicos de este tipo de personalidad. (Si acaso te preguntas por qué, ten en cuenta que en ningún otro ámbito de la vida abundan tanto las minas de lo imprevisible e incontrolable como en las relaciones amorosas. Y, para los perfeccionistas, ceder el control equivale a aceptar incondicionalmente un resultado imperfecto.)

Por ejemplo, antes de mi detox para perfeccionistas, era reticente a salir con nadie a menos que me viera y me sintiera de maravilla; que mi ropa, maquillaje e índice de masa corporal no pudieran ser mejores; que la química entre mi pareja en potencia y yo fuera palpable, la conversación chispeante, el escenario ideal y todo el paquete completo. Y si el más mínimo detalle quebraba la armonía, me invadía el desaliento, me atribuía la culpa y abandonaba el momento presente para ponerme a fantasear con llegar a la soledad de mi hogar, enfundarme el pijama y ver reposiciones de alguna telecomedia con una bolsa de patatas fritas y quizás el Chardonnay de marras. Empleando una metáfora culinaria, si faltaba un ingrediente desechaba todo el guiso.

La dificultad de los perfeccionistas para tirarse a la piscina perturba enormemente su realización personal. Eso afecta en particular a sus relaciones románticas, porque este desajuste proscribe de antemano la posibilidad de disfrutar de los efectos vibrantes y gratificantes del amor y la compañía. En lugar de responder afirmativamente a la posibilidad de una cita perfecta en circunstancias regulares, el perfeccionista opta por la seguridad del «no» y se conforma con una soledad estable. Al rechazar la promesa en potencia de un exuberante «sí», está cortando, día tras día, su propio camino a la satisfacción.

Recuerdo a una mujer del taller antiperfeccionismo, llamada Lucy, que estuvo reflexionando hasta qué punto sus expectativas perfeccionistas limitaban su vida amorosa. Recordaba que en cierta ocasión rechazó salir a cenar con un hombre que la atraía porque hacía un día caluroso y pegajoso. Entendí al instante a qué se refería Lucy: el calor y la humedad le habrían impedido acudir perfecta a la cita. El cabello se le habría encrespado; la sensación de estar transpirando le habría impedido prestar atención a la conversación. Prefería renunciar a la posibilidad de conocer a un hombre que le gustaba antes que arriesgarse a que la viera con el pelo hecho un asco. Qué locura, ¿verdad?

Más adelante, Lucy comprendió que había alcanzado un punto de inflexión cuando aceptó una cita a ciegas un tórrido día de verano. Dijo «sí» y lo pasó de maravilla. No porque aquel hombre fuera el amor de su vida, sino porque el gesto de acoger una serie de circunstancias imperfectas la liberó y fortaleció su músculo del coraje.

ABANDONA EL BANQUILLO Y LÁNZATE AL TERRENO DE JUEGO

En su libro *Agilidad emocional*, Susan David habla de la importancia de escoger el valor por encima de la comodidad.[29] Yo solía utilizar el «no» como escudo protector. En particular, cuando me sentía regular, la negativa era mi primera línea de defensa. Decir «no» me permitía guardarme para mí lo que sabía y me protegía del peligro de equivocarme. Decir «no» me mantenía a salvo y me ayudaba a pasar desapercibida. Decir «no» me anclaba a la seguridad de la rutina, pero al mismo tiempo me impedía probar nuevas cosas, conocer a otras personas y ampliar mis experiencias al tiempo que desarrollaba mi valor.

También hay una expresión sana del «no», que se manifestará cuando empieces a recuperar la espontaneidad y aprendas a vivir con audacia. Empezarás a responder con una negativa a las personas y a las situaciones que no te benefician o no te apoyan. Y te diré una cosa, eso incluye a tu vocecilla interna.

Este paso te anima a vivir con valentía aunque creas que todavía no estás lista. Habla de atreverse a funcionar de otra manera y de llevar la intención a la práctica. En lo concerniente a decir «sí», te incita a trabajar con lo que está pasando en tu vida ahora mismo. Tenemos que estar seguras, en todo momento, de que cada afirmación esté en consonancia con nuestros valores y

29. Susan A. David, *Emotional Agility: Get Unstuck, Embrace Change, and Thrive in Work and Life*, Avery, Nueva York, 2016: 180-181. [*Agilidad emocional*, Sirio, Barcelona, 2018.]

compromisos diarios; de que no nos alejan del presente según acudimos en busca de nuestro yo futuro y mejorado. Un ejercicio rápido de comprobación consiste en preguntarse: «¿Esto me sitúa más cerca de recuperar la alegría de vivir?» Cuando empieces a decir «sí» a las oportunidades que tienes delante, puede que tu primer sentimiento no sea de dicha. De hecho, es posible que te asalte cierta sensación de temor. Sin embargo, cuando el «sí» y el miedo se encuentren, se dará la situación perfecta para que te pongas el mundo por montera. Y cuando trabajes tu temor, te estarás acercando a la persona que deseas ser, y una inmensa alegría te estará esperando al otro lado. Cada vez que optas por la afirmación, tu coraje aumenta.

Decir «sí» no te garantiza el éxito, pero nunca será un fracaso. Con cada momento afirmativo descubrimos hasta dónde llega nuestra perseverancia, ganamos tesón y resiliencia y fomentamos la expansión de nuestro pensamiento creativo. Todas estas cualidades son tremendos activos que podremos llevar con nosotras a la siguiente oportunidad que nos salga al paso. El «sí» nos arranca del espacio mental para sumirnos de lleno en la vida.

Este paso habla de hacer en lugar de limitarse a pensar, de lanzarse al terreno de juego en vez de mirar desde el banquillo. Trata de dar la cara y renunciar a prejuicios y expectativas. Este paso te invita a explorar tu potencial y a descubrir de qué eres capaz. Te sorprenderá la magia que se despliega ante ti. Este paso consiste, por encima de todo, en cobrar conciencia de que el mañana no está garantizado. Así pues, ¿a qué vas a decir «sí» en el día de hoy?

Ejercicios detox del día

A lo largo de este paso nos centraremos en pensar el vocabulario desde otra perspectiva. Quiero que mires cada una de las palabras de esta lista y te plantees cómo suma o resta a tu experiencia vital. Divide una página de tu diario en cuatro columnas. En la primera, escribe «sí»; en la segunda columna, «no»; en la tercera, «pero»; y en la cuarta, escribe «y». Ahora, rellena cada columna según las instrucciones.

1. *Sí.* ¿A qué propuesta podrías responder con un «sí» esta semana para experimentar más alegría? Por ejemplo, en mi caso, he empezado a contestar afirmativamente a nuevas experiencias en Nueva York, a solas o en compañía. Mi actitud me incitó a ir al teatro por mi cuenta la otra noche, donde vi *Sunset*

Boulevard y lo pasé de maravilla. Igualmente he empezado a decir «sí» a los eventos de redes de contactos (incluso cuando no me siento inspirada), uno nuevo cada semana, algo que me está abriendo infinidad de puertas.

2. *No.* ¿A qué podrías responder hoy con un «no» para preservar tu alegría de vivir? Yo estoy aprendiendo que no tengo por qué compartir mi tiempo con todo el mundo y que puedo decir «no» a las personas que me desaniman. Si alguien te roba el buen humor, despáchalo diciendo: «no, gracias», con educación pero con firmeza.

3. *Pero.* ¿A qué has dicho «pero» hoy? Cuando participo en una convención con una ponencia, a menudo me invitan a cenas para los conferenciantes. Y mi respuesta por defecto tiende a ser: «Me encantaría, pero estoy muy cansada». La palabra «pero», en este caso, me sirve para escapar de una situación en la que tendría que hablar tal vez con desconocidos y cenar en un restaurante que podría no gustarme. Ahora me limito a decir: «Me encantaría», una costumbre que me ha ayudado a hacer contactos en todo el mundo y a conocer nuevos restaurantes en cada ciudad que visito. En este paso del programa, te invito a eliminar la palabra «pero» de tu vocabulario, en especial si la empleas como excusa para no intentar algo nuevo o no dar ni un paso fuera de tu zona de comodidad, donde todo es predecible. Habrá situaciones, especialmente en el trabajo, en las que tal vez tengas que dar una explicación más larga. En esos casos, intenta usar la palabra «y» en lugar de «pero». Aunque no siempre lo consigas, el hecho de ser más consciente del poder del lenguaje contribuirá al proceso de limpieza.

4. *Y.* ¿Qué cambiaría y qué ocasiones se presentarían si cambiaras la palabra «pero» por «y»? ¿Qué oportunidades empezarías a aceptar si tuvieras en cuenta que el recurso «y» es un modo de prepararte para la materialización del «sí»? ¿En qué aspectos de tu vida puedes decir «y pediré ayuda», «y probaré algo nuevo», «y llevaré a cabo la investigación necesaria»?

   Mi hermana a menudo acude a visitarme y yo suelo planear las actividades que haremos, incluidos los restaurantes en los que cenaremos. Sin embargo, en una de sus últimas visitas quiso escoger ella el restaurante y yo accedí a regañadientes. Resultó ser un local fantástico que se ha convertido en uno de mis favoritos. Así que ahora siempre le digo: «Estoy deseando que vengas de visita y me lleves a probar algún sitio nuevo».

Date un respiro de los medios sociales

Soy una gran fan de los medios sociales, a los que recurro en el plano profesional para expandir e intercambiar ideas con mis redes de contactos y en el personal para estar al día de lo que acontece entre los miembros de mi familia, amigos y colegas de distintos ámbitos. Las redes sociales me han ayudado a ampliar mi público sin sacrificar eficacia comunicativa, me han aportado útiles pistas de cómo mejorar mi mensaje y me han permitido expresar mi agradecimiento a las personas que me han influido, inspirado y apoyado en los buenos tiempos y en los malos.

Los medios sociales me han ayudado asimismo a dar un giro a mi carrera y pasar de experta en *fitness* a especialista en felicidad. De súbito, la gente aportaba citas y artículos sobre pensamiento positivo a mi página web (y no sobre *fitness*) y yo recibía ofertas para impartir conferencias acerca de alegría y bienestar. Las redes sociales me permitieron darme a conocer y reposicionarme en mi nuevo campo profesional, igual que a ti te habrán ayudado a dar a conocer tus nuevos proyectos.

Pese a todo, aun siendo una entusiasta de este medio de comunicación, soy consciente de su potencial lado oscuro. Todos sabemos que reina cierta inquietud sobre los cambios de costumbres y la pérdida de productividad que la revolución digital ha propiciado. El adulto medio pasa tres horas al día pegado a su teléfono inteligente (piensa en todas las cosas que podrías hacer con tres horas al día). Y hablamos de personas que no se criaron rodeadas de tecnología. En el caso de los mileniales, que parecen llevar grabados los secretos de las redes sociales en el ADN, las cifras resultan aún más impactantes. Mientras que el adulto medio echa un vistazo al teléfono unas treinta veces al día, el milenial medio lo mira más de

157 veces al día;[30] imagina la cantidad de oportunidades perdidas de explorar el mundo más inmediato.

El tiempo excesivo de exposición a las pantallas está contribuyendo a acortar los intervalos de atención, que según algunos científicos conductuales se estima ahora en alrededor de ocho segundos. Si bien esta ciencia y sus descubrimientos levantan cierta controversia, una cita extraída de una investigación de 2016 sobre consumo mediático resume un aspecto importante del aspecto que tendrá la vida en el futuro: «El bien más escaso será la atención humana».[31]

Sea como sea, sabemos que las redes sociales sirven para algo más que para mantenerse al corriente de las noticias, los acontecimientos y las novedades de nuestros contactos. La gente las usa más bien para demostrar que está a la altura del vecino de al lado. Y es este aspecto de las redes sociales el que entraña un peligro especial para los perfeccionistas. Al enviar y recibir de manera constante señales distorsionadas de satisfacción, emoción y otras formas de autocomplacencia superlativas, los miedos, las dudas, las obsesiones y las fabulaciones que son consustanciales de la mentalidad perfeccionista se tornan aún más abrumadores si cabe.

Compararse con los demás es humano. En algunos casos, la rivalidad puede suscitar un impulso sano de perseverar y alcanzar las propias metas. Enterarnos de que los demás están sacando adelante sus proyectos nos puede animar a emular los gestos que a ellos les han funcionado. Pero, como ya sabemos, la mente perfeccionista no siempre se da cuenta de que un impulso sano está creciendo desmesuradamente hasta transformarse en una fijación malsana.

El juego de la comparación propiciado por los medios puede activar nuestra tendencia a pensar que podemos o debemos llegar más lejos o que nuestros recursos y cualidades son inferiores. Las redes sociales nutren con crueldad estas ideas y nociones irreales. Por más que el perfeccionista esté a la altura de su vecino de al lado o incluso lo supere, el comentario de otra persona podría reforzar (de manera falaz) su miedo a que no sea así.

Entre los anuncios editados, las imágenes filtradas y la realidad edulcorada, el desfile constante de selfis y metáforas que vienen a sugerir «Mi vida es

---

30. Semana de los Medios Sociales de Nueva York, «Millennials Check Their Phones More Than 157 Times per Day», 18 de enero de 2017, https://socialmediaweek.org/newyork/2016/05/31/millennials-check-phones-157-times-per-day/.

31. «You Now Have a Shorter Attention Span Than a Goldfish», *Time*, 14 de mayo de 2015, time.com/3858309/attention-spans-goldfish/.

la bomba» puede acabar desarticulando todo el trabajo constructivo que las perfeccionistas llevamos a cabo para hacer las paces con nosotras y con nuestra existencia.

Cuando contemplamos el conjunto —la pérdida de productividad, la reducción del lapso de atención y los cáusticos efectos de la comparación—, la cuestión ya no es si nos vendría bien descansar un tiempo de los medios sociales, sino cómo y cuándo aplicar ese descanso. En mi caso, para decidir cuál sería la mejor manera de desconectar completamente de los medios y durante cuánto tiempo, empecé por prestar atención a la frecuencia con que curioseaba las autofiltradas vidas de los demás y cómo me sentía después de apagar la pantalla.

Si te pareces a mí antes de que comprara un reloj despertador (y antes de que empezara a cargar el teléfono fuera de la habitación), es probable que eches un vistazo al móvil en cuanto la alarma —con toda probabilidad la del teléfono— deja de sonar por la mañana. Después de silenciar el dispositivo, la posibilidad de «asomarte» a ver qué hacen tus amigos se torna irresistible. No debería sorprenderte que una hora después de levantarte te sientas peor respecto a tu vida, y la jornada ni siquiera ha comenzado todavía.

En lo concerniente a los medios sociales o a cualquier medio que venda la patraña de una vida perfecta, estoy de acuerdo con el pastor y escritor Steven Furtick, que resumió en pocas palabras los efectos de la comparación en la mente del perfeccionista: «La razón de que suframos problemas de inseguridad —escribió— se debe a que comparamos nuestras bambalinas con los papeles estelares de los demás». Debemos recordarnos que lo que vemos en los medios sociales no es sino una maravillosa distorsión que nada tiene que ver con nuestra vida. Y es muy posible que ni siquiera tenga nada que ver con la vida del que la sube a Internet.

LA HIPNÓTICA FASCINACIÓN DE LA IMAGEN PROYECTADA

Para recuperar el control de nuestros impulsos, tenemos que detener el flujo de imágenes durante algunos periodos de tiempo. Esta costumbre evitará que pierdas un montón de horas; imagina qué bien te vendría contar con sesenta días más al año[32] (el tiempo medio anual que un estadounidense dedica a sus

---

32. «How Much Time Do People Spend on Their Mobile Phones in 2017?», *Hacker Noon*, 9 de mayo de 2017, hackernoon.com/how-much-time-do-people-spend-on-their-mobile-phones-in-2017-e5f90a0b10a6.

dispositivos). Por si fuera poco, el espacio mental que te concederás a ti misma para valorar lo que tienes será inestimable.

Aparte de las horas que perdemos en Internet, el profundo efecto que el desfile constante de imágenes ejerce en nuestra psique a menudo pasa inadvertido hasta que es demasiado tarde. Procesamos las imágenes setenta mil veces más rápidamente que los textos,[33] y los científicos del MIT han descubierto que el cerebro es capaz de asimilar una imagen tras una exposición de tan solo trece milisegundos.[34]

Imagina cuánta información absorbemos a diario, tanto consciente como inconscientemente. No es de extrañar que le tengamos terror al fracaso. Además de todos los mensajes instantáneos que consumimos en los medios sociales, buena parte de ellos para recordarnos que todo el mundo (menos nosotras) disfruta de una vida magnífica y perfecta, también sufrimos el bombardeo de las historias que nos venden los medios tradicionales. Imágenes de los últimos y más fantásticos productos acompañadas de la promesa de que cuando compremos este chisme o aquel cachivache la vida será perfecta.

Si bien somos conscientes de la cantidad de Photoshop y de edición que se aplica a cada imagen, el corazón no lo distingue con tanta claridad. En la actualidad, las fotografías que vemos a diario están tan manipuladas que nos resultaría materialmente imposible parecernos a la modelo de la portada ni aunque nos matáramos de hambre, viviéramos en un gimnasio y nunca fuéramos despeinadas ni nos saliera una espinilla.

Guapa y perfecta significa que has triunfado, que estás viviendo el sueño americano y que has dado con el cuerno de la abundancia en relación con la felicidad. Teniendo presente esta idea, merece la pena recordar que:

1. Tan solo el 4 por ciento de las mujeres de todo el mundo se consideran hermosas.
2. Únicamente el 11 por ciento de las chicas a escala global se sienten cómodas describiéndose como «hermosas».
3. El 72 por ciento de las chicas sienten una enorme presión social en relación con su aspecto.

---

33. Rachel Gillett, «Why We're More Likely to Remember Content with Images and Video (Infographic)», *Fast Company*, 18 de septiembre de 2014, www.fastcompany.com/3035856/why-were-more-likely-to-remember-content-with-images-and-video-infogr.

34. Anne Trafton, «In the Blink of an Eye», *MIT News*, 16 de enero de 2014, news.mit.edu/2014/in-the-blink-of-an-eye-0116.

4. El 80 por ciento de las mujeres están de acuerdo en que toda mujer tiene algo que la hace bella, pero son incapaces de percibir su propia belleza.

5. El 54 por ciento de las mujeres a escala global reconocen ser tremendamente críticas en relación con su propio aspecto.

Estas estadísticas fueron recogidas por el proyecto para la autoestima de Dove[35] y nos recuerdan que, para la mayoría de mujeres, belleza equivale a perfección. Aunque he superado casi todos mis hábitos perfeccionistas, aún tengo que ser cuidadosa en lo concerniente a aceptar mi aspecto con serenidad y gratitud. Te animo a que tú también prestes atención a esos momentos en que caes en la comparación y en el desaliento y te recuerdes la suerte que tienes de disfrutar de buena salud y habitar un cuerpo capaz de hacer todo lo que amas. Y, si bien la vida no es una calcomanía para el coche, me reí mucho cuando leí una que rezaba: «No me compararé con desconocidas en Internet».

Aunque todas entendemos las mentiras que nos venden las imágenes perfectas que vemos a diario, al corazón le cuesta identificar la diferencia entre la personas que eres y la que, según los medios, deberías ser. Las perfeccionistas corremos a comparar nuestra imagen, tanto la física como la que proyecta el conjunto de nuestra vida, con lo que vemos en la pantalla. Eso nos obliga a poner el foco en una faceta muy reducida de la existencia —la apariencia externa—, y al hacerlo le otorgamos un poder que no merece.

En un abrir y cerrar de ojos olvidamos nuestros logros, creencias básicas, valores, talentos, personalidad e intelecto. Y colocamos todo el peso de nuestra valía en las apariencias. Eso genera un impacto negativo en nuestra identidad y nuestra autoestima que permanece en la cabeza y en el corazón mucho después de que la imagen haya desparecido de la pantalla.

Esas instantáneas son el cebo perfecto para atraernos al perfeccionismo socialmente prescrito, por cuanto las imágenes y los mensajes que asimilamos continuamente alimentan nuestro impulso de ser impecables. De todas las formas de perfeccionismo disfuncionales, incluida la orientada hacia los demás, el perfeccionismo socialmente prescrito es el más tóxico para la salud, sobre todo en lo concerniente a los niveles de estrés, ansiedad y depresión.

El problema de las perfeccionistas, y seguramente de sus hijas, que no les quitan el ojo de encima, es el hecho de que esas imágenes y esos mensajes están por doquier. Hace tan solo unos años teníamos que encender el televi-

---

35. «Nuestra visión», Dove, www.dove.com/es/stories/about-dove/our-vision.html.

sor y echar un vistazo a las revistas para ver la perfección. Actualmente, todos y cada uno de los dispositivos nos recuerdan hasta qué punto nos alejamos del ideal, y seguiremos padeciendo esta agresión hasta que tomemos la decisión de limitar el impacto que los medios ejercen en nuestra vida.

El mundo no va a cambiar en un futuro cercano, así que depende de nosotras crear las condiciones mentales para ser capaces de observar las imágenes que suben nuestros amigos y encontrar la manera de alegrarnos de su felicidad. Además, debemos ser cuidadosas de no comparar y contrastar nuestra vida con los relatos que los medios tradicionales pretenden hacernos comprar. A menudo recuerdo a las mujeres a las que acompaño que los medios se alimentan de nuestras inseguridades, pero depende de nosotras invertir en nuestras cualidades.

¿Sabes qué otra cosa perdemos cuando estamos absortas en el móvil o en los pensamientos que nos genera lo que hemos visto? Muchos de los momentos más valiosos de la vida, siempre fugaces. El espectacular castillo de fuegos artificiales, las flores recién brotadas del jardín, tu canción favorita del concierto o la última función escolar de tus hijos. Todo ha sido presenciado y experimentado a través del teléfono. Por más que trates de capturarlos para la eternidad con la ayuda de un dispositivo, esos momentos únicos en la vida nunca quedarán grabados en tu corazón con la misma intensidad. Cuando miramos nuestra existencia —y los recuerdos que crea— a través de una pantalla interpuesta, nos perdemos el instante por partida doble.

La importancia de estar plenamente presente e implicada en la vida constituye la piedra angular de esta dieta depurativa, y cuando andamos pendientes de las redes sociales, la presencia y la implicación brillan por su ausencia. Usados con frecuencia en un estado de desatención con el fin de paliar el aburrimiento o de evitar el contacto visual con las personas que tenemos delante, los dispositivos nos arrancan del presente. Cuando navegamos por Internet sin un objetivo concreto o con la cabeza en otra parte, cada selfi y cada cuenta nos desconecta de esa parte nuestra que más ansía conexión.

¿LAS REDES SOCIALES TE PROVOCAN ESTRÉS? COMPRUÉBALO

No insinúo que toda interacción virtual sea negativa, pero si queremos usar la tecnología para el bien de nuestra salud debemos asegurarnos de que conectamos sin desconectar. Para manejar la tecnología con sabiduría, limitaremos el tiempo que pasamos ante la pantalla y prestaremos atención a cómo y por qué entramos en nuestras redes sociales. De igual modo, debemos ser conscientes de lo que sentimos cuando estamos en el universo virtual.

Por lo general prestamos poca atención a los sentimientos que nos inspira lo que aparece en los medios sociales o en las páginas de belleza. Ahora bien, como parte de este programa detox, me gustaría que llevaras a cabo un experimento, una especie de prueba para saber en qué medida las redes te provocan estrés. Bastará con que te formules unas cuantas preguntas mientras navegas por Internet o poco después de finalizar la sesión. Pregúntate: ¿estoy experimentando alegría? ¿Cuándo estoy más contenta, en Internet o en la vida real? ¿Soy capaz de alegrarme de los éxitos de mis amigos cuando comparten sus momentos estelares? ¿Qué grado de ansiedad siento cuando estoy delante de una pantalla y no del todo involucrada en lo que estoy haciendo? Igualmente, presta atención a tus niveles de estrés en esos momentos en que no tienes el teléfono a mano o se te acaba la batería.

Según navegas por las redes sociales, fíjate en la cantidad de veces que te invade la melancolía, la angustia, la tristeza o la rabia. Medita qué te ha provocado el malestar. Busca patrones y trata de valorar tus reacciones desde una perspectiva racional. ¿La imagen de una familia feliz de vacaciones te evoca un ideal que echas en falta? ¿Te alegras menos de lo que te gustaría al descubrir que una amiga ha perdido quince kilos? Procura pensar desde la razón qué te perturba en realidad. Si guarda relación con tu mentalidad perfeccionista sabrás que este paso del programa entraña especial importancia para ti.

Recibimos infinidad de información a través de los medios sociales pero, por otro lado, también contribuimos al ruido. Al mismo tiempo que reflexionas sobre cómo te afecta la información que absorbes, medita sobre tu participación. ¿Qué te gusta compartir y qué te guardas para ti? El año pasado, yo protagonicé una revelación en relación con mis aportaciones a los medios sociales.

Como ya sabes, había desplazado mi mensaje al tema de la felicidad. Me encantaba subir imágenes positivas y citas de inspiración. No me había dado cuenta, sin embargo, de que estaba proyectando una imagen perfecta y poco realista sobre la vivencia de la felicidad. Empecé a recibir mensajes privados de personas que me preguntaban cómo me las ingeniaba para ser feliz todo el tiempo. Comparaban su vida real con mi felicidad virtual y se sentían mal por ello. Fue una lección valiosísima.

Poco a poco y desde la autenticidad, procedí a compartir algunas de las dificultades que estaba atravesando. No me dediqué a contar mis penas, pero empecé a revelar la fotografía completa. Quiero que mi presencia en la red sea tan auténtica como intento ser en la vida real, y gracias a unas cuantas personas valientes que se acercaron a mí recordé una máxima trascendental: nadie conecta a través de la perfección.

ROMPE CON LA ADICCIÓN

Si eres adicta a tu pantalla, recuerda que formas parte de una mayoría, y que el hecho tiene una explicación. Las redes sociales están diseñadas para ser tan adictivas como el crack y para provocar el miedo a la exclusión digital, conocido como el síndrome FOMO, por las siglas en inglés. Un estudio reciente de Deloitte constata que el 42 por ciento de los estadounidenses miran los mensajes del teléfono en cuanto se despiertan o en los cinco minutos siguientes, y el 35 por ciento lo hacen cinco minutos antes de apagar la luz para dormir (o intentarlo).[36] Aunque las cifras varían ligeramente en función del grupo generacional analizado, todos sabemos que el uso del móvil se torna cada vez más desmesurado. Es hora de controlar la tecnología antes de que nos controle.

La culpa de la adicción al teléfono inteligente y a los medios sociales la tiene algo llamado «el efecto dopamina». La dopamina se conoce como la hormona de la recompensa, por cuanto es la sustancia que liberamos cuando vivimos experiencias positivas, en particular si son inesperadas. Nuestros teléfonos son impredecibles y, en consecuencia, esos textos, emoticonos y refuerzos positivos sorpresa que proliferan en los medios sociales contribuyen a los subidones de dopamina. Y si bien esto explica en parte la obsesión por el móvil, la ciencia demuestra que las cosas no son tan sencillas.

Según la investigación, mirar el teléfono se ha convertido en un gesto tan habitual que lo llevamos a cabo sin pensar. Y no es un hábito positivo. El estudio atribuye el enganche a la pantalla a tres razones principales: (1) la sensación de placer y satisfacción que nos procura echar un vistazo al teléfono, (2) la ansiedad que produce la posibilidad de perderse algo y (3) el deseo de evitar las interacciones sociales, también conocido como «el efecto escudo» o desinterés.

Facebook es crack para el ego. Cuántos «me gusta», cuántos artículos compartidos, cuántos «amigos»... Todos ello contribuye a nuestro narcisismo.

---

36. Deloitte, «Global Mobile Consumer Survey: US Edition», www2.deloitte.com/us/en/pages/technology-media-and-telecommunications/articles/global-mobile-consumer-survey-us-edition.html.

Otro de los sentimientos que desencadena el teléfono es la ansiedad. Cada vez que oyes un *ding* o un *pip* que te avisa de que tienes un nuevo mensaje de texto o de Facebook esperando, recibes una inyección de adrenalina. A nuestro cerebro de perfeccionistas eso no le sienta nada bien. La ansiedad se dispara y nosotras ya estamos programadas para sentir más angustia que la mayoría. Últimamente los índices de depresión descienden entre los escolares, pero hay más casos de ansiedad que nunca, algo que debemos tener muy presente por el bien de nuestros hijos.

Cuando protagonizamos un subidón de adrenalina, aparte de que tardamos un mínimo de diez minutos en recuperar la concentración (y si pretendemos hacer un trabajo excelente, el enfoque es primordial), los niveles de estrés y de ansiedad aumentan en consonancia. Por esa razón suelo dejar el teléfono en silencio a menos que espere una llamada muy importante. Aunque no puedas hacerlo, porque tienes hijos o por otra causa, es importante que te fijes en el porqué y el cómo te sitúas delante de la pantalla. ¿Lo haces por una razón concreta o por costumbre? ¿Estás buscando información o averiguando qué hace tu ex? ¿Compartes imágenes que te hacen feliz con el fin de propagar amor o compartes chismes maliciosos con la intención de sentirte mejor?

No existe un remedio perfecto y universal para desengancharse de los medios sociales, pero sí un método para hacer un poco de investigación interna. Solo tienes que formularte una pregunta: ¿experimento más felicidad o menos cuando ando enfrascada en el móvil? Es posible que tu respuesta no encaje del todo con ninguna de las dos alternativas, pero tenderá más a una que a otra, si respondes con sinceridad. Ten presente tu contestación mientras sigues las instrucciones de este paso.

Ejercicios detox del día

1. Escoge un día de esta semana para monitorizar tu actividad en los medios sociales. ¿Echas mano del teléfono en cuanto te despiertas? ¿Entras directamente en Facebook? ¿O sueles hacerlo por la noche, antes de dormir? Observa los patrones de tu actividad *online* para determinar cómo puedes reducir el tiempo que dedicas a los dispositivos. Empieza por periodos breves y luego ve incrementando poco a poco los ratos de desconexión de las redes. Para algunas personas, tomarse un día a la semana libre de medios sociales es suficiente

para hacer limpieza mental. Algunos optan por periodos más largos, otros se limitan a reducir el tiempo diario. James Hamblin, redactor de *The Atlantic*, proponía alternar un día de actividad normal con uno de «dieta» de las redes sociales. En ese caso, practicarías abstinencia uno de cada dos días; nada de Facebook, nada de Instagram ni de Twitter; solo tú y tus actividades habituales, ininterrumpidas e indocumentadas.

Sea cual sea el descanso que decidas tomar, el respiro reiniciará tu cerebro y abrirá un espacio para que la vida real cobre protagonismo frente a esos instantes prefabricados que capturan los selfis. Tal vez descubras que te sientes mejor cuando desconectas de las redes que cuando andas pendiente de los comentarios en Facebook y decidas alargar los periodos libres de exposición. Una estrategia sencilla sería escoger un día para guardar el teléfono en el bolsillo o en el bolso mientras vas de un lado a otro. Deja el teléfono en paz mientras caminas por la calle o esperas al volante delante de un semáforo rojo, o si te desplazas en tren. Permite que tus ojos se posen en el paisaje y descubrirás lo que te has estado perdiendo.

2. Siéntete libre para personalizar esta fase de la depuración, pero no dejes de llevarla a cabo y presta atención a los sentimientos que experimentas cuando prescindes del móvil. Anota en tu diario cómo han cambiado tus actividades durante los periodos de abstinencia. Si eres fan de la escritora superventas Marie Kondo, cuyas drásticas estrategias contra el desorden han empujado a millones de personas del mundo entero a hacer limpieza de armario, deshacerse de lo que ya no usan y desechar ideas rancias para ser más felices, ya conoces los inmensos beneficios de despejar tu espacio físico y mental. La idea se puede aplicar muy especialmente a los medios sociales. Piensa en Instagram. Si sigues a unos cuantos decoradores cuyas ideas han inspirado tu proyecto de reforma, fantástico. En cambio, si las ideas políticas que publica tu estrella de cine favorita te producen ansiedad, quizás haya llegado la hora de que dejes de seguirla. Adapta el enfoque «chispa de alegría» a los medios sociales: si las imágenes te hacen feliz, si te aportan ideas positivas y productivas para mejorar algún aspecto de tu vida, adelante. En caso de que te produzcan el efecto contrario, elimínalas de tu existencia. Descarta páginas y borra amigos sin clemencia. No vas a echar de menos esas cuentas y contactos. El ahorro en negatividad te compensará con creces la pérdida de los estímulos que pudieran proporcionarte esas imágenes e ideas fugaces.

Escribe un breve texto sobre tu momento estelar

Como buenas perfeccionistas, tenemos facilidad para proyectar pensamientos obsesivos sobre el pasado y repasar constantemente aquellos acontecimientos que no dieron el resultado deseado. Somos capaces de señalar con exactitud qué o quién nos impidió alcanzar esas expectativas que teníamos tan claras, ya fueran personas, circunstancias o nuestros propios errores de cálculo.

Otros, menos perfeccionistas, invierten menos energía en identificar y aceptar las variables incontrolables que influyeron en los acontecimientos del pasado. También demuestran más eficacia a la hora de albergar esperanzas sobre los desenlaces futuros, que para el perfeccionista tan solo representan otro motivo de ansiedad ante las incertidumbres que debe afrontar. Quedarse paralizado entre estos dos muros —las cavilaciones sobre el pasado y la ansiedad por el futuro— dificulta enormemente ser consciente de las oportunidades que ofrece el presente y valorar los propios logros.

Uno de los objetivos que me impulsaron a escribir este libro fue el deseo de compartir contigo las herramientas necesarias para celebrar el pasado y saborear el presente, gestos que aportarán a tu vida esa dosis de alegría que has echado en falta. Se trata de un reajuste cognitivo delicado, compuesto de varios pasos, que requiere presencia, concentración intensa y un reenfoque positivo (para corregir el enfoque negativo). Juntos, estos pasos te proporcionarán una nueva perspectiva de los momentos cruciales de tu vida pasada y de los que están aconteciendo ahora mismo aunque no los tengas demasiado presentes. Adquirir más consciencia requiere cierto espíritu constructivo, y tendremos que trabajar un poco para invitarlo a la reunión.

Como el sesgo negativo es el as en la manga de la mente, siempre empiezo los Talleres Detox invitando a los presentes a evocar tres de sus cualidades positivas. Pasados unos minutos, los animo a llevar el ejercicio un poco más lejos y les pido que anoten esos puntos fuertes. Propongo ejemplos que abarcan desde «Tengo talento para la pintura» hasta «Se me da bien la escucha empática», y les digo que no hay atributo excesivo ni insignificante.

De vez en cuando los bolígrafos se ponen en movimiento de inmediato pero, por lo general, muchos de los participantes se quedan mirando el techo, ponen los ojos en blanco o se rascan la cabeza, meditabundos y una pizca perplejos. Esas personas, que sin duda tienen mucho que ofrecer, experimentan dificultades para reconocer no ya tres, sino *una* sola de sus cualidades. Ahora bien, si hubiera iniciado el taller formulando la pregunta contraria: «Anota las cosas que no se te dan bien», te garantizo que habrían empezado a escribir antes de que terminase la frase, y que la lista sería larga y detallada.

En este paso del proceso vamos a trabajar para adquirir una mentalidad más positiva contemplando los acontecimientos (pasados y presentes) desde una perspectiva distinta. Haremos un esfuerzo consciente por renunciar a los sentimientos de vergüenza, remordimiento, pesar o rabia, esas emociones que activan la red neural de la negatividad y colocan en un segundo plano el encaje más delicado de los recuerdos o pensamientos positivos. Para ello, evaluaremos la situación desde nuevos parámetros, de tipo bifocal. Solo vamos a responder dos preguntas:

1. ¿Cuántas cosas he conseguido ya? (En lugar de «Qué me queda por hacer?», la postura del perfeccionista por defecto.)
2. ¿En qué medida los acontecimientos del pasado o los desafíos actuales revelan cualidades que no he sido capaz de reconocer?

Puedes responder para tus adentros, si prefieres trabajar mentalmente, o puedes echar mano del diario y anotarlas. Elegir la segunda opción te preparará para el ejercicio principal de este paso: evocar y documentar tu momento estelar.

REFORMULANDO EL CONCEPTO DE ORGULLO

Un modo de inducir a la mente a pensar en positivo es recordar y escribir un breve texto sobre aquel momento de tu vida del que te sientes más orgullosa.

No se trata de evocarlo desde una postura presuntuosa, al estilo de «estoy por encima del resto», sino más bien de reconectar con esa versión sana del orgullo que experimentas cuando consigues algo a base de empeño, vences tus propios límites o incluso ayudas a alguien a superar un momento particularmente difícil que se siente incapaz de afrontar por sí mismo.

Revisar momentos como esos te recordará cuáles son tus fortalezas innatas y en qué momentos sacaste el músculo del valor. Si has sacado fuerzas de flaqueza para superar un momento difícil, te has ganado el derecho a sentirte orgullosa de ti misma y a ponerte la medalla de la resiliencia y el tesón. (Imagínate a ti misma con esa medalla colgada del cuello. La mía es de la gratitud y la resiliencia, invisible para los demás pero igual de empoderadora y, más importante, un recordatorio positivo de mi capacidad de lograr lo que me proponga.)

Tu momento estelar puede serlo aunque no hubiera nadie para presenciarlo. De hecho, parafraseando al famoso entrenador de baloncesto John Wooden, del equipo de UCLA, nuestra conducta cuando nadie nos ve —o cuando creemos que nadie nos ve— a menudo constituye la mejor muestra de nuestro verdadero carácter. Si quieres conocer tu auténtico potencial, reflexiona cómo te comportas en esos momentos en los que te desenvuelves por la vida sin público y sin pensar en los «me gusta» o corazoncitos que vas a reunir en las redes sociales.

Yo mantengo una relación complicada con el orgullo. Crecer en Inglaterra, en particular en el norte, implicaba que no se nos animase a soñar a lo grande, a destacar o a hablar de nuestros logros. En el manual de la vida británico, el orgullo no se considera un rasgo positivo, y esa mentalidad me acompañó mucho tiempo. Todavía recuerdo mi primera audición en Estados Unidos, en Broadway, nada menos. Yo albergaba grandes sueños, pero comprendí a los tres minutos que no tenía la más mínima posibilidad. Aunque era una bailarina pasable, no estaba a la altura de Broadway, y mis habilidades para el canto y la actuación…, bueno, digamos que dejaban bastante que desear.

Al salir de la audición oí a una chica comentarle algo a una amiga. Se limitó a decir: «Hala, he clavado la audición. Por fin he controlado los nervios y no he entrado en pánico. Yo creo que me llamarán». Lo que más me impresionó de aquel momento, sucedido hace más de veinticinco años, fue la naturalidad con que la bailarina habló de su buen desempeño. Recuerdo haber pensado que solo una persona muy engreída comentaría algo así de viva voz.

Con el paso del tiempo, he acabado por darle un sentido muy distinto al orgullo. Ahora lo considero una expresión de la realización personal, que todos necesitamos para evolucionar. Martin Seligman, escritor de gran éxito y psicólogo, se refiere a la realización personal como uno de los cinco pilares necesarios para construir un futuro próspero. (Los otros cuatro son emociones positivas, implicación, relaciones y sentido existencial.

Con esa idea en mente, si hoy retrocediera en el tiempo y oyera a esa chica de Broadway hablar de su actuación, me concentraría en la parte del nerviosismo. Sé que me daría media vuelta y la felicitaría, le chocaría los cinco y compartiría con ella mis propios problemas de ansiedad.

IDENTIFICA Y CELEBRA TUS FORTALEZAS

Cada vez que conseguimos algo a base de empeño o de superación personal, lo hacemos recurriendo a nuestras cualidades innatas. Tus cualidades forman parte de tu esencia, y el perfeccionismo no te las puede arrebatar. Como dijo Abraham Lincoln, «El carácter es como un árbol y la reputación sería su sombra. La sombra es lo que piensa la gente; el árbol es la realidad». Como las cualidades se encuentran tan integradas en nuestro ser, en ocasiones olvidamos que las tenemos. Sin embargo, es importantísimo que las identifiques y conectes con ellas a diario, particularmente en los momentos difíciles.

Según el Instituto del Carácter VIA, existen veinticuatro fortalezas personales que son inherentes al ser humano. Si quieres recordar cuáles son las tuyas y cómo se distribuyen, puedes visitar www.viacharacter.org/survey/pro/culturaenresiliencia para una evaluación gratuita. De hecho, te animo a hacer una pausa, realizar el cuestionario y luego seguir leyendo.

Los investigadores dividen las veinticuatro fortalezas en seis categorías, cada una correspondiente a una virtud. Las categorías son las siguientes:

1. *Sabiduría y conocimiento:* este grupo abarca las fortalezas cognitivas que empleamos para adquirir sabiduría y emplear el conocimiento. Incluyen creatividad, curiosidad, apertura mental, amor por el aprendizaje y perspectiva.
2. *Coraje:* esta categoría reúne las fortalezas emocionales a las que recurrimos ante los desafíos externos e internos. Son la valentía, la integridad, la perseverancia y la vitalidad.
3. *Humanidad*: hace referencia a nuestras fortalezas interpersonales, las mismas que usamos para cuidar de los demás o crear vínculos. A este grupo pertenecen el amor, la bondad y la inteligencia social.

4. *Justicia:* esta familia se refiere a las fortalezas cívicas, que contribuyen a una vida en comunidad saludable. Abarca trabajo en equipo, sentido de la justicia y liderazgo.

5. *Moderación:* son las fortalezas que nos protegen de los excesos. En esta categoría encontramos la capacidad de perdonar, la humildad, la prudencia y el autocontrol.

6. *Trascendencia:* este grupo reúne las fortalezas que nos conectan con la inmensidad del universo y dotan de sentido a la vida. Incluyen la capacidad de apreciar la belleza y la excelencia, la gratitud, la esperanza, el sentido del humor y la espiritualidad.

Como buenas perfeccionistas, es probable que no hayamos sabido otorgar a nuestras fortalezas personales el reconocimiento que merecen. Nos concentramos en buscar pruebas de nuestra incapacidad para resolver de manera perfecta los desafíos y perdemos tiempo pensando en lo que podríamos haber hecho mejor.

Te invito a desplazar tu foco de atención y, en lugar de obsesionarte con lo que percibes como carencias, empezar a disfrutar de tus logros y felicitarte por ellos. Cuando te concedes permiso para alegrarte de tus conquistas, diriges la energía a tus fortalezas, un gesto que te ayudará a mantener a raya a esa voz interna que siempre te critica. Si reconoces, en lugar de desdeñar, tus victorias o los peldaños que has ascendido, empiezas a conectar con la vasta y casi intacta provisión de poder y sabiduría que albergas.

Si trasladas la atención de todo lo que crees «no» ser a lo que sí eres, amplías tu perspectiva del mundo y te colocas en posición de vivir desde el coraje. Conforme asimiles la idea de que eres capaz de gestionar los altibajos de la vida, tu tolerancia al riesgo aumentará y tu capacidad para recuperarte de los fracasos se tornará más automática.

Cuando empieces a concentrarte en tus fortalezas (sin obviar aquello que todavía precisa trabajo interno), te desenvolverás por el día a día con más optimismo, resiliencia, curiosidad y alegría.

A través de mis conversaciones con numerosas perfeccionistas, he descubierto que a menudo se resisten a la idea de concentrarse en sus puntos fuertes. Les preocupa que, si se centran en lo que va bien en lugar de atender a lo que podría mejorarse, perderán ventaja al igual que un tiempo precioso, que deberían emplear en ajustar, mejorar y retocar.

Como perfeccionista en recuperación, esa lógica no me resulta ajena; se nos da de maravilla convencernos de que a base de persistencia acabaremos por alcanzar la perfección. Pero te diré algo: no es verdad, así que, para el caso, más te vale mirar tu lado bueno. Ahora bien, no estoy sugiriendo que te pongas unas gafas color de rosa y te dediques a obviar todo lo que no sea positivo. Esto es una invitación a seguir construyendo las bases sobre las que vas a levantar tu glorioso futuro. Intuyo que te sorprenderá para bien descubrir que, si prestas atención tus fortalezas, potencias los aspectos de tu vida que, en tu opinión, necesitan mejoras sin que lo vivas como un castigo.

ALLÁ DONDE VAYAS, TUS FORTALEZAS VAN CONTIGO

Si descubres que te resulta difícil identificar tus cualidades, te animo de nuevo a realizar el cuestionario VIA de fortalezas de carácter (si acaso no lo has hecho ya). Es una manera fantástica de descubrir los aspectos que funcionan bien en tu vida. Hacer este cuestionario —científicamente demostrado, y en el que han participado ya más de cuatro millones de personas— y obtener los resultados será igual que recibir vitaminas de coraje que podrás llevar contigo a todas partes.

En solo treinta minutos tendrás en las manos un documento basado en investigaciones contrastadas que te detallará tus puntos fuertes. Aunque aparecen ordenados de más destacados a menos, es posible que la diferencia entre el primero y el último sea mínima.

A lo largo de tu vida, algunas de tus fortalezas seguirán ocupando los primeros puestos de la lista (en mi caso, por ejemplo, el sentido del humor siempre se encuentra entre las cinco primeras) mientras que otras ascenderán y descenderán, e incluso algunas permanecerán obstinadamente bajas. La perseverancia siempre aparece hacia el final de mi lista, y todavía me esfuerzo por aumentar mi puntuación en vitalidad. (Este resultado me molesta de manera especial, ya que me considero una persona muy vital.)

Sea como sea, he aquí lo más chulo. Cuando las cosas se tuerzan o tu mentalidad perfeccionista te arrastre al pesimismo, siempre podrás recurrir a una de tus cinco principales fortalezas para salir del lado oscuro y volver a expresar tu mejor versión.

Yo he anotado mis cinco grandes cualidades en una tarjeta que llevo siempre en el bolso. Cuando la situación se me escapa de las manos, busco un lugar tranquilo y leo para mis adentros este tangible memorando de mi poder. La última vez que realicé el cuestionario, mis fortalezas más destacadas eran el sentido del humor, la gratitud, el amor al aprendizaje, la bondad y la esperanza. Cada situación requiere valores distintos. Cuando tuve diferencias con mi hermana, recurrí a la gratitud; cuando ayudé a un amigo a sobrellevar una situación difícil, me apoyé en la esperanza; y si tengo que enfrentarme a mi vocecilla interna, utilizo la bondad.

IDENTIFICA Y CELEBRA TUS FORTALEZAS EN ACCIÓN

Para el trabajo depurativo de hoy, te voy a pedir que te sientes y reflexiones sobre un momento que te evoque un sentimiento de orgullo. Yo lo hice hace poco, y esto fue lo que encontré en mi álbum de recuerdos.

Me invade un gran sentimiento de orgullo cuando recuerdo cómo afronté el tratamiento contra el cáncer en 1999. El recuerdo de cierta visita al médico destaca entre muchos otros relacionados con pinchazos, quimioterapia y esa cabeza calva a la que acabé por tomar cariño. En aquel entonces los historiales médicos se archivaban en papel, y, en una ocasión en que me coincidieron dos citas consecutivas en el Hospital Beth Israel de Nueva York, me tocó llevar el mío en persona de una consulta a la siguiente.

Sucedió un día de otoño, frío pero hermoso. Yo intentaba mostrarme animada, aunque el estrés de acudir a dos citas médicas seguidas desafiaba mi buena predisposición. Le pedí a mi amigo Howie que me acompañara para prestarme apoyo moral, y así fue como acabé con él y con otro doctor en el ascensor.

Igual que no es buena idea buscar en Google los síntomas de una enfermedad, tampoco deberíamos curiosear un informe médico deprisa y corriendo. Echando un vistazo a la primera página del último TAC, leí una frase: «Los intestinos muestran signos de estreñimiento». Alcé la vista hacia Howie y le pregunté qué pensaba sobre la relación entre el estreñimiento y el diagnóstico de cáncer. Sin dudarlo un instante, se volvió a mirarme y me soltó: «Siempre he pensado que hablas más que cagas, y esa es la prueba palpable». Me reí a carcajadas, y seguí riendo durante varios días.

¿Por qué esta anécdota en particular me hace sentir tan bien? Porque resume mis tres fortalezas principales: esperanza (me decía una y otra vez que sobreviviría), gratitud (tenía a mi lado a mi amigo Howie) y sentido del humor (estar viva me hacía mucho más feliz que ser perfecta).

En el momento más aterrador de mi vida, recurrí a mis tres grandes cualidades para tirar adelante. Puede que no lo hiciera a la perfección, pero no lo hice mal. Al fin y al cabo, sigo aquí. También es interesante constatar que todas mis fortalezas principales en aquella época (y en el momento actual, por cuanto cambian cada pocos meses) se enmarcaban en la categoría de «trascendencia».

Ejercicios detox del día

- Escribe un breve texto describiendo el momento que te inspira más orgullo. ¿Recuerdas alguna ocasión en que tuvieras que recurrir a tus fortalezas para superar un momento difícil? ¿Qué hiciste? Cuando lo recuerdas ahora, ¿todavía te invade un cálido sentimiento de orgullo?

- Si todavía no lo has hecho, te invito a invertir de veinte a treinta minutos en el cuestionario VIA de fortalezas de carácter. Te sentirás mucho mejor después. Prometido.

- Escribe tus cinco puntos más fuertes en una tarjeta y colócala donde puedas verla. Cuando la vocecilla interna empiece a criticarte, serás capaz de recordar quién eres en lugar de ponerte a pensar en todo eso que, según ella, no eres.

Lánzate a la piscina

Si eres perfeccionista, es probable que te cueste llevar a la práctica acciones, ideas y oportunidades. Esta tendencia a posponer puede interferir en todas y cada una de las facetas de tu vida. Por ejemplo, es posible que te cueste hacer una llamada, quedar con alguien que te parece atractivo o intelectualmente intimidante, buscar el trabajo de tus sueños, terminar esa tarea o proyecto importante y otras cosas por el estilo.

Como es lógico, siempre tienes una buena excusa para postergar lo que tienes pendiente: todavía no has reunido la información que necesitas, quieres esperar a tener mejor aspecto, te falta formación o conocimientos, en realidad escribes para ti misma y no para los demás… (Damos muestras de una creatividad y una capacidad de convicción increíbles cuando se trata de racionalizar nuestras reticencias.)

Es importante explorar el hábito de la procrastinación, porque el problema no es baladí. La costumbre de aplazar, según he podido constatar, es frecuente entre las perfeccionistas, a menudo solapada con su exigencia. Mis conversaciones con mujeres de todo el país han puesto de manifiesto un motivo recurrente de la tendencia a atascarse: no tienen garantías de que vayan a conseguir un resultado perfecto o un desenlace positivo.

Soy consciente de que renuncié a muchas oportunidades mientras esperaba a ser perfecta: como bailarina, mujer, escritora y profesora. Hasta que dejé de hacerlo. Comprendí que si aguardaba a ser la escritora ideal nunca pasaría del primer párrafo de este libro, y que si esperaba a que el ensayo de una presentación discurriera como la seda jamás reuniría el valor para ser la ponente estrella de un congreso.

En ocasiones te tienes que tirar a la piscina, dar un paso adelante, grande o pequeño, aunque creas no estar lista. En caso contrario no hay manera de avanzar. Todas tenemos un plan o un proyecto que hemos dejado en el tintero a la espera del momento perfecto. Y, ¿sabes qué? El momento ideal para empezar es ahora, en este paso del programa. Si bien no te voy a pedir que des un salto desmesurado y poco realista al vacío, sí que te empujaré despacio hacia el borde del trampolín con el fin de dejarte lista para pasar a la acción.

NACIÓN PROCRASTINACIÓN

Casi todos posponemos lo inevitable de un modo u otro. De hecho, una investigación llevada a cabo por el doctor Piers Steel, psicólogo de la Universidad de Calgary que llevó a cabo una encuesta con más de veinticuatro mil participantes de todo el mundo, reveló que el 95 por ciento de los encuestados procrastinaban de vez en cuando y, de estos, un 25 por ciento se consideraban procrastinadores crónicos.[37] Aplazaban tareas como el pago de las facturas, la colada o devolver una llamada.

En el diccionario, la procrastinación se define como el gesto de aplazar algo que *debería* hacerse. Eso incluye el pago de facturas, la colada, los platos sucios, los proyectos laborales, los impuestos (vale, puede que en este caso esté justificado)… Pero ¿qué pasa con nuestros sueños?

En alguna parte, detrás de la lista de tareas pendientes, hay otra de sueños por cumplir. Y, si bien sabemos y entendemos las consecuencias de postergar las primeras, pocas veces pensamos en las consecuencias de posponer o ignorar las acciones que debemos llevar a cabo para hacer realidad los segundos.

Y sin embargo, las consecuencias, insidiosas y negativas, están ahí. Si no nos decidimos a perseguir nuestros sueños, nos arriesgamos a perder la alegría, el entusiasmo, el espíritu positivo y la pasión por la vida; ocultamos nuestros dones al mundo y le damos a la detractora interna todavía más munición si cabe. Claro, puede que estemos a salvo en nuestro mundo predecible, pero sacrificamos muchas de las emociones y las experiencias más gratificantes de la existencia si no alcanzamos nuestro pleno potencial o, cuando menos, lo intentamos.

---

37. John Tierney, «Positive Procrastination, Not an Oxymoron», *New York Times*, 14 de enero de 2013, www.nytimes.com/2013/01/15/science/positive-procrastination-not-an-oxymoron.html.

EL FACTOR MIEDO

Para las perfeccionistas, la postergación en relación con los propios deseos no se debe a falta de disciplina o de fuerza de voluntad, sino a *miedo* disfrazado de desorganización. Esta teoría ha quedado demostrada una y otra vez en mis talleres. La historia de Terry ofrece un ejemplo estupendo.

Conocí a Terry en uno de mis seminarios la primavera pasada. Mientras hablábamos del paso 6, «Trabaja tus carencias en lugar de rechazarlas», surgió el tema de la procrastinación. Las participantes comentaban los defectos que percibían en sí mismas y, en general, las reacciones eran mínimas. En cierto momento, Terry confesó que tendía a procrastinar y, literalmente, todas las presentes levantaron la mano diciendo: «¡Yo también!»

Como perfeccionista que era, Terry comentó que no le gustaba mostrar nada a los demás ni permitía que nadie echara un vistazo a sus trabajos en proceso hasta tenerlo todo atado. Necesitaba saber que el desenlace sería favorable antes de actuar. Y compartió un problema de procrastinación que tenía a la sazón: había escrito un artículo que quería enviar al *New York Times* con la esperanza de que se lo publicaran, pero no se decidía. Llevaba ya tres meses corrigiéndolo y retocándolo, pero no encontraba el momento para pulsar la tecla de envío.

En el trabajo, era Terry la que terminaba siempre las tareas para que los proyectos se entregaran en plazo. Además era monologuista y la principal cuidadora de su madre, habilidades ambas que requieren valentía, preparación y capacidad de seguimiento. Sin embargo, a la hora de poner en práctica un proyecto personal profundamente significativo, parecía incapaz de apoyarse en esas fortalezas de carácter que sin duda poseía.

Ignorada, la reticencia a pasar a la acción se puede convertir en la norma. Conforme pasa el tiempo, el perfeccionista justifica esta situación como racional y disculpable pero, cada vez que pospone actos que son importantes para él, paga un precio. Desde un incremento en los niveles de estrés y ansiedad hasta depresión, dejar para mañana lo que puedes hacer hoy acarrea graves consecuencias para la salud y la felicidad.[38]

Le pedí a Terry que reflexionara qué podía esconder en su caso la procrastinación.

Después de meditarlo a fondo, Terry reconoció que el miedo a que el *New York Times* rechazara su artículo le había impedido enviarlo. Mientras

---

38. Sonia Rahimi, Nathan C. Hall y Timothy A. Pychyl, «Attributions of Responsibilility and Blame for Procrastination Behavior», *Frontiers in Psychology*, 7 (2016), doi: 10.3389/fpsyg.2016.01179.

no se decidía, podía demorarse en el espacio que discurre entre el pensamiento y la acción. En ese lugar se sentía segura, pues en tanto permaneciera en la ignorancia, siempre existía la posibilidad de que aceptaran el escrito.

Después de trabajar conmigo, Terry fue capaz de retirar el foco de atención del resultado para colocarlo en el proceso. Comprendió que, si no apretaba la tecla, estaba posponiendo las posibilidades de éxito. En caso de que le aceptaran el artículo, habría perdido semanas, si no meses, de impulso y, con toda probabilidad, oportunidades adicionales. Y si lo rechazaban, habría retrasado asimismo numerosas ocasiones para que publicaran su texto en diarios *online* de prestigio, y quién sabe qué otras puertas se le habrían abierto en el proceso.

¿SABES QUÉ? TÚ LO VALES

Además del miedo al fracaso, otro motivo profundo para postergar los sueños es la creencia de que no merecemos el éxito potencial que nos aguarda al otro lado. Por más que intentemos dar una imagen perfecta por fuera, el denominador común de muchas perfeccionistas es la sensación de no ser nunca tan sublimes por dentro como para merecer un gran triunfo.

Sabemos qué hacer, sabemos cómo hacerlo o, si no lo sabemos, somos conscientes de que podríamos aprender las habilidades necesarias para conseguirlo, pero, en realidad…, ¿quién soy yo para pensar que mi trabajo, voz, libro, artículo, charla, _____ (rellena el hueco con tu sueño) merece ser compartido?

Pablo Picasso dijo: «Deja para mañana únicamente aquello que estés dispuesto a que quede inacabado cuando te mueras». Para vencer las dificultades para pasar a la acción derivadas del perfeccionismo, cuando el miedo te abrume y el riesgo de fracasar te paralice, quiero que te formules tres preguntas:

- Si me quedara un año de vida, ¿me preocuparía la posibilidad de fracasar o me entristecería más no haberlo intentado?
- Si me quedaran seis meses de vida, ¿me preocuparía la posibilidad de fracasar o me entristecería más no haberlo intentado?
- Si esta fuera mi última semana en la Tierra, ¿me preocuparía la posibilidad de fracasar o me entristecería no haberlo intentado?

Nadie tiene la certeza de que seguirá aquí la próxima semana, ni el año que viene. ¿Quieres pasarte tus últimos años de vida preguntándote qué habría pasado si te hubieras lanzado a la piscina? Dudo mucho, sinceramente, que lo que has estado posponiendo sea el pago de una factura, una llamada o un cambio de bombilla. Estoy casi segura de que eso que has dejado en el tintero es tan importante para ti que la mera posibilidad de fracasar te resulta insoportable.

¿PROCRASTINACIÓN O PERCOLACIÓN? ESA ES LA CUESTIÓN

Si bien la procrastinación no es sana, hay una forma de espera productiva que te puede venir bien. Se trata de un proceso de demora que yo llamo «percolación». Dependiendo de tu edad, es posible que recuerdes el percolador, un tipo de cafetera que se usa para preparar café expreso. El agua hierve y, por efecto de la presión, atraviesa el café, se enriquece con sus aromas y se transforma en un café fuerte.

En la vida hay, en mi opinión, ocasiones en que nuestras ideas necesitan pasar por un proceso de percolación antes de estar listas para ser compartidas; momentos en los que es más sabio dar otra vuelta de tuerca antes de pulsar la tecla que lanzará el proyecto al mundo. Ese tiempo se puede dedicar a probar una versión beta o a buscar ayuda para rematar los detalles. Ahora bien, existe una gran diferencia entre investigar y ser lo que mi amiga y escritora Susie Moore llama un «procrastudiante». He conocido a muchos perfeccionistas que son los estudiantes perfectos. No hay curso al que no se hayan apuntado ni libro o artículo que no hayan leído. Un procrastudiante emplea el aprendizaje para sentirse seguro, e igualmente como sistema para no compartir sus conocimientos y sus sueños con el mundo.

Si te sorprendes a ti misma pulsando constantemente la pausa de tus sueños, dedica un tiempo a escucharte con calma. ¿Oyes a tu vocecilla interior diciendo que deberías saberlo todo y tenerlo todo cuadrado a la perfección para lanzarte? ¿O acaso tu sabiduría interna te está aconsejando que explores un poco más antes de dar a conocer tu voz?

DESPLAZA EL FOCO DE ATENCIÓN DEL RESULTADO A LA OCASIÓN

Nunca seremos capaces de avanzar en los proyectos que nos importan si ponemos siempre el foco de atención en el resultado. Cuando pensamos en términos de todo o nada, triunfo o fracaso, aceptación o rechazo, acabamos postergando. Ahora bien, ¿y si dejaras de preocuparte por el desenlace y empezaras a centrarte en la persona en la que te podrías convertir si das el salto?

El aterrizaje no siempre depende de una. Puede que sea un 10, un 6,5 o un trompazo (aunque yo nunca he presenciado este último caso). Pero ¿y si nos preocupamos menos por el aterrizaje y ponemos las energías en dar el salto? Cuando retiras la atención de los resultados para ponerla en los cambios que experimentarás por el hecho de vivir el proceso, movilizas un nuevo tipo de motivación y eres capaz de pasar a la acción.

Si eres perfeccionista, te aseguro que tu problema no es la pereza ni la falta de voluntad. Sin embargo, hasta ahora, el acicate que te impulsaba a actuar era el miedo. ¿Qué te asusta en realidad? ¿Qué pasaría si todo saliera bien? ¿Qué pasaría si el resultado fuera positivo al 50 por ciento nada más? ¿Y si no te acercaras a tu objetivo ideal, pero tuvieras la oportunidad de vivir todo el proceso de principio a fin?

Cuando prestamos atención al recorrido en lugar de centrarnos en el resultado, nos abrimos a explorar una manera progresiva de gobernar la propia vida. Y con cada paso adelante adquirimos seguridad en nuestras capacidades y nuestra autoestima, y nos resulta más fácil poner manos a la obra.

Para aumentar la motivación, prueba a emprender pequeñas acciones, una detrás de otra. No esperes a que el miedo desaparezca antes de empezar. En lugar de eso, líbrate de tus temores poco a poco mediante esas acciones mínimas. Cualquier día de estos (aunque no sabemos cuál) alcanzarás un punto de inflexión. En ese momento te sorprenderás a ti misma llevando a cabo acciones y tomando decisiones que te acercan a las cosas que de verdad te importan sin pararte a pensar. Y entonces te darás cuenta de que aquello que te asustaba ya no te produce ansiedad.

No insinúo que vayas a dejar de tener dudas y preocupaciones, pero ahora quedarán compensadas por la convicción de que, ante lo que sea que te salga al paso, estarás lista, dispuesta y a punto para dar el salto. ¿Obtendrás siempre buenos resultados? Seguramente no, pero estarás más cerca de conocer la felicidad, vivir con audacia y crear la vida de tus sueños.

¿Y si dejas de centrarte en lo que puedes perder si las cosas no salen bien y empiezas a enfocarte en lo que conseguirás si echas a andar hacia tu objetivo? Sea cual sea ese objetivo, trascendente o mínimo, con cada «sí» y cada paso adelante estarás ampliando tu capacidad de gestionar la incertidumbre, desarrollando nuevas ideas y descubriendo nuevos recursos, y experimentarás una libertad desconocida, aunque al final fracases.

Ha llegado el momento de colocar tus metas y tus sueños al otro lado de la línea de salida. Emprende cada micropaso con entusiasmo, compromiso y curiosidad y, tanto si alcanzas tu objetivo como si no, estarás cultivando una mentalidad de crecimiento que te permitirá vivir con alegría y valor. Empieza a buscar información en lugar de resultados, a aprender en lugar de dar por supuesto, a optar por la expansión en vez de por la certeza.

Una de las grandes fantasías que albergamos las perfeccionistas es la idea de que la excelencia máxima nos encumbrará y nos hará brillar. Sin embargo, la detractora interna no quiere soltarnos para que podamos volar. Cree que, si nos sujeta y nos mantiene a salvo, podremos seguir sosteniendo la ilusión de ser perfectas. Le aterra que des el salto, porque en ese caso ya no la necesitarás.

Con cada pequeño triunfo y con la ayuda de otras perfeccionistas en recuperación, pronto descubrirás que el impulso hacia tus sueños tiene más fuerza que la inercia hacia tus miedos. La repetición engendra pericia, y la pericia nos conduce al éxito.

Ejercicios detox del día

Si tienes un fin de semana por delante o estás muy motivada, siéntete libre para llevar a cabo este paso en una sola sesión. Si, por el contrario, te preocupa no poder completarlo todo correctamente, dedica una semana, un día para cada ejercicio. Repite los ejercicios las veces que necesites, y luego lleva tus sueños a la acción.

1. Toda meta o sueño se puede dividir en pequeños pasos. Para evitar que te pongas en marcha y vuelvas a encallarte después, escribe en tu diario un objetivo que sea importante para ti y que hayas estado posponiendo. Si hubiera varios, empieza por el más asequible.

2. En otra página, anota las actividades a las que sueles recurrir para estar ocupada y evitar emprender las acciones que te podría ayudar a cumplir ese sueño.

3. Ahora escribe los pensamientos repetitivos que te asaltan cada vez que te planteas poner manos a la obra para acercarte a tu meta.

4. Vuelve a la página en la que has anotado tu objetivo y dibuja una línea vertical en el centro. Divide tu meta soñada en tantas partes como puedas. En la parte izquierda, escribe todos los pasos que se te hayan ocurrido. No hace falta que los redactes por orden, pero cuantos más sean, mejor.

5. Observa cada uno de los pasos y pregúntate si los puedes llevar a cabo tu sola o (en caso contrario) si conoces a alguien que te pueda ayudar. De igual modo, piensa si tendrás que investigar antes de llevarlos a cabo. En la zona de la derecha, escribe junto a cada paso lo siguiente: 1. Lo haré el día (anota la fecha). 2. Le pediré ayuda a (escribe el nombre de la amiga o amigo) el día (anota la fecha). 3. Ampliaré mis conocimientos (acudiendo a la biblioteca, apuntándote a un curso…) el día (anota la fecha).

6. Busca a una amiga que quiera compartir el proceso o únete a la comunidad Perfection Detox de Facebook. Te ayudará enormemente contar con animadoras que, igual que tú, están dispuestas a dar el salto y colocar sus sueños más allá de la línea de salida.

7. Lleva a cabo una miniacción cada día, solo una, que te acerque un poco más a tu sueño. Una decisión, un «sí», un pequeño gesto tras otro. Con el tiempo, tu meta soñada será una meta alcanzada. Una vez al mes, revisa tu meta para asegurarte de que todavía tiene sentido para ti. A veces la vida nos empuja a tomar desvíos, para bien o para mal. Nunca te sientas obligada a seguir avanzando hacia un objetivo si ya no resuena contigo (a menos que se trate de un compromiso laboral o algo parecido).

Ponte en marcha y, si tu sueño cambia, habrás reunido información que podrás aplicar en la consecución del próximo objetivo. Esta experiencia te coloca a mitad de camino en lugar de tener que empezar otra vez desde el principio. Bienvenida al dominio progresivo de tu vida.

PASO 13

La segunda oportunidad

La posibilidad de no ejecutar un plan a la perfección o de no lograr un objetivo tal como estaba previsto produce en los perfeccionistas un inmenso desasosiego. El riesgo de que el resultado no coincida totalmente con el esperado es tan grande y la sensación de fracaso tan debilitante cuando la experimentan una y otra vez que al final buscan excusas para no actuar o para abandonar a mitad de camino. Por este motivo, todos los perfeccionistas que no han trabajado su problema están condenados, en mayor o menor medida, a sufrir episodios de estancamiento o de productividad reducida, y corren el riesgo de abandonar sus objetivos antes de poner toda la carne en el asador.

Si has vivido lo suficiente como para alcanzar la madurez, seguramente conocerás ejemplos de lo que acabo de exponer: personas brillantes y muy trabajadoras que ascienden como la espuma en la juventud pero pierden impulso demasiado pronto, se queman y acaban abandonando su profesión, su relación y su potencial. Nadie lo vio venir ni entiende cómo ni por qué ha sucedido.

Una colega de profesión que suele frecuentar mis talleres me contó un ejemplo que ilustra este caso. Como directora de *fitness* de una de las universidades más importantes de Estados Unidos, entrena a los alumnos que aspiran a su vez a convertirse en instructores del campus. Uno de sus alumnos era un joven «absolutamente fantástico», el clásico estudiante de matrícula de honor. Como parte del programa, mi colega tenía que reunirse con los alumnos para comentar sus progresos. Este chico en particular era un hacha en todos los sentidos, pero ella le señaló un aspecto en el que creía que podía mejorar. A pesar de los grandes elogios que precedieron a ese comentario aislado, él fue incapaz de fijarse en nada que no fuera esa insignificante carencia… y nunca regresó.

Nos perdemos grandes cosas cuando vivimos el más mínimo fallo como un fracaso absoluto. Sé que durante años me dediqué a guardar con celo pensamientos y recuerdos relacionados con cualquier incidente o experiencia que involucrase alguna equivocación por mi parte. Sencillamente, era incapaz de separar el error de mi identidad; yo era el error. Así pues, en lugar de elaborarla, guardaba la vivencia en el rincón más profundo y oscuro de mi alma. Esa actitud me impedía aprender de los errores y, lo que es peor, era garantía segura de que volvería a cometerlos.

Por más aciertos que incluyera el proceso, si vivía el resultado como un fracaso, no podía contemplarlo desde una perspectiva constructiva. De haberlo hecho, habría podido rescatar lo aprendido, revisar mi estrategia, y con toda probabilidad, haber salido victoriosa a la segunda. En vez de eso, descartaba el grano con la paja una y otra vez, incapaz de separar los hechos de los fracasos.

Este paso es una llamada a que dejes de coleccionar o desestimar sin más las experiencias regulares. En vez de eso, dales otra oportunidad. Por ejemplo, imagina que lo estás pasando en grande bailando en una boda cuando, súbitamente, tropiezas de un modo un tanto bochornoso. Tu primer impulso será dejar de bailar, hacer mutis por el foro y encogerte en un rincón, convencida de que todo el mundo ha presenciado tu metedura de pata.

Ahora bien, si pretendemos superar nuestras tendencias perfeccionistas, podemos poner en práctica una estrategia distinta. En esta nueva versión, no renuncias a la oportunidad de seguir disfrutando de la vida; vuelves a la pista de baile y sigues moviendo el esqueleto como si nada. Seguro que al segundo intento te sale mejor. Sigue probando hasta que no se te antoje tan…, bueno, tan incómodo o embarazoso. Baila como si nadie te estuviera mirando, porque, ¿sabes qué? La mayoría de la gente no está pendiente de ti. De hecho, todos andan demasiado ocupados pisándose unos a otros, sacándose selfis, intentando moverse con más o menos gracia… y pasándolo en grande.

A lo largo del programa hemos aprendido a reformular el fracaso y a mirar al miedo a los ojos, pero ¿qué distingue a las personas que tienen facilidad para probar, fallar y volver a intentarlo de esas que lo intentan, fallan y tiran la toalla? La resiliencia. Practicamos la resiliencia cuando nos sacudimos de encima la vergüenza que podría producirnos cualquier tipo de resbalón y volvemos a la pista de baile como si nada… o a la oficina, al podio, al gimnasio…, al sitio en el que sea que has tropezado.

LA RESILIENCIA REQUIERE PRÁCTICA

La vida es una serie de altibajos, aciertos y errores, días buenos y días malos. Hace falta resiliencia para sobreponerse a los momentos bajos, volver a levantarse y seguir avanzando hacia los álgidos. Ahora bien, solamente cuando alzamos la barbilla y volvemos a intentarlo experimentamos los beneficios de vivir en el presente y aprender del momento. La escritora Mary Anne Radmacher escribió: «El valor no siempre se expresa con rugidos. En ocasiones la valentía es una vocecita que dice al final del día: "Mañana volveré a intentarlo"». Aunque no hayamos acertado en el centro de la diana, podemos considerar una minivictoria el hecho de haberle dado al tablón y emplear el conocimiento adquirido para reunir más confianza y aumentar nuestra eficacia en un futuro inmediato o lejano. Y esa clase de optimismo tiende a propagarse a otros ámbitos de la vida.

El escritor Jonathan Fields ha señalado que tanto un beso como una bofetada albergan información; expresado en otros términos, podemos aprender tanto del placer como el dolor de una experiencia. Cuando recibimos un revés entendido como rechazo o fracaso, tendemos a olvidar el beso del aprendizaje y el crecimiento que nos ha proporcionado la vivencia. El problema de los perfeccionistas es que ni siquiera son conscientes de que el beso existe. Si no percibimos nada ni vivenciamos nada al margen del resultado, nos quedaremos con la bofetada.

También nos cuesta entender el dolor como una señal de lo mucho que nos importa algo. Cuanto más implicados estamos, más doloroso resulta el revés. Este aspecto no siempre es fácil de aceptar, en especial inmediatamente después del golpe. Sin embargo, cuando aprendemos que la intensidad del miedo y de la ansiedad es una flecha que apunta hacia aquello que de verdad nos importa, podemos reformular el sentido de estas emociones y considerarlas indicadores de que estamos cerca de nuestro auténtico norte. En su libro *Cuando todo se derrumba*, Pema Chödrön escribe: «El miedo es una reacción natural cuando nos aproximamos a la verdad». Con cada decepción, pues, podemos buscar significado (y aprender) y, a través de ese gesto, alimentar nuestra resiliencia, una cualidad a la que nunca le viene mal un poco de refuerzo.

George Bonanno, psicólogo clínico que dirige el Laboratorio de pérdida, trauma y emoción en la Facultad de Maestros de la Universidad de Columbia, y que lleva veinticinco años estudiando el tema de la resiliencia, ha descubierto que es nuestra percepción de una circunstancia, más que la circunstancia en sí, lo que define sus consecuencias.[39] Sucede así especialmente en la mente del perfeccionista.

Piensa con qué rapidez aumentan tus niveles de ansiedad y estrés ante un problema. Estas reacciones reflejas se deben a la sensación de que una parte de que tu ser imperfecto y secreto ha quedado expuesto al mundo. Cualquier situación delicada, desde reparar en un error tipográfico una vez enviado el mensaje hasta una equivocación en una presentación o darte cuenta de que llevabas el jersey del revés durante una entrevista de trabajo, supone un campo de minas en la mente perfeccionista, mientras que, para otros, esas situaciones no serían sino mínimas perturbaciones en el radar de la vida. Bonanno nos recuerda que los acontecimientos en sí no poseen la capacidad de animarnos o de hundirnos. Es nuestra reacción, definida por la capacidad de resiliencia, la que suscita la emoción.

Igual que la percepción positiva de una situación nos hace más resilientes, la tendencia a cavilar nos vacía el depósito, en particular si tendemos a magnificar y exagerar las experiencias. Bonanno afirma que «la mente puede crear o exagerar estresores con facilidad. Ese es el peligro de la condición humana». De ahí que podamos optar por caer y fallar… o por caer, fallar y seguir en el juego hasta haber absorbido toda la información aprovechable de una experiencia en particular.

SEGUNDAS OPORTUNIDADES EN LA VIDA COTIDIANA

Una cosa es saber que la capacidad de resiliencia es necesaria en la vida y otra muy distinta ser capaz de recurrir a ella y ponerla en práctica, especialmente en momentos de adversidad y estrés. Puede que las crisis del perfeccionista solo existan en su cabeza, pero afectan a su sistema nervioso igual que lo haría una crisis «real». La idea de que hemos fallado en algo, de que hemos dicho algo que no ha gustado en el trabajo o de haber intervenido con poco acierto en una asamblea de la AFA escolar nos puede afectar hasta el punto de querer abandonar el proyecto, el trabajo o la reunión para siempre jamás.

Las perfeccionistas hacemos lo posible por evitar complicaciones y esquivar situaciones que puedan «desenmascararnos». Por eso a la mayoría nos resulta tan complicado recuperarnos de lo que percibimos como un fallo. En

---

39. Maria Konnikova, «How People Learn to Become Resilient», *New Yorker*, 19 de junio de 2017, www.newyorker.com/science/maria-konnikova/the-secret-formula-for-resilience.

lugar de volver a empezar, abandonamos. Sin embargo, solo intentándolo una y otra vez nos concedemos la oportunidad de desarrollar la resiliencia. Y únicamente estando presentes, en especial cuando las cosas no funcionan como nos gustaría, aprendemos a vivir con valentía y descubrimos nuestro potencial.

La magnífica noticia es que contamos con unas dieciocho mil oportunidades a diario para volver a empezar, cada una de las cuales nos permiten practicar y fortalecer la resiliencia. El adulto medio respira alrededor de dieciocho mil veces durante las horas de vigilia, y en la pausa que discurre entre la inhalación y la exhalación podemos reunir el valor para volver a empezar. Aunque te limites a concederte una segunda oportunidad al día y ninguna más, ese único gesto aumentará tu resiliencia, y con el tiempo experimentarás una transformación verdaderamente mágica.

EL LENGUAJE DE LA RESILIENCIA

En la primera fase de esta dieta antiperfección hemos dedicado un tiempo a identificar, desarticular y reformular las creencias negativas acerca de nosotras mismas. Por el mero hecho de pasar por esta etapa inicial, tus niveles de resiliencia se han incrementado. Ahora solo hace falta que aprendas unas pocas habilidades adicionales que te ayudarán a seguir avanzando cuando las cosas se compliquen.

La resiliencia nos proporciona la capacidad de mantenernos a flote cuando estamos en precario: en el tramo entre tu posición actual y la meta a la que aspiras, en el hueco entre lo que sabes y lo que aún te queda por aprender, en la distancia entre la incertidumbre acerca de si vale la pena cambiar tu relación con la perfección y la certidumbre de que estás lista para un nuevo tipo de vida.

El problema de la resiliencia es que no podemos diseñar escenarios para ponerla a prueba y fortalecerla (podemos simularlos, pero no es exactamente lo mismo), ni tal vez estaríamos dispuestas a ello; surgen de manera natural y son, a menudo, las situaciones más inesperadas e incómodas.

La psicóloga Edith Grotberg sostiene la opinión de que para cultivar la resiliencia tenemos que trabajar desde el siguiente modelo de lenguaje:[40]

---

40. Rebecca, «Edith Grotberg I Have, I Am, I Can», Asociación Aspiral Youth Partners, 6 de febrero de 2014, youthpartners.ca/wordpress/edith-grotberg-i-have-i-am-i-can.

1. Tengo
2. Soy
3. Puedo

Tengo representa el apoyo externo con el que contamos, *Soy* se refiere a las fortalezas internas y *Puedo* alude a las habilidades para la resolución de problemas que ya poseemos y aquellas que podemos adquirir.

CULTIVANDO LA RESILIENCIA

Hay muchos factores a tener en cuenta si queremos mejorar nuestra capacidad para permanecer a flote cuando la vida se complica. Uno de los aspectos más importantes es cultivar las relaciones que nos ofrecen modelos a seguir, seguridad y estímulo. Para las perfeccionistas esta actitud supone un gran desafío, por cuanto se sienten cómodas dando consejo pero les cuesta más aceptarlo. Para vivir con valentía tenemos que aprender a pedir ayuda, recurrir a amigos, mentores y miembros de la familia dispuestos a prestar apoyo y, finalmente, admitir que no podemos llevar a cabo este trabajo solas.

Es hora de dejar de ser perfectas y, como mi mentor Tal Ben-Shahar recomienda desde su sabiduría, concedernos permiso para ser *perfectamente humanas*. Eso implica confiar en ti misma, como siempre has hecho, pero también confiar en los demás. Involucra velar por tu bienestar, pero igualmente permitir que las otras personas te presten apoyo y aliento. Significa ser capaz de felicitarte por tus cualidades y no perder el norte cuando te sientes vulnerable. Significa apostar por la vida, vivir en el presente, aprender de lo que funciona e investigar qué podrías hacer de otro modo cuando las cosas no salen según lo planeado.

Gracias a mi pódcast Perfection Detox, he tenido la suerte de conocer y entrevistar a muchos líderes de opinión y visionarios. Si bien sus historias eran distintas, todos tenían algo en común, sin excepción: aquellos que disfrutaron de modelos positivos en la juventud se consideraban capaces de afrontar la adversidad con un fuerte sentido de la esperanza y desde la seguridad de que sobrevivirían a los malos tiempos de una pieza. Gracias a las influencias positivas que tenían alrededor, aprendieron a cultivar la resiliencia a una edad temprana.

Aquellas de nosotras que no hemos contado con estos modelos podemos aprender a ser nuestras propias entrenadoras y animadoras. Igual que la necesidad de ser vistas forma parte de nuestra condición humana, también es importante aprender a mirarse por los ojos de la compasión y la aceptación. A través de este gesto, la resiliencia brota y se fortalece. Y a medida que nuestra capacidad de ponernos en pie tras la caída se desarrolla, aumenta nuestra facilidad para sentirnos bien en el día hoy *y*, al mismo tiempo, sostener el esfuerzo por convertirnos en la persona que queremos ser mañana.

Las personas resilientes son más sanas y felices, a la vez que más optimistas, por cuanto están convencidas de que las cosas pueden cambiar a mejor. Y cuanto más optimistas somos, más aumenta nuestro nivel de autoeficacia. Ser resiliente implica pedir ayuda cuando hace falta, aprender de las cosas que no salen bien y volver a intentarlo. Significa poseer el valor necesario para seguir avanzando, aunque no todo vaya como la seda. La resiliencia no solo se demuestra en los tiempos difíciles; en los buenos momentos nos capacita para cultivar una mentalidad de crecimiento, y nos permite concentrarnos en los progresos en lugar de hacerlo en la perfección.

Ejercicios detox del día

Un segundo intento puede entrañar algo importante, como arreglar una relación o pedir una segunda oportunidad para hacer bien un trabajo. Ambas situaciones ofrecen ocasiones de reparación y transformación, pero yo recomiendo empezar por algo pequeño y después ir avanzando hacia desafíos mayores.

1. Dedica unos instantes a escribir en tu diario algo que no salió como esperabas y que te gustaría volver a intentar. En primer lugar, anota todo aquello que fue bien y que repetirías tal cual. A continuación escribe lo que harías de otro modo si la situación volviera a presentarse. Tal vez lo enfocarías de forma totalmente distinta, o quizá te limitarías a hacer pequeños cambios.

   Si la situación lo admite y cuando te sientas preparada, inténtalo de nuevo. Si se trata de algo que no permite un nuevo intento, concéntrate en lo que aprendiste de la experiencia y en lo que harías de manera distinta si te encontraras en circunstancias parecidas.

2. Con el fin de prepararte para el segundo intento o, sencillamente, desarrollar tu músculo de la resiliencia, formúlate estas tres preguntas que te ayudarán a anclar tu gesto a la realidad.

- ¿A quién conozco que pueda ayudarme a preparar mi segunda oportunidad? (Tengo)
- De todo aquello que funcionó en el intento original, ¿qué puedo incorporar al segundo? (Soy)
- ¿Qué puedo hacer de manera distinta para que mi segundo intento sea un éxito? (Puedo)

TERCERA PARTE

LIBÉRATE Y DA RIENDA SUELTA A TU ALEGRÍA

Conviértete en «buscadora de bienes»

En este paso, te invito a convertirte en alguien que ha tomado la decisión consciente de buscar lo extraordinario en lo ordinario y de valorar las oportunidades que ofrecen situaciones no del todo perfectas.

Ser una «buscadora de bienes»[41] no solo aumentará tu alegría de vivir, sino que mejorará tu salud y bienestar. Numerosos estudios revelan los beneficios mentales y físicos que aporta centrarse en los aspectos positivos de las experiencias. En particular, esta actitud rebaja los niveles de estrés, ansiedad y depresión. La Organización Mundial de la Salud señaló recientemente la depresión como el principal problema de salud y la mayor causa de incapacidad en todo el mundo, con un incremento de más del 18 por ciento entre 2005 y 2015.[42] Es el momento ideal para convertirse en una buscadora de bienes.

Tal Ben-Shahar —psicólogo, autor de éxito y antiguo perfeccionista declarado— lo expresa con sencillez cuando dice: «Valora lo bueno y lo bueno te valorará». Se trata de un lema que he incorporado a mi programa. Para apreciar las cosas buenas, primero tenemos que encontrarlas.

Al principio te resultará complicado, por cuanto tendrás que luchar contra tu propensión perfeccionista a ver el problema y no el beneficio, pero tenemos un superpoder en la búsqueda de los aspectos positivos: el cerebro.

---

41. Escuché este término por primera vez en el curso de un año sobre psicología positiva que realicé con Tal Ben-Shahar.

42. Organización Mundial de la Salud, «Depression: Let's Talk' Says WHO, as Depression Tops List of Causes of Ill Health, www.who.int/mediacentre/news/releases/2017/world-health-day/en/.

TE PRESENTO A TU CEREBRO PENSANDO EN POSITIVO

La neurociencia, que estudia cómo el cerebro y el sistema nervioso de los mamíferos procesan la información y cómo esto condiciona la relación entre pensamiento y conducta, constituye la base del Programa Detox para perfeccionistas. He prestado especial atención a la psicología positiva, un ámbito de conocimiento que, aun siendo relativamente nuevo, ha generado ideas, teorías y metodologías contrastadas que podemos emplear para incrementar la felicidad cotidiana.

Una de las áreas de estudio más fascinantes de este campo de la psicología es la neuroplasticidad. Usamos este término para referirnos a la habilidad del cerebro para transformarse en función de los pensamientos y las acciones. La ciencia ha demostrado que no solo tenemos la capacidad de cambiar nuestros pensamientos y actos, sino que esas mismas ideas y acciones pueden alterar físicamente las interconexiones neuronales, lo que aporta un nuevo paradigma desde el que estudiar conductas y actitudes. Todo esto significa que el viejo dicho según el cual los buenos pensamientos engendran conductas y actos positivos es algo más que un deseo; la pruebas científicas apuntan a que el cambio se produce en el plano fisiológico del cerebro,[43] además, por supuesto, de los efectos beneficiosos que podamos experimentar en el plano del corazón.

Así pues, ¿cómo vencemos una tendencia para sacar partido a la otra? *Practicando.* La mentalidad positiva, igual que un músculo, se puede entrenar; y cuanto más la practicas, más potente se tornará. La habilidad de favorecer pensamientos positivos en el cerebro está ahí para que la usemos. Podemos programarlo para que se fije en lo que va bien en lugar de prestar atención a lo que se tuerce. Para desarrollar nuevas conductas rutinarias que refuercen esta destreza bastará con que acostumbremos a nuestro pensamiento a frecuentar zonas más positivas.

CÓMO PRACTICAR LA POSITIVIDAD

El simple acto de dedicar unos minutos a buscar y meditar tres acontecimientos que aguardas con ilusión empezará a programar en tu cerebro un estado

---

43. Susan Reynolds, «Happy Brain, Happy Life», *Psychology Today*, 2 de agosto de 2011, www.psychologytoday.com/blog/prime-your-gray-cells/201108/happy-brain-happy-life.

constructivo. Empieza en cuanto abras los ojos. A continuación te propongo un ejercicio que puedes realizar mañana mismo: mientras te levantas de la cama, piensa tres acontecimientos del día que aguardes con ilusión, anótalos y deja el papel donde puedas verlo.

Recuerda que a tu mente no le gusta la incongruencia entre los pensamientos y la realidad externa, así que hará lo posible para hacerlos concordar. (Lo que explica por qué el autosabotaje suele ser un problema tan persistente como desconcertante.) Cuando abordas la jornada desde una mentalidad positiva, acomodas desde el subconsciente tus actos a tu voluntad. En consecuencia, hay muchas probabilidades de que el día conste de más momentos positivos que negativos.[44]

Heidi, una de las increíbles mujeres con las que he tenido el placer de trabajar recientemente, compartió conmigo la historia de cómo se convirtió en buscadora de bienes tras un accidente que le provocó una lesión en el ligamento cruzado anterior y le impidió hacer vida normal durante cinco meses. Al margen del dolor y las incomodidades, Heidi estaba cada vez más frustrada por su incapacidad para trabajar con normalidad. Sin embargo, el día de la operación, protagonizó una epifanía que le permitió ver el problema desde otra perspectiva.

Mientras sus dos hijos la acompañaban a la intervención, experimentó de súbito una inmensa gratitud; agradecimiento por sus dos hijos, que querían cuidarla antes y después de la operación; agradecimiento por el excelente cirujano, que casualmente era un amigo dispuesto a hacer cualquier cosa por ayudarla. Dio las gracias incluso por la excelente medicación que la adormecería después de la cirugía, le aliviaría el dolor y contribuiría a su recuperación.

La historia de Heidi nos recuerda que en cualquier instante podemos tomar la decisión de renunciar a los aspectos negativos y aferrarnos a los positivos; que tenemos el poder de buscar y centrarnos en las potenciales ganancias en lugar de obsesionarnos con las posibles pérdidas.

Durante el día de hoy, elige convertirte en buscadora de bienes y deja el miedo a tus posibles carencias y a los desenlaces imperfectos en el asiento

---

44. Martin E. P. Seligman, Peter Railton, Roy F. Baumeister y Chandra Sripada, «Navigating into the Future or Driven by the Past», *Perspectives on Psychological Science* 8, n.º 2 (2013): 119-141, doi: 10.1177/1745691612474317; Martin E. P. Seligman y John Tierney, «We Aren't Built to Live in the Moment», *New York Times*, 19 de mayo de 2017, www.nytimes.com/2017/05/19/opinion/sunday/why-the-future-is-always-on-your-mind.html; Avraham N. Kluger y Dina Nir, «The Feedforward Interview», *Human Resource Management Review* 20, n.º 3 (2010): 235-246, doi: 10.1016/j.hrmr.2009.08.002.

trasero, donde debe estar. Tendemos a fijarnos en el lado negativo de las cosas, así que no te desanimes si al principio te cuesta conquistar esta etapa. Puede que tardes un tiempo en dominar esta mentalidad mejorada, pero una vez que asimiles la práctica tu vida empezará a brillar.

LA CIENCIA DE LA FELICIDAD

Todas las sugerencias que incluye este programa se basan en la ciencia de la psicología positiva (me gusta pensar que mi plan detox aporta inspiración científicamente demostrada). Mi libro favorito sobre los principios científicos que respaldan la psicología positiva es *La ciencia de la felicidad*, de la doctora Sonja Lyubomirsky. Este título explica de manera accesible las bases de esta rama de la psicología y ofrece maneras sencillas de incrementar los niveles de felicidad.

Un estudio llevado a cabo en 2005 por Lyubomirsky junto con los profesores Ken Sheldon y David Schkade reveló (en un famoso gráfico de sectores) que el 50 por ciento de la felicidad se puede atribuir a los genes, el 10 por ciento se basa en las circunstancias y un inmenso 40 por ciento depende de nuestras actividades voluntarias. Las actividades que favorecen la felicidad se pueden clasificar en tres grandes grupos:

1. Búsqueda de sentido y propósito existencial
2. Estado de fluir (más al respecto en el paso 19)
3. Las decisiones (grandes y pequeñas) que afectan a nuestra vida

Lyubomirsky y sus colaboradores demostraron también que una de las elecciones más importantes que efectuamos a diario, incluso de un minuto a otro, en relación con la felicidad es la cuestión de dónde ponemos la atención.[45] La experiencia depende en gran medida del foco de concentración y, como nos recuerda el escritor Ralph Marston, «estás destinado a conseguir aquello en lo que te concentres con más atención. Así que concéntrate en algo verdaderamente fantástico, hermoso y alegre. Tu vida siempre avanza en pos de algo».

---

45. Sonja Lyubomirsky, Kennon M. Sheldon y David Schkade, «Pursuing Happiness: The Architecture of Sustainable Change», *Review of General Psychology* 9, n.º 2 (2005): 111-131, doi: 10.1037/1089-2680.9.2.111.

A pesar de todo, habrá días en que ni siquiera tendremos ganas de levantarnos de la cama y mucho menos de concentrarnos en lo positivo. Esa es, amigas mías, la condición humana y una parte de la vida real. La ciencia olvida en ocasiones que incluso los aspectos científicamente demostrados de la conducta humana se enfrentan con el farragoso día a día; las estadísticas tienen que sobrevivir al café derramado, a las malas noticias, a los accidentes de coche y a las citas con el dentista.

Algunos detractores de la psicología positiva arguyen que quizá pedirle a la gente que se centre únicamente en los aspectos luminosos solo sirve para que se sientan peor. Cuando tienes un mal día, lo último que te apetece es aumentar tu mal humor forzándote a reparar en las cosas buenas. Gracias a Dios, podemos optar por ser ser realistas y «optimalistas», según el término acuñado por Tal Ben-Shahar.

La clave radica en abstenerse de entrar en la zona del pensamiento tipo «blanco o negro». Si nos empeñamos en concentrarnos en lo positivo a toda costa, aun en nuestros peores momentos, estamos destinados a fracasar. Ahora bien, en los días normales, cuando la vida fluye con facilidad, estamos en posición de convertirnos en «buscadoras de bienes».

En un taller reciente, mientras estábamos trabajando cómo se expande la vida cuando nos centramos en lo mejor, me di cuenta de que Lindsay (a la que conoces del paso 3) se ensimismaba. Cuando le pregunté a dónde se había ido, me contestó que estaba pensando en el grado de ansiedad y culpa que experimentaba cuando se sentía incapaz de priorizar o concentrarse en los aspectos positivos. Se sentía mal porque no siempre era capaz de reaccionar con gratitud, ni siquiera cuando las más fantásticas oportunidades se cruzaban en su camino. Me encantó que sacara el tema a colación, porque se trata de una experiencia universal en el aprendizaje de la felicidad. Tú también la vivirás, te lo garantizo.

En la vida hay altibajos, momentos buenos y momentos malos, y tus emociones reaccionarán en consonancia. Como no eres un robot, es completamente normal que suceda. Aunque me gustaría poder decirte lo contrario, ningún libro, ningún lema y ninguna charla TED, por más que te inspire, será capaz de capturar y transformar tus sentimientos y tus sueños. Nada de todo esto cambiará el hecho de que no poseemos control sobre el mundo exterior, un mundo que no dejará de desafiarnos en tanto que sigamos saliendo a la calle a interactuar con él.

Compartí ideas parecidas con Lindsay y las otras mujeres del taller. Por si no lo recuerdas, Lindsay acababa de mudarse de Los Ángeles a Nueva York y había reconocido tener momentos de duda, miedo y ansiedad, aun sabiendo que debería estar agradecida por la oportunidad que se le había brindado. La habían escogido para ocupar un cargo de responsabilidad de la Costa Este, en uno de los mercados más competitivos y prestigiosos de la industria deportiva, y sin embargo tenía problemas para sentir gratitud y alegrarse de su suerte durante el periodo de transición. Y se machacaba por ello.

Cada vez que experimentaba una emoción negativa relacionada con esa gran oportunidad, la reprimía y se regañaba a sí misma. ¿Por qué no podía comportarse de manera impecable, se reprochaba, aunque fuera en su propio espacio mental? Lo que Lindsay no veía acerca de su experiencia era que todas sus reacciones la retrataban como una persona perfecta y *perfectamente humana*. Estaba abierta a la vida, era consciente de sus emociones, buenas y malas.

Habrá días en los que sentirás gratitud como la cosa más natural y horas en las que ver el lado bueno será coser y cantar. También habrá momentos, a veces en el transcurso de pocos minutos, en que pasarás de ser una buscadora de bienes a una cazadora de errores, y luego experimentarás agradecimiento otra vez, y ansiedad, para caer a continuación en el autorreproche, y de nuevo ansiedad, y por fin volverás a instalarte en un estado de gratitud.

Como miembro del club perfeccionista, debo insistir hasta la saciedad en la importancia de entender que buscar lo positivo no siempre implica que todo irá de maravilla. Te ruego que no juzgues tus propias reacciones como buenas o malas; sencillamente, deja que cada momento llegue y se vaya. Ten en cuenta que, cuando nos proponemos encontrar la felicidad y reclamar nuestra alegría, la pregunta a formular no debe ser: «¿Soy feliz?», sino más bien: «¿Podría ser más feliz?»

La clave, según tropiezas con tus emociones, está en volver una y otra vez a un lugar que te permita ver el lado bueno. Rebotarás entre un espacio mental positivo y sentimientos más negativos, pero cuando más te esfuerces por concentrarte en los aspectos luminosos, más fácil te resultará. Al final, tu enfoque positivo se convertirá en tu zona de reposo, ese lugar al que gravitan tu corazón, tu mente y tu vida de manera natural. Será tu nuevo espacio por defecto.

LEVANTA, REENFOCA, REPITE

Llevo años estudiando, practicando y hablando de psicología positiva, pero todavía necesito reajustes diarios para no desviarme del camino y trazar la ruta de mi vida en mis propios términos, una existencia que me permita maximizar mi potencial. Hay días en que me cuesta muy poco actuar como una buscadora de ventajas y hay momentos en que me conformo con no desmoronarme, volver a la cama y taparme la cabeza con las mantas. Protagonicé uno de esos momentos la semana pasada, y tardé unas cuantas horas en espabilar y dejar de fustigarme por «no ser una perfeccionista en recuperación sino una farsante».

Tenía un rodaje para una revista virtual con la que colaboro, llamada *24Life*. Me habían citado para una videoentrevista y una sesión de fotografías. Las imágenes aparecerían en la publicación digital y el vídeo se emitiría en el circuito cerrado de la cadena de gimnasios 24-Hour Fitness, lo cual significaba que me verían millones de socios.

Todo iba como la seda. Me habían maquillado, el fotógrafo era fantástico y el director de fotografía se mostraba atento y servicial. Tengo la sensación de que a todas las mujeres nos cuesta trabajo envejecer con elegancia y serenidad, y seguramente lo más complicado sea someterse al escrutinio de una cámara. En mi caso, me siento especialmente vulnerable en esas situaciones.

Habíamos terminado la parte de la entrevista, que en mi opinión había quedado de maravilla, y me dirigí al vestuario con el objeto de cambiarme para la sesión de fotos. En el tocador había un espejo, como es natural, acompañado de una luz nada favorecedora, y cuando me enfrenté cara a cara conmigo misma me quedé helada: solo veía las arrugas, la edad y el paso del tiempo en la cara. Se me encogió el corazón, mi detractora interna revivió y yo me precipité en picado por una espiral de mal humor.

Tenía tres minutos para arreglarme y cambiar de chip si quería aparecer radiante en las fotografías. Mentiría si dijera que fue pan comido, como tampoco puedo afirmar que estuviera al cien por cien cuando regresé al estudio. Lo que sí puedo asegurar con sinceridad es que, usando unas cuantas herramientas de la psicología positiva, pude aceptar lo que acababa de pasar, reajustar mi proceso de pensamiento, estar presente y dar lo mejor de mí durante el resto del día.

Aquella noche, mientras reflexionaba de vuelta en casa lo sucedido, me invadió una profunda tristeza. No me daba pena envejecer, sino saber que unas horas atrás, durante unos instantes, había experimentado algo que no fuera gratitud por la vida.

Convertirte en buscadora de bienes no te asegura un futuro libre de dificultades, pero sí te garantiza que incluso en los momentos bajos, cuando te olvides de ver lo extraordinario en el mundo ordinario, no te fustigarás, tendrás la capacidad de reajustar el pensamiento para decir «lo voy a hacer» en lugar de «tengo que hacerlo» y podrás levantar la barbilla y recuperarte con rapidez. Esos instantes te permitirán también desarrollar el músculo de la resiliencia, aumentarán tu poder para crear una vida centrada en lo positivo y te ayudarán a recuperar la alegría de vivir.

Igual que es fácil practicar la felicidad cuando estás contenta, también resulta sencillo sentirse en paz con la vida cuando todo va de maravilla. Espero que con esta fase del plan detox hayas podido atisbar cómo será tu existencia si te tratas con benevolencia y te concentras en lo que eres en lugar de estar pendiente de lo que no. Si sigues desarticulando y rebajando la presión de la perfección y no te dejas seducir por el reino de la duda, estarás reivindicando activamente tu derecho a vivir en un espacio donde la bondad se reconoce y se celebra, una «reubicación» que te ayudará a crear un futuro rebosante de felicidad.

Ejercicios detox del día

He aquí un par de trucos que puedes poner en práctica hoy y cada día para valorar los aspectos positivos.

1. Coloca fotografías de personas queridas en tus zonas de trabajo y de ocio. Igualmente, pon una foto de tu paraje favorito en el salvapantallas. Todas esas imágenes actuarán como detonantes de buena energía en tu entorno doméstico y laboral. Las investigaciones de la psicóloga Ellen Langer han demostrado el poderoso impacto que ejerce el entorno en nuestra salud y felicidad.[46] Cuando creamos un espacio cálido y tranquilizador, nos resulta más sencillo potenciar el espíritu positivo a lo largo del día.

2. Confecciona la banda sonora de tu vida mediante una lista de canciones optimistas. Agrupa esas canciones que siempre te hacen sentir bien de modo que para escucharlas solo tengas que alargar un dedo. La música estimula el pensamiento positivo al momento. Un estudio de 2013 publicado en *The Journal of Positive Psychology* demostró que escuchar melodías

---

46. Ellen J. Langer, *Counterclockwise: Mindful Health and the Power of Possibility*, Ballantine Books, Nueva York, 2009. [*Atrasa tu reloj: el poder de la posibilidad aplicado a la salud*, Rigden Institut Gestalt, Móstoles, 2009.]

alegres puede mejorar el humor y aumentar la sensación de felicidad en solo dos semanas.[47]

3. No te olvides de confeccionar a diario una lista de tres acontecimientos que aguardes con ilusión. Busca temas distintos a lo largo de la semana. Ese ejercicio no solo te ayudará a recordar las buenas experiencias que te depara la vida, sino también a buscar fuentes de positividad que tal vez pasaras por alto en el pasado.

---

47. Yuna L. Ferguson y Kennon M. Sheldon, «Trying to Be Happier Really Can Work: Two Experimental Studies», *Journal of Positive Psychology* 8, n.º 1 (2013): 23-33, doi: 10.1080/17439760.2012.747000.

Haz cumplidos en lugar de críticas

Cuando los psicólogos hablan de los aspectos negativos del perfeccionismo, dividen este tipo de personalidad y los problemas derivados en tres grandes categorías: (1) el perfeccionista orientado a sí mismo, (2) el socialmente prescrito y (3) el orientado al otro. Aun sin conocer las definiciones, es muy posible que seas capaz de identificar qué tipo de perfeccionismo es tu archienemigo. Yo reconozco el mío a un kilómetro de distancia: perfeccionista socialmente prescrita, de libro, ahora en recuperación.

Como es natural, es posible que veas aspectos de ti misma en dos de las categorías o incluso en las tres. Un análisis más profundo de los distintos tipos te puede aportar algunas revelaciones sobre el alcance de tus raíces perfeccionistas. Los pasos que has completado hasta ahora te habrán ayudado a cobrar conciencia del daño que esta característica te ha causado, pero ¿sus efectos han perjudicado también a las personas que amas, e incluso a tus compañeros de trabajo?

En este paso vamos a explorar las distintas variedades del perfeccionismo, prestando especial atención a cualquier expectativa poco realista que hayamos proyectado en los demás a través de esos actos y esas palabras que son característicos del estilo orientado al otro. No debes confundir esto con un ejercicio de autocondena; se trata de exploración productiva. Asegúrate de tenerlo presente en todo momento. Reconocer cómo nuestro perfeccionismo afecta a los demás constituye todo un ejemplo de lo que implica vivir con valentía.

TRES SABORES NO MUY DULCES:
LOS TRES TIPOS DE PERFECCIONISMO

Intenta reconocerte en una o más de las variantes del perfeccionismo que aparecen a continuación.

El **perfeccionista orientado hacia sí mismo** es alguien que se exige la perfección absoluta. Este tipo de perfeccionismo, dependiendo de su alcance, puede ser en ocasiones un impulso positivo. Puedes usar el contador de alegría para saber si actúa o no en tu favor. Por ejemplo, ante un logro en particular, ¿has sentido felicidad y satisfacción? ¿O has sacado esa despiadada lupa de aumento que usas para resaltar hasta el más mínimo defecto? En este último caso, la alegría brilla por su ausencia.

El **perfeccionista socialmente prescrito** entiende que el mundo y las personas de su alrededor esperan de él la máxima perfección. Carga sobre los hombros el pesado fardo de las críticas percibidas (la palabra clave es «percibidas»), que parecen multiplicarse a su alrededor. Muchas de nosotras hemos experimentado hasta qué punto es tóxica esta versión y conocemos el daño que nuestra detractora interna y las críticas que nos dirige infligen a nuestra salud y felicidad.

El perfeccionista orientado al otro espera que el resto del mundo se rija por los mismos valores e ideales que él. Este tipo, especialmente suspicaz, en ocasiones lleva su convicción un paso más lejos al atribuirse la responsabilidad de los niveles de perfección de los demás sin cuestionarse lo que puedan opinar al respecto. No se trata de una actitud del todo altruista ni consciente; parte de la idea —en gran medida errónea— de que los actos ajenos reflejan por alguna razón sus propios logros o su mismo ser. Si los demás no dan la talla según su rasero de perfección, lo vive como un fracaso propio.

De estas tres expresiones del perfeccionismo, la tercera es la más peliaguda y dañina para las relaciones. Tanto si eres una auténtica perfeccionista orientada al otro como si padeces una expresión más leve del virus o incluso si no te reconoces en esta variante en absoluto, cuando señalas con el dedo y criticas a tus semejantes tienes que recordar que te señalas a ti con los tres dedos restantes.

Si te has relacionado con un perfeccionista orientado al otro, seguramente has tenido que soportar críticas, claramente manifiestas o más discretas, a tus comentarios, conductas, obras y actos. El ataque se camufla en ocasiones bajo el rol de «abogado del diablo». En ese caso, el perfeccionista plantea sus reparos como parte de una causa mayor que los justifica, alegando que solo busca ayudarte (aunque solo intenta poner trabas) a lograr el mejor proyecto posible o reunión o lo que sea en lo que haya posado sus ojillos de rapaz.

Nada de lo que hagas aplacará o satisfará a este tipo de perfeccionistas, cuya atención, incisiva como un láser, ha sido entrenada para descubrir hasta el más insignificante de los defectos aun en el más brillante de los logros. Curiosamente, nunca parecen darse cuenta de que sus aportaciones no son bienvenidas ni tampoco demasiado útiles. Consideran sus intervenciones un favor o un acto de generosidad. El problema de este perfeccionista es que nunca aporta nada positivo con lo que rellenar los boquetes que abre en tu trabajo. Con cada crítica recibida, tu entusiasmo y tu pasión y tú misma os hundís un poco más.

Por desgracia, el autor de las críticas y las correcciones podría no contemplarlas como tales y, de hecho, no suele hacerlo. Si sucede una sola vez, no pasa nada, pero en las relaciones más largas o estrechas esta forma de funcionar acaba por transformarse en una dinámica de la que el perfeccionista orientado al otro no es consciente.

La inevitable tensión que reina en estos casos explica por qué a tantas de estas personas les cuesta sostener las relaciones cercanas. Con el tiempo, su círculo social se va reduciendo y el perfeccionista se siente más aislado y confundido. Casi siempre se considera desaprovechado y da por supuesto que sus compañeros envidian su forma de trabajar, de la que se enorgullece y presume.

Si tiendes a sentirte infravalorada, es posible que muestres rasgos perfeccionistas orientados al otro. Ahora mismo podrías estar experimentando cierta incomodidad e incluso poniéndote a la defensiva. Y es normal. En ocasiones, cuando nos muestran una situación desde otra perspectiva, más que vivir un momento «ajá» al estilo Oprah, tragamos saliva. Sin embargo son los nuevos enfoques los que nos ofrecen la oportunidad de aprender, crecer y cambiar. Tanto si te consideras una perfeccionista orientada al otro como si no, este paso te ayudará a cultivar la compasión, la empatía y la cooperación en tus relaciones.

PONTE EN LA PIEL DEL OTRO

Las perfeccionistas orientadas al otro deberían recordar que, sean cuales sean los niveles de calidad a los que aspiran, no les beneficia imponérselos a los demás. El excesivo control y la crítica nunca mejoran una relación, por más que detrás haya buena intención. A nadie le gusta que otra persona lo juzgue, lo corrija o le señale sus imperfecciones. La dinámica de la crítica constante crea una espiral destructiva de dolor, alejamiento y resentimiento por ambas partes.

La buena noticia es que ese impulso descendente se puede detener si la perfeccionista deja de buscar defectos en los demás y se abstiene de hacer comentarios o dar consejos que nadie le ha pedido. Si intuyes que podrías ser una perfeccionista orientada al otro, no eches esta sugerencia en saco roto: permite a las personas de tu alrededor ser ellas mismas, con verrugas y todo. Con el tiempo serás capaz de aceptar que las actitudes y las conductas ajenas no constituyen un reflejo de las tuyas. Tan solo evidencian las suyas propias y, si los dejas en paz, seguramente se las arreglarán de maravilla.

Si pretendes formar un equipo potente, una piña capaz de motivarse mutuamente, debes saber que un entorno próspero y sano requiere interacción y comentarios constructivos.[48] Imponer tus criterios y dedicarte a criticar a los demás porque no hacen su trabajo como crees que «deberían» solo sirve para disminuir la autoeficacia y la productividad a largo plazo. La descalificación rara vez propicia un resultado perfecto. El doctor Martin Paulus, profesor de psiquiatría de la Universidad de California en San Diego, ha estudiado cómo reacciona la mente ante las críticas. Su trabajo ha revelado que el cerebro procesa las palabras negativas como amenazas.

Cuando somos objeto de reproches, dos partes del cerebro se activan: la amígdala y la corteza prefrontal medial. Son áreas del cerebro implicadas en la respuesta de estrés agudo, también conocida como el reflejo de lucha o huida. En el instante en que el miedo se desencadena, las zonas del cerebro relacionadas con la lógica y las funciones superiores pierden efectividad.

Según Paulus, «cuando el cerebro recibe una crítica y se involucra a fondo en ella, no puede hacer nada más y la crítica ocupa toda su atención». Continúa diciendo que, «si enzarzas al cerebro en pensamientos muy negativos, esos pensamientos acaban por formar parte de tu ser».[49]

Así pues, cada vez que hagas un comentario negativo con la intención de que el aludido sea más eficaz, productivo y, en realidad, perfecto, la misma

---

48. Annamarie Mann y Nate Dvorak, «Employee Recognition: Low Cost, High Impact», *Gallup News*, 28 de junio de 2016, news.gallup.com/businessjournal/193238/employee-recognition-low-cost-high-impact.aspx.

49. «How the Brain Takes Criticism», *CBS News*, 2 de marzo de 2014, www.cbsnews.com/news/how-the-brain-takes-criticism/2/.

parte del cerebro que necesita para ejecutar la tarea en cuestión se cierra en banda. En ese caso, la responsabilidad será tuya, no suya.[50]

En lugar de enfocarte en empujar a los demás a tu órbita de perfeccionismo, concéntrate en crear un entorno, laboral o doméstico, que permita brillar y crecer a las personas de tu alrededor. Recuerda que nadie te van a agradecer tus intentos por mejorarlos, sobre todo si lo haces desde una postura negativa; solo te odiarán en silencio por humillarlos (y todos sabemos lo desagradable que es eso).

Cada vez que nos dirigimos a otro con palabras poco amables, aportamos una energía que crea más duda, desconfianza y negatividad. Soy de la opinión de que estamos mejor juntos, y que si actuamos, trabajamos y vivimos en armonía con los demás (incluso con aquellos que nos irritan) se generan situaciones sorprendentes y transformadoras.

Tanto si te consideras una persona que demanda perfección del otro como si no, es posible que inconscientemente esperes que los demás estén a la altura de ciertas reglas y criterios no formulados. Cuando verbalizamos esas expectativas, en especial si no elegimos las palabras con cuidado, se abren profundas grietas en las relaciones.

UTILIZA LAS PALABRAS CON SABIDURÍA

En este paso, te invito a que seas consciente de tus palabras, tanto de las que usas para dirigirte al otro como de las que empleas para hablar contigo misma. En el libro *Los cuatro acuerdos*, Don Miguel Ruiz remarca la importancia de ser impecable con las palabras. Escribe: «La palabra es una energía que no vemos, pero sí podemos ver la manifestación de esa energía, la materialización de las palabras, que es tu propia vida».

He trabajado con muchas mujeres que intentan superar estos problemas en casa y en el trabajo. A menudo me preguntan: «¿Dónde termina el deseo de ayudar a los demás a superarse y dónde empieza la pretensión o la exigencia de que se esfuercen hasta extremos desmesurados?»

Opino que el secreto está en escuchar al otro, no solo con los oídos sino también con los ojos. Cuando interactúes con alguien, observa y repara en sus

50. Roger Marek, Cornelia Strobel, Timothy W. Bredy y Pankaj Sah, «The Amygdala and Meedial Prefrontal Cortex: Partners in the Fear Circuit», *Journal of Physiology* 591, n.º 10 (2013): 2381-2391, doi: 10.1113/jphysiol.2012.248575.

reacciones cuando criticas los resultados en lugar de concentrarte en su desempeño.

Algunas conocemos demasiado bien los efectos de los comentarios negativos, porque nos tocó escucharlos en la infancia. Entonces éramos demasiado jóvenes para proteger nuestros corazones de las heridas que esas palabras nos infligieron, y es posible que hasta ahora no hayamos podido ocuparnos de las heridas que dejaron.

En un mundo que a menudo exige la perfección, es fácil caer en la tentación de pedir a tu equipo, a tu pareja o a tus hijos que destaquen por encima del resto y sean supereficientes. La tensión aparece cuando demandamos excelencia constante a las personas de nuestro entorno, y los efectos de esa presión implacable pueden ser devastadores para la relación.

Igual que has aprendido a hacer contigo misma, intenta desplazar el foco de atención. En lugar de estar pendiente de la perfección en tus allegados, procura fijarte en cómo se esfuerzan por dar lo mejor a diario. Ayúdales a sostener una mentalidad de crecimiento, un espacio que les permita cometer errores, aprender tanto de los éxitos como de los fracasos y prosperar sabiendo que nadie espera que sean infalibles e ideales.

En relación con tus comentarios y aportaciones, es importante que tengas presente la calidad de las palabras y los mensajes que transmites a lo largo del día. Esa actitud requiere intención y atención plena; dos gestos que tendemos a dejar de lado en estos tiempos. Mejorar el tono de la comunicación que mantenemos con los demás requiere cierta práctica pero, igual que sucede con cualquier otra habilidad, te resultará más fácil según te vayas acostumbrando.

No sugiero que obvies los errores y dejes de señalar lo que podría ser mejorado. Sin embargo, cuando empezamos comentando lo que funciona para después proponer maneras de optimizar las cosas que no están saliendo tan bien como deberían, sentamos bases de posibilidad y positividad y no de exigencia y negatividad.

Puedes empezar por centrar tu atención en escoger con cuidado las palabras que empleas. Pensar antes de hablar y usar un lenguaje que motive a los demás en lugar de descorazonarlos es todo un arte. También deberíamos comprometernos a no cotillear ni hablar mal de nadie, ya sea en conversaciones personales o a través del email o los medios sociales. Juntas, podemos avanzar hacia el objetivo de lograr una comunicación más productiva y considerada; es lo que se llama «positividad orientada a los demás».

PREGÚNTATE: ¿A QUIÉN ATAÑE?

Si has identificado en ti misma tendencias perfeccionistas orientadas al otro y estás trabajando para adoptar un enfoque distinto, quizás hayas reparado en la dificultad de delimitar dónde termina tu papel y empieza el de otra persona. En particular, tendemos a exigir perfección y a involucrarnos en áreas que exceden a nuestra responsabilidad en momentos delicados y en asuntos urgentes.

Byron Katie, escritora y creadora de «El Trabajo», ha ideado un método sencillo pero efectivo para ayudarnos a no caer en el perfeccionismo orientado al otro. Según su sistema, existen «tres tipos de asuntos»: mis asuntos, tus asuntos y los asuntos de Dios, sea cual sea el nombre que le des (los asuntos de Dios se refieren a las creencias religiosas o espirituales).

Tus asuntos te atañen a ti, como indica su nombre, y por tanto son los únicos temas de los que deberías ocuparte. Un ejercicio rápido para saber si estás controlando o criticando a los demás consiste en preguntarte: ¿es asunto *mío*?

En ocasiones tus asuntos te colocan en el punto de mira. Todos sabemos lo que significa ser objeto de críticas y elogios al mismo tiempo.

En mi caso, últimamente se me da mejor hacer caso omiso y no tomarme de manera personal los pocos comentarios negativos que me salen al paso (no es fácil, pero se puede). Cuanto más claro es el mensaje y el punto de vista de mi obra, más consciente soy de que no le va a gustar a todo el mundo lo que hago y cómo lo hago. Cuando me encuentro con un comentario negativo, intento recordar lo que dijo el escritor y filósofo Elbert Hubbard: «Para evitar las críticas, no haga nada, no diga nada y no sea nada».

TU NUEVA AMIGA DEL ALMA: LA REGLA DEL DIAMANTE

Si el perfeccionismo orientado al otro perjudica tanto nuestras relaciones se debe a que siempre nos induce a hacer críticas que nos separan de las personas con las que trabajamos o vivimos. Empleamos palabras impregnadas de reproche o negatividad que absorben la energía positiva del ambiente. Tanto si es obra de la detractora interna, que intenta desviar la atención de nuestros propios errores, como si de verdad creemos que el «otro» no da la talla, la presencia del reproche impide que las relaciones prosperen.

Puede que estés familiarizada con la regla de oro: habla y trata a los demás como querrías que te trataran a ti. Y luego está la regla de platino: habla y trata a los demás como querrían ser tratados. Por desgracia, a menudo olvidamos la regla del diamante, que te invita a hablarte a ti misma como hablas a las personas de tu alrededor.

Este paso consiste en pensar las palabras como si fueran energía. Te anima a separarte del trabajo y las obras de los demás y a dejar de imponer tus criterios e ideales al otro.

Tanto si señalas con el dedo como si adoptas el papel de abogado del diablo o quizá, de vez en cuando, tiendes a usar un lenguaje pasivo agresivo, está en tu mano elevar la conversación que mantienes con las otras personas y contigo misma. Cuanto mejor sea la calidad de las palabras que empleamos, más estrechas serán nuestras relaciones y más oportunidades de crecimiento, potencial, posibilidad y alegría estaremos generando.

Ejercicios detox del día

1. En tus interacciones diarias con amigos, compañeros de trabajo y seres queridos, trata de reparar en esos momentos en que se te cierra el estómago, se te anuda la garganta o se te acelera el pulso porque alguien no está a la altura de tus expectativas. ¿Eres capaz de permanecer presente y tranquila aunque la conversación y la situación se desvíe del asunto original? Recuerda lo que dijo la escritora Anne Lamott: «Las expectativas son resentimiento en construcción».

2. Trata de descubrirte en el acto de hacer un juicio negativo sobre otra persona. Remplaza el pensamiento al instante por otro positivo. Todavía mejor, por cada pensamiento negativo, discurre dos cosas que te gusten de esa persona o que le agradezcas. Si tienes que comentar algo negativo —relativo al trabajo, pongamos—, asegúrate de no emplear un tono despectivo. Yo siempre sugiero terminar las valoraciones con un elogio, especialmente si van dirigidas al equipo de trabajo o a los niños.

3. Antes de ofrecer *feedback* —o *feed forward*, como yo prefiero llamarlo—, usa las cuatro puertas del habla, supuestamente basadas en una antigua práctica sufí. Me parece una herramienta muy útil tanto para comunicarnos con los demás como para hablar con una misma. Las cuatro puertas del habla nos recuerdan el poder de las palabras.

Antes de señalar un error o indicar que se debe cambiar algo, formúlate estas cuatro preguntas: 1. ¿Es verdad? 2. ¿Es necesario? 3. ¿Es amable? 4. ¿Es el momento adecuado?

Si tu comentario pasa las cuatro puertas, tienes mi bendición, pues incluso para sugerir un cambio necesario hay que hacerlo a través del filtro de la compasión, la amabilidad y la empatía.

Cambia de perfeccionista a «pasionista»

Habiendo pasado mis años de formación y mi vida profesional en un escenario o delante del público, siempre he sido muy consciente de las presiones y la ansiedad que supone medirse constantemente por el rasero de la perfección. Si bien es cierto que para dedicarte al baile y al *fitness* necesitas cierto dominio de la disciplina, yo nunca tuve la sensación de que dominara nada (lo que sea que signifique eso) y me sentía incapaz de sentir orgullo y alegría, ni siquiera cuando cosechaba un gran éxito.

Cuando vuelvo la vista atrás, comprendo que hacía bien mi trabajo, de maravilla en realidad. Me duele pensar cuántos momentos perdí tratando de alcanzar las cotas imposibles de la perfección. No quiero que tú desperdicies, como hice yo, ni un solo instante viviendo a la sombra de los sueños no cumplidos.

En este paso vamos a trabajar para actualizar tus propósitos. La idea es que aprendas a concentrarte en la excelencia y la pasión en lugar de hacerlo en la búsqueda de la perfección. Este cambio de mentalidad te ayudará a valorar cuál es el nivel de esfuerzo adecuado y a motivarte desde el entusiasmo, al mismo tiempo que te permite perseguir y satisfacer tu ambición.

¿Y SI LA PERFECCIÓN NO FUERA OBLIGATORIA?

Todo empleo, situación o proyecto que consideramos importante entraña ciertas dosis de angustia. Sin embargo, cuando creamos un escenario de todo o nada, donde la perfección es el punto de referencia, estamos abonando el terreno para el estrés tóxico al mismo tiempo que erradicamos cualquier posibilidad de experimentar alegría. ¿Y si meto la pata? ¿Y si no lo hago todo a la perfección? ¿Y si fallo? Este estado de máxima ansiedad nacido del empeño por evitar cualquier tropiezo nos impide descubrir nuestro auténtico potencial y realizar nuestros sueños.

Cuando apuestas por la pasión, dejas de usar la perfección como rasero de tu valía; en cambio, te centras en la tarea que tienes entre manos, mantienes tus pensamientos en el momento presente y, con tus fortalezas internas en mente, te sientes cómoda pidiendo ayuda al mismo tiempo que potencias tu motivación intrínseca tomando aquellas decisiones que se ajustan a tu pasión y a tu propósito.

A menudo olvidamos que unos resultados regulares abarcan todo un espectro de posibilidades, desde las consecuencias sumamente delicadas hasta las poco importantes e incluso las intrascendentes. Somos incapaces de ver los hechos que tenemos delante y, en cambio, nos imponemos exigencias absurdas. A menudo, esos modelos imposibles de alcanzar ni siquiera guardan relación con la situación que estamos viviendo.

Por supuesto, hay circunstancias en las que ser perfeccionista no solo es deseable sino necesario. Si eres cirujana cardiovascular, por ejemplo, tu margen de error será cero; las consecuencias de desplazar el bisturí apenas un milímetro serían tremendas. En un quirófano, los más mínimos fallos o errores de cálculo pueden tener y tienen efectos funestos. Lo mismo puede decirse de un astronauta, un piloto comercial o una madre que cruza el semáforo en ámbar con su hijo de la mano. No me refiero a ese tipo de perfección.

En casi todos los casos, las exigencias que nos imponemos no proceden de la situación, sino de la detractora interna. Una vez que ha decidido por nosotras lo que significa el éxito, perdemos la alegría que aportan la investigación, la colaboración y mucho más, y dejamos buena parte de la vida sin explorar por miedo a no dominarla a la perfección.

LA NUEVA (A)NORMALIDAD

Uno de los aspectos más dolorosos de ser perfeccionista es la pérdida de la capacidad para saber qué es «normal». ¿Qué constituye, exactamente, un objetivo sano y realista? ¿Cuál es el nivel adecuado de motivación y enfoque? ¿Qué aspecto tiene un cuerpo normal? ¿Qué sería un proceso normal de envejecimiento? ¿Cómo es una relación satisfactoria? ¿Cuál es la definición de un día excelente y, sin embargo, normal y corriente?

El resto del mundo es consciente de que, en la vida, normalidad equivale a *im*perfección. Pensar algo distinto nos empuja a la decepción y al fracaso. De hecho, diría que si la perfección deviene nuestra normalidad significa que el barómetro interno que nos permite distinguir la diferencia entre bueno, genial o excelente se ha estropeado. Ya no tenemos criterio para saber en qué consisten unas expectativas realistas (es decir, normales). Un resultado bueno o genial se considera un fracaso, porque la nueva normalidad, el nuevo rasero de lo que se considera aceptable, se encuentra a la altura de un ideal inalcanzable.

La perfeccionista no distingue esa clase de matices porque solo se fija en el resultado. Por si no fuera suficiente, alberga la falsa creencia de que si deja de esforzarse por ser perfecta en todo dejarán de considerarla brillante o «buena» en lo que sea que hace. Eso me dicen mis clientes. Hablan de los miedos que acarrea la obsesión por la perfección y comparten el temor a que sus vidas se desmoronen si renuncian a ser perfectas.

Los datos científicos, sin embargo, apuntan claramente a lo contrario: los perfeccionistas en proceso de recuperación se desenvuelven mejor en el trabajo cuando prescinden de expectativas rígidas en relación con los resultados y en vez de eso se concentran en ser diligentes, productivos y efectivos.[51]

En el momento en que renuncian a ser impecables, los perfeccionistas no solo trabajan de manera más enfocada, también mejoran como amigos, progenitores y jefes. Su trabajo fluye más fácilmente y su liderazgo se torna más auténtico, disfrutan de más tiempo de calidad con sus hijos y terminan las tareas a tiempo. Se esfuerzan lo mismo en conseguir sus objetivos, pero al renunciar al imperativo del resultado perfecto los impulsa la alegría de vivir en vez del miedo. Fuera del asfixiante encierro en el que habitaban, donde pueden oír otras voces aparte de la del detractor interno, encuentran libertad, crecimiento y oportunidades de colaboraciones enriquecedoras. Se desplazan de la angustia de pensar en el objetivo final a las ricas recompensas que ofrece el viaje en sí mismo.

Si decides pasarte a la mentalidad «pasionista», como te propone esta etapa, aprenderás a enfocarte en lo que ya eres en lugar de centrarte en lo que

---

51. Bahtiyar Eraslan Çapan, «Relationship among Perfectionism, Academic Procrastination and Life Satisfaction of University Students», *Procedia-Social and Behavioral Sciences* 5 (2010): 1665-1671, doi: 10.1016/j.sbspro.2010.07.342; Sherrie Campbell, «A Rigid Mind Blocks Successs: Try These 5 Strategies for Fearless Leadership», *Entrepreneur*, 20 de noviembre de 2014, www.entrepreneur.com/article/239892; Áine Cain, «11 Signs Your Boss is a Perfectionist», *Business Insider*, 16 de septiembre de 2016, www.businessinsider.com/signs-your-boss-is-a-perfectionist-2016-9.

deberías ser. Eso no implica que dejes de sufrir decepciones cuando las cosas no salgan como esperabas, pero te sentirás decepcionada, no acabada. Ha llegado la hora de reivindicar una vida que te permita trabajar duro, remolonear de vez en cuando y ser capaz de fallar, de brillar y de experimentar alegría a lo largo del camino.

DÉJATE IMPULSAR POR LA POSIBILIDAD

En este paso, no te pido que te esfuerces menos ni que rebajes tus niveles de calidad. Sencillamente, te animo a que dejes de centrarte en el resultado sin tener en cuenta nada más. Esta etapa pretende ayudarte a dar lo mejor de ti y aspirar al éxito sin sacrificar tu cordura, dignidad y felicidad.

En tanto que artista, siempre me involucré al máximo y aspiré a cumplir las expectativas del público. No comprendía que, a causa de mi ética laboral y de la meticulosidad con que abordaba cualquier tarea, ya iba dos pasos por delante. No iba a flojear ni aunque me relajara una pizca. Mi manera de trabajar no ha cambiado, pero ahora soy capaz de separarme del resultado. Encajo mejor los golpes, improviso si algo no sale según lo anticipado y me aferro al momento presente al mismo tiempo que invierto mis energías creativas en idear el plan B.

Sinceramente, me importa más mi trabajo en la actualidad que en cualquier otro momento del pasado. Diría que he encontrado mi vocación. Me apasiona mi mensaje y ahora soy mejor y más competente como conferenciante y escritora, no solo porque tome medidas preventivas para no fallar sino porque he desarrollado la habilidad de escuchar, de acoger las opiniones sobre mi trabajo y de pedir ayuda sin que eso influya en mi autoestima. He dejado de esforzarme en ser perfecta para concentrarme en ser eficaz.

Si vuelvo la vista atrás, advierto que en el pasado me impulsaba el miedo, pero ahora me motiva la posibilidad. En lugar de mirar con recelo los éxitos de los demás, me siento inspirada por aquellos que han llegado más lejos y lo han hecho mejor. Ser «pasionista» implica seguir dedicando al trabajo las horas que haga falta y buscar el equilibrio como puedas y cuando puedas. La gran diferencia entre la pasión y la perfección es que la primera te permite diferenciar lo que eres de lo que haces.

Actuar movida por la pasión y no por el deseo de perfección no significa que vayas a pasarte el día tirada en el sofá. En los talleres, las sesiones y las charlas que he impartido en torno al perfeccionismo, ese miedo que aparece una y otra vez. Los escenarios varían de una persona a otra, pero la pregunta implícita viene a ser la misma: «Si dejo de ser perfeccionista, ¿podré triunfar igualmente?»

Soy de la opinión de que, en el fondo del corazón, todas conocemos la respuesta a esta pregunta. Nunca dejaremos de esforzarnos al máximo, pero debemos meditar a fondo, por nuestra salud mental, qué estamos dispuestas a sacrificar en aras de una definición inflexible del éxito. Pregúntaselo a tu mente, pero escucha la respuesta de tu corazón: ¿qué es y qué sensación te produce la idea de triunfar? ¿El éxito requiere la perfección a todos los niveles y a cualquier precio? ¿Qué estás empujando a un lado con el fin de dar cabida a esos resultados impecables? Y, por fin, ¿cómo se expandiría y se ensancharía tu vida si dejaras de creer que el éxito solo se puede alcanzar a través de la perfección y dejaras que la pasión y el propósito ocuparan su lugar?

Permitir que la pasión, el propósito y la excelencia formen parte de nuestra experiencia cotidiana nos permite ver las posibilidades que abundan a nuestro alrededor. Podemos liberarnos de los asfixiantes límites y creencias que acarrea la perfección para ceder el paso a la vida real. La pasión suaviza las aristas, difumina la mentalidad del todo o nada y expande nuestra capacidad de explorar tanto lo conocido como lo inesperado con valor y resiliencia.

SIGUE EL CAMINO DE BALDOSAS COLOR PASIÓN

Te invito a revisar tus ideas en relación con la pasión y el camino que lleva al éxito, que nunca discurre en línea recta. La mentalidad fija del perfeccionismo evita lo desconocido y, al hacerlo, limita su potencial antes incluso de empezar a buscarlo, mientras que la mentalidad de crecimiento de la pasión contempla los desafíos como nuevas oportunidades de evolución y aprendizaje. Una perfeccionista no soporta la idea de fracasar, por lo que siempre trata de anticiparse. Presa de la ansiedad, calcula constantemente el camino que le queda por recorrer. La «pasionista» recuerda las lecciones que puede extraer de los fracasos, lo que le permite mirar atrás, aprender de los errores y comprobar todo el camino que ha recorrido ya.

La pasionista trabaja con ahínco y se queda despierta hasta las tantas cuando la situación lo requiere. Hace malabarismos con las prioridades, por cuanto sabe que el equilibrio solo es una quimera. Es posible que pase alguna noche en vela o acostándose tarde para terminar su trabajo o atender a sus hijos. Clava la mirada en el nuevo puesto al que podría aspirar y siente emoción y entusiasmo ante los desafíos y las posibilidades que se abren ante ella. Está presente en tantas de las actividades extraescolares de sus hijos como puede al mismo tiempo que se considera un modelo positivo para su familia aun los días que se queda trabajando hasta las cuatro de la madrugada. Hace lo que le encanta hasta donde le permiten sus capacidades en cada momento. La «pasionista» y la perfeccionista le piden lo mismo a la vida, con la diferencia de que a la primera la motivan la posibilidad y la dicha, mientras que a la segunda la impulsan el miedo y la inseguridad.

Conozco de cerca ambas vidas y albergo la esperanza de que este libro y el trabajo que estás haciendo te proporcionen el valor y las aptitudes que precisas para explorar una nueva manera de ser. Igualmente alcanzarás tus objetivos en la vida, pero el miedo no llevará las riendas ni la detractora interna será tu entrenadora personal.

Conocí a Joanna en uno de los talleres que impartí en Nueva York. Como la mayoría de las mujeres que participan en mis cursos, Joanna parecía segura de sí misma, desenvuelta y motivada. Hacía cuatro años que triunfaba como estilista en Nueva York y tenía una clientela fija con la que trabajaba prácticamente desde sus comienzos. Estaba a punto de lanzar su marca en Internet y confesó que llevaba dos semanas paralizada. Como necesitaba que la versión *online* fuera perfecta antes de dar el salto al mercado físico, su nueva página web, que llevaba dos semanas lista, aguardaba en el limbo.

Ahondando un poco más, Joanna comprendió que, si bien había estado ocupada aprendiendo todo aquello que implicaba crear una marca en la red y afrontar desafíos que nunca antes se había planteado, había prestado cero atención a sus fortalezas internas y a los logros que ya había alcanzado. Tan solo podía fijarse en las carencias, y la idea de exponerse y mostrar su trabajo en la que posiblemente fuera una página web imperfecta la había instalado en un estado de duda y miedo.

Explicó que la necesidad de conseguir una web perfecta desde el día uno estaba acabando con ella. Cada vez que revisaba la página encontraba un pequeño error tipográfico o se le ocurría otra forma de presentar la información. Siembre había algo que pulir y retocar; ¿cuándo estaría impecable?

En los doce meses que tardó en preparar el lanzamiento, Joanna descubrió algo más que incrementaba su ansiedad ante este nuevo paso: lo mucho que le importaba el proyecto. Llevaba un año madurando la idea en su cabeza, pero ese sueño anidaba en su corazón desde hacía mucho más tiempo.

Pretendiendo que todo estuviera perfecto antes del lanzamiento, Joanna había dejado en barbecho su potencial y sus sueños. Para reunir coraje y vivir con valentía, decidió centrarse en los aspectos positivos. Era consciente de lo mucho que cuidaba a sus clientas y de que ponía el alma y el corazón en todo lo que hacía. Joanna redactó una larga lista de todo lo que ya había conseguido y comprendió que, si quería que su página web cobrara vida, tendría que arrancarle las riendas a la perfección para cedérselas a la pasión.

El 1 de octubre de 2017, Joanna dio el salto y su página Copper+Rise apareció en la red (usó a sus amigas y clientas como animadoras). Comprendió que compartir su pasión era más importante que sostener la perfección y decidió que prefería arriesgarse a fracasar antes que atrincherarse en la seguridad de la inacción. Y, parafraseando a Jim Carrey, «también puedes fracasar haciendo algo que no amas, así que, para el caso, es mejor amar lo que haces».

Ahora que hemos entrado en el último tramo de este programa depurativo, ha llegado al momento de que te mires al espejo y te preguntes: ¿qué sueños y objetivos he dejado de lado por no tener garantías de que saldría airosa?

A estas alturas del proceso ya te has librado de buena parte de la negatividad que en el pasado atraían tus tendencias perfeccionistas, pero ¿todavía hay algo que te mantenga anclada a la idea de que la perfección es el único camino? ¿Estás dispuesta a desembarazarte de esas partes de tu sistema de creencias que siguen diciendo que perfección equivale a éxito? ¿Queda algo en tus procesos mentales que te susurre bajito: «si no es perfecto, no vale»? Si una sombra de duda pulula por tu mente, te invito a echar un nuevo vistazo a los pensamientos que se esconden detrás de tus conductas. Te ayudará a librarte de una vez por todas de las ideas limitadoras y del dolor que infligen a tu alma.

TUS RASGOS, EN POSITIVO

En su libro *Mindfulness*, Ellen Langer, escritora y profesora de psicología en Harvard, describe la investigación que llevó a cabo con una de sus alumnas y que explica por qué renunciar a la perfección a menudo resulta tan complicado.

Una de mis alumnas, Loralyn Thompson, y yo pusimos a prueba la hipótesis de que, si a algunas personas les cuesta tanto cambiar de conducta por más que se esfuercen, se debe a que en el fondo valoran ese comportamiento bajo un nombre distinto. Usando una lista de rasgos negativos como «rígido», «adusto», «crédulo» y otros por el estilo, pedimos a los participantes que nos dijeran si habían intentado cambiar esa característica de sí mismos y si lo habían conseguido o no, o bien consideraban que el rasgo no se aplicaba en su caso.

Más tarde les pedimos que valorasen una serie de rasgos como «consistencia», «seriedad», «fiabilidad» y otros parecidos, que eran iguales a los anteriores pero formulados en positivo. Nuestra hipótesis quedó confirmada. Las personas valoraban mejor los mismos rasgos que decían querer cambiar, sin conseguirlo, cuando aparecían formulados en negativo. Ser conscientes de estos enfoques duales incrementará nuestra sensación de control y las posibilidades de éxito en el cambio de comportamiento, si nuestra conducta todavía nos parece poco deseable.[52]

Si la idea de renunciar a la perfección sigue sin convencerte, no eres la única. Figuras de referencia en el pasado y medios de comunicación en el presente te han inculcado que, para triunfar, tu vida tiene que ser sublime. No te pido que rechaces tu deseo de llegar lejos, solo te invito a cambiar la imagen que tienes de una persona de éxito y de los rasgos que la caracterizan. ¿Cómo podrías conservar los atributos que te favorecen y librarte de los que te provocan ansiedad, estrés y sufrimiento?

He aquí unos cuantos de los maravillosos rasgos que son propios de las «pasionistas»: aventurera, consecuente, fiable, justa, observadora, independiente, optimista, inteligente, persistente, competente, encantadora, precisa, segura de sí, diligente, motivadora, responsable, servicial, humilde, imaginativa, meticulosa, confiada, valiente.

Te aseguro que me encantaría ser considerada una persona que vive en esos términos y, desde luego, querría trabajar con alguien así, y ser su amiga. Sin duda esa mujer sería también una madre, pareja, hermana o confidente fenomenal. Ser «pasionista» implica que todavía tendrás que esforzarte más que la mayoría, mucho más, pero ya no a expensas de tus relaciones y tu felicidad.

Las perfeccionistas también cuentan con su propia lista, por cuanto muchas pasan por ser quisquillosas, hurañas, tiquismiquis, dominantes, intransigentes, egocéntricas, ariscas y mandonas, por nombrar solo unos cuantos atributos. Nadie quiere ser así. Obviamente, no es nuestra intención, pero lo

---

52. Ellen J. Langer, *Mindfulness*, Da Capo Press, Boston, 2014. [*Mindfulness*, Paidós, Barcelona, 2011.]

que hacemos y la imagen que damos a menudo genera la reacción opuesta a lo que buscamos.

Las pasionistas ponen en juego todo su ser en lo que hacen, con cariño y creatividad, con precisión y propósito. Son capaces de estar en el momento presente al mismo tiempo que trabajan por crear un futuro positivo, siempre desde la alegría.

Ejercicios detox del día

Ahora vas a aceptar a la persona que ya eres en lugar de concentrarte en la persona que quieres llegar a ser. Vas por buen camino; ¡sigue avanzando!

Para realizar este ejercicio, piensa en un objetivo o sueño que hayas relegado u obviado y contémplalo a través del prisma de la pasión. En lugar de usar el acrónimo SMART que se usa normalmente para fijar objetivos —específico, mesurable, asequible, realista, limitado en el tiempo—, te voy a formular siete preguntas.

Estos interrogantes están diseñados para asegurarnos de que los antiguos objetivos siguen en consonancia con los valores y la pasión del presente. Desplazarán tu atención hacia tus fortalezas internas y los recursos con los que cuentas. Mirando hacia dentro y pidiendo ayuda de ser necesario, serás capaz de adquirir el impulso y el valor que te hacen falta para desempolvar tus sueños y colocarlos al otro lado de la línea de meta.

Para empezar, escribe tu meta soñada con el máximo detalle posible y responde a estas siete preguntas:

1. ¿Qué es lo que más te gusta de esta meta?

2. ¿Alguna vez, en el pasado, has alcanzado una meta o has cumplido un sueño similar?

3. ¿Qué fortalezas internas podrías emplear para progresar hacia tu meta? (Ver paso 11.)

4. ¿Con qué recursos cuentas para que el proceso avance?

5. ¿Quién te puede ayudar a alcanzar tu meta?

6. ¿Qué aspectos de tu vida te están ayudando a avanzar hacia ella?

7. ¿Qué aspectos de tu vida te impiden tomar medidas para alcanzar tu meta soñada?

Después de responder las preguntas anteriores, revisa esta cuestión del paso 12: si esta fuera mi última semana en la Tierra, ¿me preocuparía la posibilidad de fracasar o me entristecería no haberlo intentado?

Piensa en tu viaje hacia tu sueño como una maratón en lugar de los cien metros lisos. Como escribió el escritor y cineasta Joel A. Barker: «La visión sin acción solo es un sueño. La acción sin visión, un mero pasatiempo. La visión unida a la acción puede cambiar el mundo».

PASO 17

Transforma tu relación con el ejercicio

Uno de los escondrijos favoritos de la detractora interna es el ejercicio. Si bien todas sabemos que hacer deporte es bueno para la salud y fantástico para el cerebro, el ejercicio destruirá nuestra autoestima si utilizamos el cuerpo como un lienzo en el que pintar el éxito. Dediqué dos décadas a hacerme un lugar en el mundo del *fitness*, donde protagonicé una carrera potente y vibrante, pero cuando de verdad empecé a mirar lo que mis alumnas me estaban diciendo en silencio cuando pellizcaban su tensa piel y me preguntaban cómo podían quitarse de sus preciosos cuerpos esto o lo de más allá, solo vi a mujeres haciéndose trizas ante el desafío de lograr un físico perfecto. A partir de mi propia relación con el ejercicio y de las peleas con el cuerpo que presenciaba entre las mujeres de todo el mundo, acabé por modificar mi teoría sobre el sentido del ejercicio, al que ahora me refiero con el término más amplio de «movimiento».

Buena parte de esta evolución definió mi programa Movimiento hacia la Felicidad, basado en una pregunta central que más tarde evolucionaría a este programa Detox para perfeccionistas: ¿cuál es la finalidad de tu entrenamiento? ¿Te entrenas para alcanzar una meta a corto plazo o para expresar tu mejor versión en el futuro? Permite que me explique.

BUSCANDO MI CAMINO EN EL MUNDO DEL *FITNESS*

Trabajé por primera vez en el sector del *fitness* en la década de 1980, en Nueva York, cuando Jane Fonda incendiaba los reproductores VHS y películas como *Flashdance* y *Perfección*, con Jamie Lee Curtis, definían para nosotras el ideal de mujer delgada y en forma.

Si no sabes de qué estoy hablando, concédete un momento para disfrutar de tu juventud. En fin, en aquel entonces yo era una muchacha inglesa expatriada que intentaba cambiar la incertidumbre del mundo del baile por lo que parecía un trabajo más estable como instructora de *fitness*. Culturalmente era el momento ideal para sacar partido a mi preparación, mi experiencia, mi entusiasmo y mis conocimientos deportivos del mejor modo posible: ayudando a los demás a verse y sentirse mejor.

Dicen que se puede tener un empleo, una profesión o una vocación, y mis comienzos en el *fitness* sin duda se parecieron más a un empleo. En aquella época vivía en Queens y eso implicaba levantarme a las cinco de la madrugada para llegar a tiempo de abrir el gimnasio de Manhattan a las seis y media, dar una clase y luego recibir a mi primer grupo de clientes.

Yo era pura energía, gracias a una extenuante rutina que consistía en impartir de cinco a seis clases al día. Estaba demasiado ocupada como para comer entre entrenamientos, así que mi único alimento a lo largo del día solía ser un batido, que bebía directamente de la botella de plástico mientras recorría la ciudad en metro. Con turnos de dieciséis horas diarias por toda la isla de Manhattan, a menudo llegaba a casa demasiado agotada como para comer nada. Aquello, sin duda, era *trabajo*.

Supe que empezaba a disfrutar de cierto reconocimiento cuando, después de dos años viviendo en Nueva York, Reebok me ofreció un contrato de tres años como atleta de *fitness* patrocinada. El empleo había mudado en carrera y ya no necesitaba dar clases por toda la ciudad para pagar el alquiler. Al cabo de un tiempo mi profesión me llevó a las pantallas, y junto con la incrementada visibilidad regresaron mis antiguas inseguridades del pasado.

El trabajo ante las cámaras incluía apariciones en televisión, DVD de entrenamiento en casa y reportajes en revistas, y siempre disfruté de un gran apoyo por parte de toda la gente implicada; ningún periodista, fotógrafo o patrocinador me hizo sentir algo que no fuera hermosa y totalmente apta para el trabajo. (Ni siquiera cuando me diagnosticaron cáncer, perdí el pelo y me tocó usar pelucas tuve la sensación de que les chocara mi aspecto, y Reebok no interrumpió el patrocinio; siguió enviando el cheque con regularidad, algo que les agradeceré eternamente.) La única persona que me hacía sentir inadecuada para el trabajo era yo misma; la obligación de ser perfecta procedía del interior.

El síndrome del impostor se apoderó de mí y no podía acallar las voces procedentes de mis días de bailarina. Mi imagen corporal distorsionada y unas deficientes pautas de pensamiento avivaron las llamas de la inseguridad. Naturalmente, me angustiaba el futuro y necesitaba mantener la ilusión de tenerlo todo bajo control, en especial en lo concerniente a mi apariencia.

En algún momento empecé a darme cuenta de que definía los días como buenos o malos en función de la duración y la calidad de mis rutinas de ejercicio. Si podía ir al gimnasio, hacer pesas y quemar calorías, había tenido un buen día. Si tenía que quedarme en casa para escribir, asistir a una reunión o subirme a un avión para acudir a un evento en la otra punta del país sin encontrar un rato para el entrenamiento diario, me machacaba en silencio por no haberme levantado a las tres de la madrugada para pasar por el gimnasio antes del vuelo o por no haberme acercado a las nueve de la noche, después de pasar el día entero reunida o escribiendo.

Solo podía concentrarme en la idea de que tal vez la sesión que me acababa de perder fuera la que finalmente diera al traste con la carrera que tanto me había esforzado en construir. Los bucles mentales de siempre relativos a esos kilos que «me sobraban» según mi adorada coreógrafa empezaron a repetirse otra vez, un mensaje chirriante que se me grababa a fuego en la psique. Por fuera parecía poderosa y dueña de mí misma, pero por dentro no podía dejar de pensar que no estaba lo bastante delgada, lo bastante musculosa ni tan en forma como sería propio de una experta en *fitness*.

¿CUÁLES SON LOS MOTIVOS QUE TE INDUCEN A ENTRENAR?

Una de las lecciones más importantes que aprendí durante mi propio proceso depurativo antiperfeccionismo fue que la sensación de energía y vitalidad inherente al ejercicio, y no la quema de calorías que asociamos al deporte, debería ser la motivación principal del entrenamiento físico. Cuando nos centramos en el segundo objetivo, la pérdida de peso y la apariencia se convierten en la causa y el objeto del movimiento. El empeño en hacer ejercicio con el único propósito de cambiar o mantener nuestro aspecto físico es una trampa del perfeccionismo a la larga o, como poco, la antesala de la decepción que acompaña cualquier tendencia perfeccionista negativa.

¿Por qué no prestar atención al movimiento en sí mismo, y no al ejercicio, que nos torna más creativos, más vitales, y que activa la misma zona del cerebro que muchos antidepresivos?[53] Es el movimiento el que armoniza tu cuerpo con tu mente y te renueva por dentro y por fuera.

¿Cómo saber si los motivos que te inducen a hacer ejercicio son sanos? La próxima vez que te entrenes, plantéate estas tres cuestiones:

1. ¿Aguardas el momento de hacer deporte con ilusión?
2. ¿El tiempo se te pasa volando cuando estás entrenando?
3. ¿Valoras el éxito de la sesión en función de cómo te sientes y no de las calorías quemadas?

Si has respondido afirmativamente a las tres preguntas, puede que no necesites cambiar tu rutina de ejercicio. Tus motivaciones son positivas, y probablemente te estás beneficiando tanto física como psicológicamente de tus elecciones.

Ahora bien, si la idea de entrenar te desanima, consultas la hora cada diez minutos o te miras la muñeca con tanta frecuencia que corres el riesgo de sufrir tortícolis, es muy posible que el ejercicio no te esté haciendo feliz y que estés obteniendo escasos beneficios del movimiento. Si utilizas el ejercicio solo para perder peso o bajar de talla, tus objetivos son externos, únicamente relacionados con la apariencia, y cualquier éxito será efímero.

Por otro lado, si la idea de entrenar no te produce excesiva alegría no es culpa tuya; las industrias de la salud y del *fitness* han hecho lo posible por borrar del mapa la pureza de aceptar el propio cuerpo tal como es en cada momento.

Como te dirán la mayoría de expertos en marketing, para conseguir que la gente compre lo que les quieres vender tienes que conectar con el punto de angustia y los miedos. La industria del *fitness*, una actividad que adoro y a la que he dedicado más de veinticinco años, ha logrado grandes cosas. Hemos ayudado a mucha gente que ya estaba en forma a seguir en forma, pero también hemos hecho un magnífico trabajo avergonzando a las personas que no lo estaban para convencerlas de que hicieran ejercicio.

Soy de la opinión de que en algún punto del camino perdimos de vista la idea de que el *fitness* solo es un utensilio más del estuche de herramientas para

---

53. Patrick J. Smith y James A. Blumenthal, «Exercise and Physical Activity in the Prevention and Treatment of Depression», *Routledge Handbook of Physical Activity and Mental Health*, doi: 10.4324/9780203132678.ch8; «Study: Exercise Has Long-Lasting Effect on Depression», *Duke Today*, today.duke.edu/2000/09/exercise922.html.

disfrutar de la vida y lo convertimos en algo así como la conquista máxima. Desperdiciamos una oportunidad maravillosa de presentar el movimiento como una escalera que nos ayuda a ascender hacia los propios objetivos. Si bien el cuerpo necesita estar sano y en forma (por cuanto constituye tu medio de transporte en el viaje existencial), el éxito consiste en cumplir los propios sueños y no en hacer ejercicio. No deberías estar pendiente de conseguir un cuerpo de cine, sino de tener una existencia de película.

APRENDER A PRIORIZAR EL MOVIMIENTO

Para que el movimiento sea sostenible a lo largo de los años tendrá que ser el sentimiento el que nos motive a seguir entrenando y no las repeticiones, ni siquiera las calorías quemadas. En mi programa Muévete hacia la Felicidad invito a las participantes a moverse por otras razones que no sean el deseo de adelgazar y a explorar «por qué» hacen ejercicio; un cambio de perspectiva estrechamente unido al proceso depurativo antiperfeccionismo. Veo a tantas personas que han renunciado a activarse por pensar que su condición es demasiado mala como para ponerse en forma o aguardando la situación ideal para empezar. Y, como bien sabes a estas alturas, el momento perfecto nunca llega.

Entender el *fitness* a través de la alegría del movimiento es comprender que no nacimos para estar sentadas sino para bailar, correr y saltar de felicidad, y para enviar el miedo a paseo. Estamos hechas para vivir con salud y vitalidad gracias a vigorosos movimientos y a los rituales que nos ayudan a cuidar el cuerpo de muchas maneras a lo largo del tiempo. Como nos recuerda la escritora Geneen Roth: «Tu cuerpo es el trocito de universo que te han dado». Debemos tener presente el privilegio que representa contar con un organismo capaz de moverse de un lado a otro, y deberíamos tratar este don con respeto, amor y amabilidad.

UNA MAMÁ DESCUBRE SU MOTIVACIÓN

Laurie, a la que ya conoces, fue una de las primeras personas que participó en mi Taller Detox para perfeccionistas de Nueva York. Había asistido a mi presentación de Muévete hacia la Felicidad el día anterior, y conectó hasta tal punto con el mensaje que cambió de planes para asistir a la sesión de la mañana siguiente.

Por lo general, en un congreso de *fitness*, Laurie se habría apuntado a una clase de *spinning* tras otra. Aquel año en particular no abundaban las sesiones de gimnasia en bicicleta, así que probó con unas cuantas conferencias que la arrancaban una pizca de su zona de comodidad, incluidas mis presentaciones.

Al volver a casa, en lugar de sentirse agotada y vacía, como a menudo le sucedía después de pasar el fin de semana en un congreso deportivo, Laurie estaba emocionada y llena de energía, tanto que su marido y su hija advirtieron la diferencia.

Mi charla hablaba de la importancia de pensar a fondo (o repensar) la relación con el ejercicio físico, algo que indujo a Laurie a hacer unos cuantos cambios. Últimamente dedicaba varias horas al día a entrenar en el gimnasio, en buena parte porque quería perder unos kilos que no lograba quitarse de encima, y se sentía un tanto frustrada, porque el deporte ya no la hacía feliz. Así pues, tomó la decisión de revolver un poco las cosas y empezar a entrenar en casa en lugar de hacerlo en el gimnasio.

Parte de la motivación de Laurie para hacer ejercicio en su hogar procedía de su deseo de incluir en las sesiones a su hija de trece años, que sufría los problemas de autoestima típicos de la adolescencia: era más alta que sus amigas, tenía más peso y otros complejos por el estilo. Laurie pensó que entrenar con la chica le proporcionaría la oportunidad de instilarle esa confianza en su imagen y en su potencial que tanto necesitaba.

Además de cambiar de rutina para pasar un rato con su hija, prepararon el entorno para el éxito. Crearon en familia grandes tablones con mensajes de inspiración (ninguno de ellos relacionado con la pérdida de peso) y los colocaron por la zona de la casa que usaban como gimnasio.

Durante el tiempo que dedicó al entrenamiento madre-hija, Laurie no volvió a pensar en perder los pocos kilos que no había podido quitarse de encima cuando estaba completamente centrada en adelgazar. Sin embargo, sucedió algo sorprendente: al cambiar de rutina y de ubicación, no solo le proporcionó a su hija el tiempo y el apoyo que esta necesitaba, sino que esos engorrosos kilos desaparecieron sin más.

Laurie no recuerda que su rutina fuera especialmente original o enérgica; lo que marcó la diferencia fue el hecho de que infundiese a su entrenamiento un significado distinto al objetivo arbitrario que asociaba con la pérdida de peso. Dejó de moverse para lograr un cambio de cifras y empezó a hacerlo para estar mejor, para sentirse de maravilla y, en este caso, para potenciar la conexión con su hija. Apartó los ojos de la báscula y los posó en su propio manantial de energía, en la balanza del bienestar que mide la vitalidad y el poder, no los pasos y los centímetros. La pérdida de peso dejó de ser la causa; y, sin embargo, se convirtió en la consecuencia.

DA EL SALTO, LITERALMENTE

Laurie cambió el «porqué» de su entrenamiento, pero la verdad es que muchas perfeccionistas ni siquiera se han planteado que el movimiento podría ayudarlas a sentirse libres en su cuerpo y a *fluir* (más al respecto en el paso 19) en las sesiones.

Conozco a muchas mujeres que hacen ejercicio por miedo a envejecer y que combaten los años a base de series y repeticiones, y a otras que rehúyen el deporte por completo pensando que solo servirá para poner en evidencia otra faceta más del alcance de su imperfección. En cualquiera de esos casos, la perfeccionista apuesta por un objetivo que está enraizado en el miedo o renuncia al movimiento porque el fracaso le asusta demasiado como para exponerse a él.

Por mi parte, habida cuenta de que me había ganado la vida como bailarina, echaba de menos la sensación de comunidad que produce la danza y la sensación de fluir que se apoderaba de mí según aprendía y luego dominaba una rutina de baile. Me embargaba el mismo anhelo cada vez que pasaba por el Step of Broadway, uno de los estudios de danza más famosos de los Estados Unidos, que se encuentra a un par de manzanas de donde yo vivo.

Aunque nunca me supuso un problema asistir a una clase de gimnasia inspirada en el baile (ni siquiera cuando yo dejé de impartirlas), la idea de regresar a un estudio de danza me abrumaba. Así pues, me pasé un año entero pensando en apuntarme cada vez que pasaba por delante, pero nunca entraba. Un día, mi amiga Kimberly y yo empezamos a hablar de danza y ella mencionó su deseo de volver a las clases. Hicimos un pacto: nos matricularíamos en un curso de claqué para adultos principiantes.

Aquel primer domingo de clase ambas estábamos nerviosas. Mientras rellenábamos los papeles, le mencioné a la recepcionista que las dos habíamos sido bailarinas. Ella levantó la vista y me dijo: «Eso nunca se olvida». Sonreí, pero todavía me sentía un tanto insegura. Además, no estaba totalmente convencida de haber escogido el mejor atuendo, como tampoco Kimberly. Pero ¿sabes qué? Lo pasamos en grande.

La clase entrañaba cierta dificultad, pero no fue tan complicada como para que me sintiera una idiota. La profesora era muy divertida, nos trató como a bailarinas profesionales y disfruté de lo lindo bailando junto a mi buena amiga. Comprendí hasta qué punto habría salido perdiendo por no haber enviado a paseo la ansiedad y el miedo. La alegría y la sensación de victoria que experimenté superaron con creces la angustia que sentí al principio.

TUS OBJETIVOS, REDEFINIDOS

Tengo mucha fe en la definición de objetivos, por cuanto su presencia nos ayuda a estructurar la vida, pero hoy te invito a olvidar cualquier finalidad relativa al ejercicio físico que guarde relación con los números de la báscula, la talla de tus vaqueros o el contador de tu monitor de actividad. Los objetivos que te motiven a levantarte y ponerte en movimiento tienen que enriquecer tu vida y entrañar actividades que te emocionen y te llenen de energía.

Para algunas, esta clase de objetivos serán un triatlón o media maratón, pero para muchas otras una finalidad enriquecedora podría guardar relación con un viaje a la Toscana para hacer un curso de cocina el próximo año y el deseo de tener el suficiente aguante como para recorrer las colinas de Italia sin cansarse. Otro objetivo sería caminar junto a tu hija en su boda y pasarte después tres horas bailando en la fiesta sin perder el aliento. Quizá te estés preparando para un nuevo empleo o un ascenso; un objetivo sería centrarte más en el trabajo, gestionar mejor el estrés y ejercer un liderazgo más compasivo.

Para alcanzar esas metas, tal vez necesites reunir fuerzas, perder algo de peso o ser más flexible. En cualquier caso, no serán sino peldaños parciales en tu ascenso hacia la meta mayor y más poderosa de viajar, bailar, liderar y llenar tu vida de momentos dichosos y significativos.

Una manera de desviar la atención de los números sería abstenerte de pisar una báscula durante un mes entero. No, no has leído mal. ¡Hazlo, hermana! Guárdala en el armario. Y deja de contar calorías también. Dedícate a contar los regalos que te hace la vida y muévete más, a poder ser al aire libre, donde puedas experimentar comunión con la naturaleza.

Últimamente no siempre tengo tiempo ni ganas de ir al gimnasio, así que muchos días opto por moverme al aire libre. Vivo en Nueva York, de manera que tengo oportunidades de sobra. Pero no hace falta vivir en una gran ciudad para encontrar espacios que nos brinden inspiración; busca lugares públicos cerca de casa y ponte en marcha.

Si bien todavía entreno con regularidad, las razones que me inducen a hacer ejercicio han dado un giro de 180 grados. Ahora las calorías me traen sin cuidado. En vez de eso, presto atención a los sentimientos. El día que necesito encontrar mi centro, hago yoga. Si estoy baja de energía, camino a paso vivo por Central Park. Y como paso de los cincuenta, hago pesas un par de veces por semana para fortalecer los huesos. Cuando no tengo tiempo para dos sesiones, me limito a una y me siento de maravilla. Ya no me fustigo por no seguir al dedillo mi programa de entrenamiento.

Liberarse de las expectativas relativas al ejercicio físico es importante para todas las perfeccionistas, en particular para las que llevan la afición al *fitness* demasiado lejos. Con el fin de reenfocar tu actitud hacia movimiento y el deporte, empieza por adoptar una perspectiva que no se limite a las cifras.

Recuerda que no hace falta conseguir un cuerpo de cine para tener una vida de película; necesitas moverte para conectar con tu luz interior y con tus seres queridos. Esa es la verdadera fuente de la felicidad. Cuando te muevas por la felicidad, tu cuerpo y tu espíritu se elevarán, te olvidarás de ser perfecta y la alegría inundará tu vida a raudales.

Ejercicios detox del día

Las instrucciones de este paso se basan en lo que yo llamo «trucos para piratear el movimiento hacia la felicidad». Elige los ejercicios que más conecten contigo e incorpóralos a tu entrenamiento físico.

1. Si acostumbras a correr ocho kilómetros al día, corre cuatro y dedica el tiempo restante a hacer estiramientos. Recuerda que la flexibilidad es tan importante como la resistencia.

2. Si el concepto de ejercicio te resulta ajeno, empieza por levantarte. Ponte de pie durante cinco minutos a las horas en punto. Cada hora. Cada día. El momento ideal para empezar a moverte en beneficio de tu salud y de tu felicidad es ahora. La inactividad es el tabaco de nuestro tiempo, y nada más perjudicial para tu felicidad que una silla. Quiero que te levantes y dejes este libro a un lado para hacerlo. Aunque ya te hayas entrenado hoy, te invito a levantarte más a lo largo del día.

3. Si haces ejercicio a diario, te ordeno que te tomes un día libre; tu cuerpo necesita descansar, recuperarse y reiniciarse. Si entrenas siete días a la semana, no le estás haciendo ningún favor a tu organismo. Estás sentando las bases de

una posible lesión, de dolor y, paradójicamente, de un aumento de peso y pérdida de masa muscular a causa de una posible incapacidad a corto o a largo plazo.

4. Si tu rutina incluye siempre entrenamiento de intervalos de alta intensidad (HIIT, por las siglas en inglés), incorpora ejercicios de baja intensidad. Tu cuerpo y tu cerebro interpretan los intervalos de alta intensidad como estrés. Si no intercalas ambos tipos de actividad, tu organismo experimentará una sobrecarga de cortisol y adrenalina sin poder recuperarse como debería. Pregúntate: ¿con qué finalidad me entreno? Si tu intención es disfrutar de una vida más larga y saludable, tendrás que añadir ejercicios de baja intensidad a la rutina de ejercicios.

5. Haz deporte con una amiga o un amigo que no hayas visto en un tiempo. Una semana podéis hacer algo que le guste a ella o a él, y algo que sea de tu agrado a la siguiente. Por último, haced algo que ninguno de los dos haya probado nunca.

6. Siempre y cuando sea factible, cambia las reuniones de trabajo en las oficinas por paseos al aire libre. (Según Walter Isaacson, biógrafo de Steve Jobs, el magnate mantuvo algunas de sus reuniones más importantes mientras daba largos paseos.) Caminar no solo te servirá para mover el cuerpo, sino que te activará el cerebro y tendrás más facilidad para crear y diseñar. Con el tiempo, descubrirás que tus charlas en movimiento constituyen las reuniones más productivas de la semana.

PASO 18

Desarrolla la curiosidad

Todos poseemos una increíble capacidad para descubrir, crecer, inspirarnos y dejar el mundo un poco mejor que cuando llegamos. Sin embargo, el mundo del perfeccionista tiende a menguar con el tiempo. El perfeccionismo reduce la voluntad de jugar, y como estamos tan centrados en la imagen que ofrecemos a los demás, nuestra habilidad para explorar más allá de los límites de la certidumbre queda gravemente mermada.

Esa reducción se produce a consecuencia de un hábito mental que es característico de los perfeccionistas: rehuir las posibilidades de crecimiento y las nuevas experiencias por miedo a dar un paso en falso y perder el control. Los perfeccionistas escogen la predictibilidad antes que la posibilidad, porque la idea de salir de su zona de comodidad e internarse en regiones inexploradas de la vida los angustia.

En el paso 4 hemos deconstruido el miedo (*FEAR*, en inglés: falsas expectativas con apariencia real) y ahora, con un poco de suerte, tienes más claro cuándo y por qué aparecen los terrores en tu vida y cómo puedes trabajar con ellos en lugar de rechazarlos. En este paso del programa vamos a explorar otra estrategia que puedes usar para controlar el miedo y la autocrítica de tu detractora interna. Esta etapa se centra en la curiosidad. Como escribió el poeta irlandés James Stephens: «La curiosidad vence al miedo con más facilidad que el valor».

Ahora bien, la curiosidad y el miedo no son conceptos opuestos ni se excluyen mutuamente; ambos impulsos conviven en la psique y podemos potenciarlos o debilitarlos en función de dónde pongamos la atención. Necesitamos curiosidad para forzar los límites y miedo para no precipitarnos al abismo. Sin embargo, en la mente del perfeccionista, el temor aplasta la naturaleza inquisitiva en lugar de colaborar con ella. Este paso del programa reavivará tu sed de conocimiento y asombro, ese motor interno que lleva tanto tiempo ahoga-do por la ansiedad.

El miedo tiñe nuestra relación con la curiosidad porque la presenta como un intruso al que debemos acercarnos con cautela. Todd Kashdan, profesor de psicología de la Universidad George Mason y autor del libro *Curious?* afirma que «si algunos la rechazan de pleno [la curiosidad] se debe a que tie-nen la sensación de que no pueden gestionar ni tolerar la tensión que genera lo desconocido». Podríamos sustituir «algunos» por «los perfeccionistas» y la frase sería igual de atinada.

A mi entender, tan solo es cuestión de perspectiva; si ajustamos nuestras percepciones de lo que somos capaces de tolerar, podremos interesarnos por lo que hay más allá en lugar de sentir miedo. Este cambio aportará una sen-sación de juego a la vida, abrirá espacio para nuevas ideas, nos incitará a arriesgarnos cuando sea necesario, nos transformará en mejores buscadoras de bienes y nos permitirá abordar con emoción nuevas etapas de la existencia. Nuestra vida y nuestro mundo se expandirán a consecuencia de todo ello.[54]

La curiosidad abre la mente y el corazón, y proporciona la oportunidad de adentrarse en aspectos de la vida todavía inexplorados, tanto internos como externos. Cuando creamos un espacio que nos permite conectar con la imaginación, el foco de atención se ensancha, los ideales se tornan menos rígidos y somos capaces de poner en duda nuestras ideas más asentadas con receptividad y generosidad.

También podemos emplear la curiosidad para indagar en la relación con el perfeccionismo. Es difícil odiar algo que te inspira interés. Imagina cómo cambiarían tu mundo y tu diálogo internos si observaras cada conversación y experiencia desde la curiosidad. Podrías superar las dudas, abandonar la au-tocrítica y erradicar la negatividad que acompañan la estrechez de miras ca-racterística del perfeccionismo.

Cuando desviamos la atención de lo predecible para posarla en los aspectos de la existencia que hasta entonces habíamos ignorado, y si estamos dispuestas a pasar por la vida desde una mentalidad abierta a la posibilidad, nuestros pen-samientos y acciones se transforman. Ya no proceden del miedo, sino que están impulsados por una mente inquisitiva. Brian Grazer, productor cinematográfi-co, ganador de un Oscar y autor del libro *Una mente curiosa*, recomienda consi-derar la curiosidad un superpoder; solo hace falta valor para ponerlo en acción.

---

54. Todd Kashdan, «The Power of Curiosity», *Experience Life*, 1 de mayo de 2010, experiencelife. com/article/the-power-of-curiosity/.

LA CURIOSIDAD ABRE LA PUERTA A LA POSIBILIDAD

La curiosidad es el prisma a través del cual podemos transformar un enfoque crítico en otro de indagación positiva. Desde este punto de vista obtenemos poderosas intuiciones que nos permiten desplazarnos sin peligro del terreno de lo predecible al reino de la oportunidad. Muchos líderes de ámbitos diversos destacan la importancia de armarse de curiosidad y señalan la competencia, la confianza en uno mismo y la flexibilidad entre los beneficios que aporta.

Un estudio llevado a cabo por la Universidad de California en Davis en 2014 reveló que, cuando estimulamos la curiosidad, el cerebro se predispone a aprender disfrutando del proceso. El cerebro curioso libera dopamina, el neurotransmisor del placer; una mente curiosa también es una mente feliz. Y ese estado no solo favorece el aprendizaje, sino que también mejora la retención de la información.[55]

Fue la curiosidad, al fin y al cabo, lo que te indujo a escoger este libro, así que ¡gracias, curiosidad! Una mente abierta tiene muchas otras maneras de optimizar nuestras acciones, nuestro lenguaje y nuestro futuro. Cuando nos mueve la posibilidad en lugar del miedo, somos más propensas a actuar por motivación intrínseca y estamos mejor preparadas para sostener el optimismo en los momentos difíciles. También nos implicamos más en el trabajo, en las relaciones y en la vida.

A través del prisma de la curiosidad tenemos más capacidad de ver el lado positivo y nos resulta más sencillo convertirnos en buscadoras de bienes. Una mente abierta nos permite encontrar más momentos extraordinarios por muy ordinario que parezca el día.

¿EMPLEO, PROFESIÓN O VOCACIÓN?

El interés por la vida, unido a la imaginación, nos proporciona las herramientas necesarias para transformar un empleo en una profesión e incluso en una vocación. El proceso comienza por acudir al trabajo con mentalidad de principiante, y requiere estar dispuesta a emplear la imaginación de maneras nuevas.

---

55. Matthias J. Gruber, Bernard D. Gelman y Charan Ranganath, «States of Curiosity Modulate Hippocampus-Dependent Learning via the Dopaminergic Circuit», *Neuron* 84, n.º 2 (2014): 486-496, doi: 10.1016/j.neuron.2014.08.060.

Aun si llevas un tiempo ocupando el mismo puesto, te animo a acudir mañana al trabajo con una mentalidad abierta que quizá no siempre has adoptado y a desafiarte a ti misma a pensar distinto. Busca ocasiones de formularte nuevas preguntas y de conocer a otras personas. Si piden un voluntario para interactuar con otro departamento, levanta la mano. Si tiendes a saltarte las sesiones de cohesión de equipo, pásate por allí; pero deja fuera tus expectativas para darle una oportunidad. Conviértete en una persona con iniciativa, abierta, alerta y curiosa. Es posible que tu entorno laboral no cambie, pero tu experiencia será radicalmente distinta.

La curiosidad es una fortaleza de carácter, y también una destreza vital. Nos mantiene unidos a la familia y nos induce a implicarnos en el trabajo. También nos ayuda a distanciarnos del ego para echar un vistazo a nuestra brújula interior. A medida que crecemos y evolucionamos con la edad, nos permite desafiar nuestras propias creencias y reivindicar nuevos valores en el presente. Según me desplazo hacia los sesenta, procuro estar menos pendiente de lo predecible y más de lo inesperado. Mirar el futuro desde la curiosidad y la posibilidad me proporciona libertad para diseñar un porvenir a mi gusto en lugar de esperar a que disminuya mi calidad de vida.

¿Alguna vez has advertido que las personas curiosas parecen ser más felices y afortunadas tanto en el trabajo como en la vida en general? No se debe a que hayan nacido con buena estrella, sino a que buscan lo que funciona en lugar de esperar a que aparezca.

En su libro *Hunch: Turn Your Everyday Insights into the Next Big Thing,* (Corazonada: convierte tus intuiciones cotidianas en tu próximo exitazo), Bernadette Jiwa se refiere a la importancia de la curiosidad para poder seguir las intuiciones y poner la suerte a nuestro favor. Sostiene que «las personas que tienen corazonadas espectaculares han desarrollado conscientemente tres cualidades a lo largo del tiempo. Sus pálpitos proceden de las intuiciones que les asaltan porque son curiosos, empáticos e imaginativos. Potenciar esas características nos permite sintonizar con oportunidades que, de otro modo, nos pasarían desapercibidas».[56]

---

56. Bernadette Jiwa, *Hunch: Turn Your Everyday Insights into the Next Big Thing*, Portfolio/Penguin, Nueva York, 2017.

ENCIENDE TU IMAGINACIÓN

Albert Einstein dijo en cierta ocasión: «No tengo ningún talento especial. Solo soy apasionadamente curioso». Piensa en tu infancia y en las horas que dedicabas a jugar con la imaginación, a explorar el mundo a través del prisma de la posibilidad. La mente está diseñada para sentir curiosidad, para romper moldes y crear. Pero el día que alguien te dijo que no estabas a la altura o que deberías conocer la respuesta o te ordenó que dejaras de hacer tantas preguntas, tu deseo de jugar, de ser creativa y curiosa empezó a menguar.

La fantástica noticia es que basta un pensamiento o una duda para volver a prender la imaginación y la sed de conocimiento. Por desgracia, el mundo en el que vivimos no está hecho para que nos sumerjamos en las profundidades de la imaginación. Vivimos inmersos en una corriente interminable de información e ideas que nos bombardean por los cuatro costados, pero las respuestas trascendentes que busca el corazón solo se pueden buscar en el interior de uno mismo.

En muchos sentidos nos horroriza la posibilidad de no conocer la respuesta a una pregunta, sea cual sea el tema. ¿Ignoro la información? ¡La buscaré en Google! Rara vez ejercitamos la mente tratando de recordar cualquier bobada, como nuestra canción favorita de los ochenta. (¿Cuál era la tuya? La mía, *Everybody wants to rule the world*, de Tears for Fears.) La dependencia de los teléfonos inteligentes y los ordenadores no solo ha mermado gravemente nuestra capacidad para seguir conectados con los propios recuerdos, también está reduciendo nuestras posibilidades de generar ideas y soluciones creativas.

Te animo a hacer limpieza en tu cerebro y despejarlo de telarañas mediante el sencillo gesto de no ceder al impulso de buscar la respuesta en Google la próxima vez que te surja una duda (adecuada para el ejercicio, claro está; si tu perro entra en casa apestando a mofeta…, ¡corre a buscar en Google qué hacer! Primera pista: sal de casa a toda prisa.) Dale un ratito a tu mente para que le dé vueltas a un interrogante y espera a ver qué se te ocurre, aunque solo sean nuevas preguntas.

CUESTIÓN DE CURIOSIDAD

Quiero que reflexiones (abstente de proyectar pensamientos obsesivos, por favor) acerca del último proyecto o situación que no discurrió tan positivamente como esperabas. ¿Recuerdas el tipo de preguntas que te formulaste cuando sucedió? ¿Te suena alguna de estas?

1. ¿Cómo ha podido pasarme esto?
2. ¿Cómo es posible que no me diera cuenta de tal cosa?
3. ¿Se habrán percatado de mi error?
4. ¿Qué podría hacer para arreglarlo?

Este tipo de interrogantes conduce al pensamiento repetitivo, a las dudas sobre la propia valía, al estrés adicional y a la ansiedad, todo lo cual desconecta las partes de tu cerebro que podrían ayudarte a obtener mejores resultados la próxima vez.

Piensa en la misma situación, pero esta vez quiero que te la plantees introduciendo preguntas formuladas desde una mentalidad expansiva y curiosa. Algunos ejemplos serían:

- ¿Podría adoptar un enfoque distinto?
- ¿Necesito mejorar mis habilidades comunicativas para asegurarme de conseguir un resultado más satisfactorio?
- ¿Qué tareas debería delegar con el fin de contar con el tiempo que necesito para concentrarme en los aspectos que mejor domino?
- ¿Mi equipo está percibiendo algo que a mí se me pasa por alto?
- ¿Qué preguntas debería formular para que nos aproximemos más a los resultados que buscamos?

Los interrogantes planteados con curiosidad nacen de una mentalidad de crecimiento y propician respuestas más ricas y productivas. En estas contestaciones podrías encontrar el ingrediente secreto del éxito, soluciones que tal vez siempre hayan estado ahí, pero que se te escaparon o no fuiste capaz de entrever a causa del enfoque negativo que caracteriza una mentalidad fija.

Este cambio de perspectiva te ayudará a seguir avanzando, al permitirte observar el mundo a través de los ojos del asombro y la imaginación. Te proporciona la capacidad de continuar en marcha, sobre todo cuando sales de tu zona de comodidad o la inseguridad te impide dar lo mejor. La curiosidad nos induce a optar por la incertidumbre en lugar de evitarla.

En lo concerniente al futuro, podemos elaborar preguntas que nos ayuden a reconectar con la mejor expresión de nuestro yo. A continuación te propongo unas pocas para empezar:

1. ¿A qué te encantaría dedicar el resto de tu vida?
2. ¿Sobre qué tema te gusta conversar, por encima de cualquier otro?
3. ¿Cuáles son las ideas o los descubrimientos por los que te gustaría ser recordada?

SACAR TIEMPO PARA LA CURIOSIDAD

La curiosidad debe tratarse como un don y un talento que cultivar y no como un artículo más de la lista de cosas pendientes. Está demostrado que beneficia la mente y es genial para la felicidad.[57] Nos ayuda a fluir (un estado del que hablaremos en el paso siguiente) y a vencer la ansiedad que a menudo viene acompañada del pensamiento rígido del perfeccionismo.[58]

Unos procesos de pensamiento más flexibles potencian nuestra capacidad de estar en el momento presente y disfrutar las recompensas que propicia un estado de presencia. Además, elevar los niveles de curiosidad disminuye el riesgo de sufrir trastornos relacionados con la ansiedad.[59] Por si necesitas más pruebas, se intuye también que la curiosidad participa en el desarrollo de la inteligencia, la sabiduría, la felicidad y el sentido de la vida, y nos ayuda a cultivar relaciones sociales más satisfactorias e interesantes. Favorece la capacidad de crecer y superarse en los buenos tiempos y nos ayuda a encontrar maneras nuevas de sortear y vencer los momentos difíciles.[60]

---

57. Emily Campbell, «Six Surprising Benefits of Curiosity», *Greater Good Magazine*, greatergood. berkeley.edu//article/item/six_surprising_benefits_of_curiosity.

58. Fredrik Sasbonchi y Lars-Gunnar Lundh, «Perfectionism Self-Consciousness and Anxiety», *Personality and Individual Differences* 22, n.º 6, 1997: 921-928, doi: 10.1016/s0191-8869(96)00274-7.

59. La curiosidad podría ser también relevante en el desarrollo de psicopatologías, porque se ha demostrado que la baja tolerancia a la incertidumbre es un factor de riesgo importante para el desarrollo de trastornos de ansiedad (Dugas, Freeston y Ladouceur, 1997). James F. Boswell Johanna Thompson-Hollands, Todd J. Farchione y David H. Barlow, «Intolerance of Uncertainty: A Common Factor in the Treatment of Emotional Disorders, *Journal of Clinical Psychology* 69, n.º 6, 2013: 630-645, doi: 10.1002/jclp.21965.

60. Las investigaciones sobre los beneficios de la curiosidad son cada vez más numerosas. Se intuye que esta postura mental, entre otras ventajas adaptativas, influye en el desarrollo de la inteligencia, la sabiduría, la felicidad y el sentido de la vida, la tolerancia a la adversidad y la capacidad de disfrutar de relaciones satisfactorias e interesantes (para artículos, ver Kashdan, 2009; Renninger, Hidi y Krapp, 1992; Silvia, 2006). Todd B. Kashdan, Paul Rose y Frank D. Fincham, «Curiosity and Exploration: Facilitating Positive Subjective Experiences and Personal Growth Opportunities», *Journal of Personality Assessment* 82, n.º 3, 2004: 291-305, doi: 10.1207/s15327752jpa8203_05.

Una mentalidad inquisitiva nos permite conectar con las motivaciones intrínsecas, poner más atención en las actividades, procesar la información en niveles más profundos, recordar mejor los conocimientos adquiridos y sostener las tareas hasta alcanzar los objetivos. Favorece la enorme variedad de atributos que nos ayudan a triunfar y a remontar el vuelo; ahora bien, para que la curiosidad tome el volante, debemos relegar al perfeccionismo y al miedo al asiento trasero.

Según Todd Kashdan, científico y profesor de psicología, «la curiosidad difiere de otras maneras de realización personal en el sentido de que incide en la capacidad de valorar y buscar la innovación. Requiere ser flexible, identificar la novedad y la frescura en el mundo conocido. En lugar de hacer esfuerzos desesperados por controlar la propia vida, acogemos la incertidumbre como curiosos exploradores. En lugar de aferrarnos a la seguridad y a la autoconfianza, contemplamos la vida como una apasionante aventura de descubrimiento, aprendizaje y crecimiento. No hay nada que resolver, no hay lucha interior que librar para evitar la tensión de la inseguridad».

Esta forma de vivir nos empodera, por cuanto recuerda al cerebro perfeccionista que no hay nada que arreglar, nada que resolver y nada que perfeccionar. Basta con abrirse a la vida que te está esperando sin más para que la explores y la acojas tal como es.

Cuando contemplamos la existencia como una aventura, dedicamos más tiempo a investigar tanto los ámbitos conocidos como los desconocidos. Buscamos nuevas perspectivas desde las que abordar las tareas cotidianas y nos atrevemos poner en práctica ideas innovadoras y a dar un enfoque (o dos) distinto a nuestra vida. Profundizamos más, forzamos los límites mentales, revisamos el pasado, exploramos nuevos territorios y acogemos el futuro con ilusión.

En el ejercicio de hoy, te invito a escoger la alternativa que más resuene contigo. Puedes volver atrás y revisar este paso cada vez que tu imaginación necesite una inyección de curiosidad.

Ejercicios detox del día

- El profesor Kashdan recomienda dedicar cinco minutos al día a cultivar la curiosidad. Eso implica escoger una actividad y abordarla sin prejuicios ni preguntas. Significa abrirse a lo que acontezca y no ceder a la tentación de dárselas de lista, tener un discurso inteligente o llevar la contraria a los demás. Yo te sugiero que entres «en modo curiosidad» en el trabajo. ¿Cómo cambiaría tu jornada si acudieras a trabajar sin prejuicios ni expectativas y, sencillamente, te animaras a ocupar un espacio de curiosidad y posibilidad? Empieza por practicar cinco minutos. Si te gustan los resultados, amplía el periodo poco a poco.

- Prueba a leer un libro que aborde un tema sobre el que no tengas una opinión pre-formada. Para elegirlo, consulta las listas de libros más vendidos en fuentes fiables, como las que publican los diarios y las revistas más importantes. Pide consejo a un conocido cuya opinión respetes pero que no siempre coincida con la tuya o, simple-mente, elige un libro que a tus amistades les sorprendería encontrar en tu biblioteca. Si tienes tiempo, acude a una presentación en alguna librería cercana y hazte con el libro. Si prefieres la ficción literaria, date un «gusto inconfesable», un libro que estabas deseando leer en secreto… ¡y disfrútalo sin complejo de culpa!

- Mira una charla TED. Abundan los temas fascinantes que puedes explorar. De breve duración y rebosantes de ideas imaginativas y creativas, las charlas TED son un ejemplo de inspiración nacida de la curiosidad. Puede que encuentres un tema en el que te apetezca ahondar.

- Si pasas mucho tiempo en el coche o usas el transporte público a diario, suscríbete a un nuevo pódcast cada tres meses. Hay infinidad de programas, ideas y temas que se comentan a diario, procedentes de todo el mundo y que exponen puntos de vista muy diversos. Apúntate a algún curso, quizás al mío, The Perfection Detox Pod-cast, y prepárate para escuchar fantásticas conversaciones con sorprendentes líde-res de pensamiento y agentes del cambio. Cada doce semanas aproximadamente, cambia de programa o de conductor e investiga un nuevo tema.

- Explora una nueva destreza o afición. No hace falta que sea un curso completo, sino una actividad de un día que potencie tu curiosidad y tu creatividad. Muchos estudios de yoga y *fitness* ofrecen clases de prueba gratuita o con descuento. ¿Siem-pre has querido probar la cerámica o la pintura de acuarela? Haz una prueba desde la mentalidad de un niño, es decir, solo por diversión. También puedes apun-tarte a clases de cocina para adentrarte en esa gastronomía que te encanta, o aprender técnicas básicas.

Descubre la magia de fluir

Me gustaría señalar, en defensa de las perfeccionistas, que no somos el único tipo de personalidad que tiene problemas para sacar el máximo partido al momento presente. El cerebro está diseñado para pensar obsesivamente en los errores del pasado con el fin de prever y evitar tropiezos futuros. Más pendiente de la supervivencia que de ayudarnos a brillar, la implicación del cerebro en el presente es limitada, de ahí que a menudo pasemos por alto numerosas oportunidades que nos permitirían experimentar mayor satisfacción y alegría.

Para la mayoría, el presente únicamente tiene un papel secundario en ese proyecto maravilloso e innato que todos llevamos dentro. La capacidad de deleitarnos en lo inmediato no es un talento que traigamos de fábrica, y sin embargo constituye el eslabón perdido entre el futuro que deseamos y el camino que debemos recorrer para alcanzarlo.

Lo paradójico del caso es que, para crear un futuro con sentido y propósito, debemos ser capaces de vivir en el momento. La capacidad de estar presentes, aquí y ahora, requiere esfuerzo y concentración por nuestra parte y, con la expansión de las nuevas tecnologías y este ritmo cada vez más desenfrenado que llevamos, es más importante que nunca desarrollar esta habilidad.

En este paso vamos a aprender a estar presentes y a dejar de preocuparnos por el futuro. Mediante estos gestos, podremos acceder a una sensación de suspensión en el tiempo; un espacio que nos permite sumergirnos en cada uno de los momentos y que propicia la erupción de nuestro auténtico potencial. Cuando entramos en este estado de conciencia, conocido como fluir, accedemos por fin a la mejor expresión de nuestro ser.

LA ZONA DE LIBERTAD

El psicólogo húngaro Mihaly Csikszentmihalyi (¡nunca fluyo cuando intento pronunciar su nombre!) es el padre del concepto que conocemos como «fluir». Si alguna vez has entrado en «la zona» o has vivido un estado de experiencia óptima, ya sabes lo que significa. La experiencia de fluir se produce cuando la actividad que llevas a cabo y tu conciencia se funden en un estado hiperconcentrado y liberador ajeno a todo salvo al momento presente. Si sueles correr, tal vez hayas vivido esa sensación, conocida como «la euforia del corredor».

Entramos en estado de fluir mediante actividades distintas. Puedes fluir trabajando, realizando actividad física o cuando estás inmersa en tu actividad favorita, como cocinar. Tu experiencia particular de fluidez dependerá de tu estilo de vida, tus destrezas y tus prioridades. Por ejemplo, las personas aficionadas al deporte, al ejercicio o al baile a menudo fluyen mientras ejecutan los pasos y los rituales que caracterizan esas actividades, mientras que las personalidades creativas encuentran su experiencia óptima a través de la pintura, la cerámica o los álbumes de recortes.

A causa del estado de hiperatención al que tiende el cerebro del perfeccionista, a menudo nos perdemos la magia y el impulso que propicia este superestado. Las energías del miedo y la ansiedad ante la posibilidad de no alcanzar la excelencia se interponen inevitablemente en la experiencia del presente. Sin darnos cuenta, cada vez que intentamos esquivar una bala perdemos también la ocasión de descubrir nuestra mejor versión.

Cuando salía a escena, la ansiedad secuestraba una y otra vez mi capacidad de fluir. Mi mente estaba siempre tan enfocada en evitar los errores y dar una imagen perfecta que alejaba cualquier posibilidad de vivir el momento presente. Este tipo de enfoque resultó contraproducente y acabó por erigir una barrera que me separaba de mi mejor versión. Paralizada por mi propia charla interna, controlada por críticas que aparecían sobre la marcha, era incapaz de abandonar el plano mental y dejar que brotara mi auténtico potencial.

La mente de las perfeccionistas siempre está pendiente de algo *más* (casi siempre propiciado por el miedo o la ansiedad): un pensamiento, una lista de cosas pendientes o algún comentario de la detractora interna que nos arranca del momento presente y nos devuelve a la locura. Para nosotras nunca hay tiempo suficiente para ejecutarlo todo a la perfección. Pero ¿y si te dijera que solo cuando pierdes la noción del tiempo tu excelencia se manifiesta?

Esa conciencia en suspensión, ajena al tiempo, hace de fluir un estado que nos permite liberarnos del yugo del perfeccionismo sin dejar por ello de crear el mejor futuro posible. En ese espacio desaparece la cháchara interna que continuamente nos arranca del presente y, desde esa libertad, conectamos con el coraje interior. Al acallarse el rumor de los pensamientos repetitivos y las advertencias de la detractora interna, entramos en una zona de hiperenfoque, concentración y consciencia.

Cuando fluyes, conectas con las intuiciones que te permitirán alcanzar esa excelencia que tanto anhelabas en tus trabajos, proyectos o empresas. En ese estado, experimentas la sensación de una vida privada de perfeccionismo, un lugar físico y mental en el que por fin encuentras la paz.

Por lo visto, el tipo de serenidad que engendra el estado de fluir es beneficiosa también para el desempeño global en distintas áreas de la vida. Eso afirma, cuando menos, el escritor e investigador Steven Kotler, que creó el Proyecto Genoma Flow junto con el experto en alto rendimiento Jamie Wheal. En un artículo publicado en fecha reciente por el periódico *Huffington Post*, Kotler afirma que «los estudios demuestran que los estados alterados de conciencia [incluida la fluidez] aumentan la motivación y la creatividad casi un cuatrocientos por cien, mientras que reducen los tiempos de aprendizaje a la mitad».[61]

Kotler proseguía diciendo: «Hacer lo que más nos gusta nos transforma en nuestra mejor versión, un nuevo yo que abre posibilidades aún mejores si cabe de cara al futuro. La necesidad de explorar esas posibilidades deviene una compulsión febril. La motivación intrínseca se dispara. Así pues, fluir ofrece un plan alternativo para el aprendizaje, libre de dolores de cabeza». Para un perfeccionista, fluir constituye un modo infalible de obtener esa recompensa que siempre lo rehúye: satisfacción a través del esfuerzo y diversión en el proceso.

Cuando dejas de buscar y te sumerges en el presente, adquieres capacidad de emoción al mismo tiempo que te involucras en la vida tal como viene. La perfección ya no influye en el éxito, y tampoco te quedas mirando desde el banquillo; estás presente y lista para conocer a tu mejor versión futura.

---

61. Vala Afshar, «Training Your Mind to Achieve Ultimate Performance», *Huffington Post*, 26 de marzo de 2017, www.huffingtonpost.com/entry/training-your-mind-to-achieve-ultimate-perrormance_us_58d82bb2e4b0c0980ac0e751.

TE PRESENTO A TU CEREBRO EN ESTADO DE FLUIR

La tensión, en el plano cerebral, se origina por la colisión de las señales que proceden de la estoica corteza prefrontal (la voz de la razón) y la amígdala, siempre en posición de alerta (las impulsivas princesas guerreras de la ansiedad residen en otra zona del cerebro). Esas señales pueden entrar en colisión según trabajan para guiarnos en los procesos de toma de decisiones.

Cuando el cerebro entra en estado de fluir, la tensión se disipa en la medida en que la parte del cerebro responsable del autocontrol se acalla. ¿Y sabes quién vive en esa zona del cerebro? La detractora interna. Mientras fluyes, tu vocecilla no tiene aire para respirar ni poder sobre ti, tus procesos o tu potencial. Conforme esa presencia mental que adora erigirse en juez y jurado de tus decisiones se retira a un segundo plano, la inoportuna vocecita cierra la boca por fin (y ya era hora). Esa es una de las muchas razones por las que fluir resulta tan beneficioso para las perfeccionistas.

En 2008, el neurocientífico Charles Limb llevó a cabo un estudio para examinar el cerebro de los músicos de jazz mientras improvisaban fluyendo. Las imágenes por resonancia magnética revelaron que la parte del cerebro responsable del autocontrol se desactivaba cuando los músicos tocaban sin presión.[62]

Esta «neutralización» permite que las perfeccionistas entremos en un estado más fluido, donde no cabe la interferencia de la negatividad y podemos experimentar una sensación de fruición. Penetrar en esa zona también nos permite acceder al valor, la creatividad, la espontaneidad y la libertad; atributos que nuestras tendencias perfeccionistas a menudo nos impiden disfrutar.

Cuando estás fluyendo, la duda no cabe en tu experiencia. Tus miedos y tu ansiedad abandonan el asiento del conductor para retirarse al fondo de tu conciencia, donde deberían permanecer desactivados. En ese estado te encuentras en disposición de expresar tu máximo potencial.

Mihaly Csikszentmihalyi no solo ha identificado y acuñado el concepto de fluir, también ha estudiado el impacto de fluir en nuestras vidas, y ha investigado cómo este estado se relaciona con nuestra vivencia de la fruición y del éxito, y cómo nos pueden ayudar a acceder a nuestra mejor versión.

---

62. Charles J. Limb y Allen R. Braun, «Neural Substrates of Spontaneous Musical Performance: An fMRI Study of Jazz Improvisation», *PLOS ONE* 3, n.º 2, 2008, doi: 10.1371/journal.pone.0001679.

Descubrió que la fruición, que conduce a la motivación intrínseca y, a su vez, a un éxito mayor, consta de ocho elementos.[63] Cuantos más de estos factores participen en nuestros procesos, más facilidad tendremos para fluir. Los elementos son los siguientes:

1. Concentración absoluta en la tarea que tienes entre manos.
2. Claridad de objetivos, con una retroalimentación directa e inmediata.
3. Distorsión del sentido del tiempo (tener la sensación de que el tiempo pasa en un suspiro o, por el contrario, de que se ha detenido).
4. La experiencia es intrínsecamente gratificante; el fin es la propia actividad.
5. Tienes la sensación de que la actividad no requiere esfuerzo y desaparece la sensación de fatiga.
6. Equilibrio entre el nivel de habilidad y el desafío.
7. Acción y conciencia se fusionan.
8. Experimentas una sensación de control en relación con la tarea.

Cuando leo esta lista, pienso: ¡necesito empezar a fluir ya mismo! El estado de fluir también es un catalizador del éxito, algo que para los perfeccionistas implica un triunfo por partida doble. Por fin disfrutas del viaje a la vez que consigues mejores resultados; qué chollo. El meollo del asunto, por supuesto, es: ¿qué hago para fluir?

EN BUSCA DEL FLUIR

El estado de fluidez no siempre es fácil de encontrar, pero lo reconocemos al momento cuando lo experimentamos. Cuando fluimos vivimos momentos de poder, instantes en que la magia se manifiesta, y entramos en nuestra «zona» particular. Sabes que has fluido cuando miras el reloj y descubres que han pasado tres horas sin que te dieras ni cuenta.

Ser capaz de fluir a voluntad requiere mucha práctica, e incluso las personas que se caracterizan por su alto rendimiento tienen dificultades a veces para entrar en su zona. El investigador Owen Schaffer (que trabajó con

---

63. Mihaly Csikszentmihalyi, *Flow: The Psychology of Optimal Experience*, HarperPerennial Modern-Classics, Nueva York, 2008. [*Fluir: una psicología de la felicidad*, Kairós, Barcelona, 2010.]

Csikszentmihalyi) creó una lista de condiciones para fluir.[64] Constituye una guía muy útil para ayudarnos a acceder a este superestado con más frecuencia. Si puedes transformar tu entorno para maximizar los criterios siguientes, serás capaz de fluir más fácilmente:

1. Sabes qué hacer
2. Sabes cómo hacerlo
3. Sabes que lo haces bien
4. Sabes a dónde ir (si la actividad requiere desplazamiento)
5. Percibes grandes desafíos
6. Tienes grandes habilidades
7. Careces de distracciones

Fluir nos permite dejar de buscar y empezar a ser. Nos conformamos con estar absortos en lo que estamos haciendo y, en ese espacio, la creatividad y la imaginación salen de su encierro. Cuando estamos en la «zona», nuestra mente se convierte en una máquina de generar ideas y soluciones imaginativas. Fluir ofrece al perfeccionista unas vacaciones de su estado normal de preocupación y ansiedad, un respiro de su propia mente.

Yo he descubierto que, para mí, una de las formas más sencillas de fluir últimamente consiste en hacer fotos (no con el teléfono) mientras viajo. Ya sea en la naturaleza, en mitad de Nueva York o en alguna ciudad extranjera, para bajar el ritmo y entrar en ese estado me basta con mirar el mundo a través de una cámara. Antes de que me dé cuenta, han pasado varias horas. Mientras tanto, yo estoy inmersa en el momento, buscando cosas que fotografiar, y cualquier preocupación o ansiedad acerca de mi vida se desvanece.

Tú podrías fluir corriendo, caminando por la montaña, conversando con tus amigos mientras cenas, pasando un rato con la mascota o haciendo de canguro a tus nietos. Otros encuentran su estado de fluir cocinando, haciendo punto, dibujando o tocando un instrumento musical. Todas esas situaciones te permiten sumirte en el momento de manera espontánea.

Otra de mis maneras favoritas para entrar en estado de fluidez es escuchar música. En los acontecimientos deportivos, muchos atletas llevan puestos los auriculares hasta que llega el momento de dar comienzo a la carrera o com-

---

64. Owen Schaffer, «Crafting Fun User Experiences —A Method to Facilitate Flow», Human Factors International, www.researchgate.net/publication/272181532_Crafting_Fun_User_Experiences_A_Method_to_Facilitate_Flow.

petición. Mientras llevaba a cabo la investigación para este capítulo, me puse en contacto con mi buena amiga y fantástica atleta Dara Torres. Dara ha competido en cinco Juegos Olímpicos, ha ganado doce medallas y, en 2008, fue la nadadora de más edad de los Juegos Olímpicos de Beijing. Se trajo a casa tres medallas de plata en los cincuenta metros libres y, para desconsuelo de todos nosotros, perdió el oro por una centésima de segundo. También era famosa por llevar encasquetados unos enormes auriculares hasta el momento de la carrera.

Yo siempre veía sus competiciones y ella a menudo me enviaba mensajes de texto los días que competía para comentarme qué tal andaba. Por la tele, la veías acercarse a la piscina con una enorme sonrisa en el rostro y unos grandes auriculares en las orejas. Sabías que estaba disfrutando de sus melodías favoritas para poder alcanzar el estado mental adecuado. Cuando le pregunté a Dara por esos momentos previos a la carrera, tan intensos, me confesó que necesitaba la música para entrar en la zona y estar en máxima fluidez antes de adoptar la posición de salida.

La música es un recurso magnífico para burlar a la detractora interna. Tanto si vas a competir en unos Juegos Olímpicos como si no, te aconsejo que confecciones una lista de canciones para el día que necesites una dosis extra de poder.

Recurriendo a los ejemplos usados anteriormente, plantéatelo así: no puedes prestar demasiada atención al error que has cometido en la reunión ni en la asamblea escolar cuando estás concentrada pintando a la acuarela. De manera parecida, no te puedes preocupar por los problemas de puntuación de tu hijo en sus solicitudes universitarias si estás escribiendo poesía o haciendo una fotografía. No puedes reproducir mentalmente una discusión reciente con tu hermana, tu jefa o tu vecino si estás diseñando el patrón del jersey que vas a tejer. Etcétera.

Para que la fluidez se produzca, la actividad que estás llevando a cabo debería absorberte por completo y exigirte que pongas en juego tus habilidades. (Por esa razón, este paso del programa no debe confundirse con el paso 16, Desarrolla la curiosidad, que te anima a aprender o probar algo nuevo para expandir tus horizontes, aunque es posible que ambos se solapen hasta cierto punto.)

Buscar el estado de fluir no consiste en añadir una tensión transformativa a tu vida. Un desafío excesivo te pondría nerviosa y te arrancaría de ese estado. Igualmente, si el estímulo no es suficiente como para atrapar tu atención, te aburrirás y saldrás de la zona. Encuentra el grado justo de desafío y experimentarás la misma satisfacción que Ricitos de Oro en la cabaña de los tres osos. Vivirás el momento dorado y conocerás la magia que reina en el maravilloso espacio del ahora.

También la vida profesional ofrece oportunidades de fluir. Puedes crear el entorno adecuado procurando concentrarte en las tareas que te permitan recurrir a tus puntos fuertes (paso 11) y dedicar más rato a usar tus habilidades naturales. Eso implica delegar en otros una parte del trabajo, algo que para la perfeccionista supone una gran amenaza. Sin embargo, si dedicamos más tiempo a emplear nuestras fortalezas y dejamos que los demás se ocupen de proyectos que les permiten mostrar sus destrezas, se crea un ambiente de trabajo rico y gratificante, basado en el estado de fluir, la creatividad y la colaboración.

CONCÉDETE EL LUJO DE FLUIR

Recuerda que, sea cual sea tu manera de fluir, no debes considerarla autocomplacencia. (La idea te provocaría remordimiento y vergüenza, los grandes saboteadores de la perfeccionista.) Considera el estado de fluir como una necesidad y una inversión para expresar lo mejor de ti, más que un instrumento para conseguir resultados perfectos.

Todos deberíamos acceder a ese estado un mínimo de dos horas semanales como una forma de reiniciar la mente activamente. No entres en pánico ante la idea de tener que hacerlo de un tirón, aunque una vez que encuentres tu forma de fluir es muy posible que te enganches. Las dos horas se pueden dividir en fragmentos más breves y repartirse a lo largo de la semana. Empieza por pensar cómo y dónde puedes encontrar huecos para fluir a lo largo del día.

Para saber dónde encontrar tu fluir, piensa en la última vez que el tiempo se esfumó para ti. Mientras llevabas a cabo esa actividad, tus preocupaciones desaparecieron y te sentiste enfocada y llena de energía. Recuerda ese momento y formúlate las siguientes preguntas:

1. ¿Dónde estaba?
2. ¿Quién me acompañaba?
3. ¿Qué estaba haciendo?
4. ¿Cómo me sentí?

Responder a estas cuestiones te ayudará a encontrar ese «momento Ricitos de Oro» que todas llevamos dentro. Una vez que hayas identificado los elementos de tus experiencias óptimas del pasado, intenta reunir esas mismas piezas con más frecuencia en el presente y en el futuro.

Ejercicios detox del día

Esta semana dedícate a buscar más momentos para fluir a lo largo del día. No te sientas obligada a sumergirte en este estado dos horas seguidas la primera semana, pero ve incrementando poco a poco la cantidad de «tiempo de fluir»; considéralo un recreo para tu mente.

1. Haz ejercicio. Si eres una habitual del gimnasio, platéate cambiar de rutina. Busca algo que te guste en lugar de entrenar por obligación. También es preferible que no te centres en quemar calorías o perder peso; no entrarás en la zona si estás pendiente de ese tipo de objetivos.

   Mi planteamiento Muévete hacia la felicidad te puede ayudar en este ejercicio; procura moverte por placer y diversión, sin prestar atención al resultado. Dicho eso, si te encanta correr, competir te carga las pilas y te motiva intrínsecamente la idea de ir al gimnasio a primera hora de la mañana, es muy probable que ya estés fluyendo a través del *fitness*.

   Si quieres incrementar tu experiencia óptima o tienes la sensación de que te has estancado, ¿por qué no pruebas con un instructor que recurra a una música distinta o incluso con un entrenamiento totalmente nuevo? También, en lugar de acudir al gimnasio, podrías disfrutar de un paseo por la naturaleza, o apuntarte a un estudio de danza, o a clases de boxeo.

2. Dedica un rato a oír tranquilamente tu música favorita. Cuando empiece a sonar, escúchala con atención. Fíjate en los cambios de ritmo, en los distintos instrumentos que intervienen, en los arreglos vocales y en el estilo. Atiende activamente y con curiosidad. La música te puede llevar a un estado de fluir, si te sumerges en ella.

3. Dibuja, haz bocetos o pinta. Usa las acuarelas o cómprate un libro de colorear para adultos.

4. Si tienes una mascota, pasa más rato con tu amigo peludo. Juega con él, cepíllalo y vive el presente en su compañía. Comparte experiencias óptimas con tu mascota.

5. Fluye con tu familia. Es posible fluir cuando pasamos tiempo de calidad con la familia. Instaura una noche a la semana libre de dispositivos electrónicos. Saca los juegos de mesa y pasa un par de horas reconectando con tus seres queridos.

Reconcíliate con el espejo

De todos los objetos que nos recuerdan a diario nuestras imperfecciones, sin duda el espejo se lleva la palma. Sea cual sea tu edad, sentirse a gusto con la propia imagen es complicado, en particular si tienes problemas para conciliar quién eres y quién crees que deberías ser.

El espejo nos recuerda nuestros fallos, nuestros defectos y todo aquello que no llega a ser perfecto. También juega con la mente, el corazón y la lógica. Cuando nos centramos en las arrugas, el acné o los kilos de más, la idea de la imperfección se acentúa y al final se convierte en más munición que usar contra nosotras mismas. Y si por un casual nos miramos al espejo y pensamos: «Hoy no tengo mal aspecto», al momento lo atribuimos a la luz, que sin duda nos favorece. Nada más absurdo, triste y demoledor para la propia autoestima.

La detractora interna se frota las manos con cada análisis cruel de la propia apariencia; siempre que nos miramos al espejo y vemos en el reflejo a un ser humano imperfecto, se dedica a hacer comparaciones que corroboran la sensación. Cuando te dice: «Eh, mira a esa mujer; es mucho más guapa, joven y esbelta que tú», la crees a pies juntillas. No hace sino confirmar tus miedos y los defectos que ves a diario en el espejo. Se trata de una dinámica atroz para el alma. Ha llegado el momento de erradicarla.

En este paso, aprenderemos a dejar de tener pensamientos objetivos sobre temas relacionados con la psique y la apariencia. Desde el empeño por conseguir unas medidas perfectas o llevar el conjunto ideal hasta el deseo de no destacar o el miedo a no encajar, interrumpir el caudal de autocríticas en relación con la propia apariencia es una parte esencial de este proceso depurativo.

MÁS QUE LAS PARTES DE UN TODO

Conozco a pocas mujeres que se miren al espejo y se vean en su totalidad. La mayoría reparamos en piezas sueltas, partes vulnerables que podemos aislar del conjunto y atacar con facilidad. Aquiles deploraba su talón, yo deploro mi cuello y seguro que tú también deploras un aspecto o «zona problemática» que atrapa tu atención por encima del resto. Y la energía fluye hacia donde se dirige la atención. Cuando nuestros ojos se posan en la parte de nosotras que más odiamos, el corazón va detrás y nuestra luz empieza a apagarse.

He tardado décadas en hacer las paces con el espejo. No diría que ahora nos llevemos de maravilla, pero al menos ya no estamos en guerra. Lo más absurdo es que, cuando mi físico estaba en su mejor momento, yo me hallaba tan desconectada de mi luz interior que no me daba ni cuenta.

También tengo la impresión de que tendemos a idealizar en los demás lo que menos nos gusta de nosotras. Por eso la aceptación de una mismo se suele considerar clave para desalojar muchas emociones destructivas, incluida la envidia. Durante muchos años tuve una fijación con las piernas. Era lo único que estaba segura de haber heredado de mi padre: una venas terribles. A los veinticinco, tenía las varices de un anciano y el aspecto de mis piernas me abochornaba tanto que siempre llevaba vaqueros, pantalones o vestidos largos, incluso en verano.

Finalmente me operé, por cuanto el dolor se había tornado insoportable. Estaba supercontenta con mis «nuevas» extremidades. Por desgracia, la alegría no duró demasiado, pues las varices reaparecieron pocos años después, y decidí renunciar a la idea de tener unas piernas perfectas. Si el dolor regresaba con la misma intensidad, buscaría otras alternativas, pero al margen de eso resolví aceptar y valorar mis extremidades, varices incluidas.

También hubo una época en que me inyectaba bótox con regularidad. Al principio, llevada por la impresión de que tenía que estar perfecta ante las cámaras, y al final, para tratar de disimular mi edad. Me inyecté miles de dólares en la cara, literalmente.

El asunto continuó hasta que un tratamiento me torció la cara, o más bien partes de esta. El médico me inyectó bótox debajo de la barbilla y luego me pinchó demasiado cerca el ojo derecho, a resultas de lo cual la comisura derecha del labio quedó paralizada y el ojo un tanto caído. Así pues, cada vez que sonreía solo podía pensar en mi ojo entrecerrado y en la sonrisa torcida. ¡Qué horror! Lo que más me gustaba de mi cara —la sonrisa— ya no era mía.

Después de pasar tres meses de esa guisa, decidí que prefería tener arrugas en una cara que pudiera reconocer a lucir un rostro terso que no me pertenecía. Me gusta comentar que antes me inyectaba miles de dólares en la cara y que ahora inyecto la misma cantidad en mi negocio.

No tengo nada en contra del bótox, los rellenos o cualquier tipo de cosmético, pero me parece importante hacer un trabajo con una misma antes de recurrir a ese tipo de tratamientos. La experiencia me enseñó poderosas verdades: que unas piernas capaces de saltar, correr, bailar jazz o claqué y lanzar patadas al aire sin dolor son muy sexys y que *sí* me gustaban ciertos rasgos de mí misma, aunque no lo supe hasta que cambiaron.

Es muy posible que, si pudiera volver atrás, tomara las mismas decisiones, pero me gustaría que mi diálogo interno hubiera transpirado más amabilidad en aquella época. Recuerdo haber pensado que las piernas me iban a arruinar la carrera o que las patas de gallo y las arrugas de la zona de la boca darían al traste con mis apariciones ante la cámara. No pude ser más dura conmigo misma en relación con aspectos que no dependían de mí. Como ya sabemos, el hecho de que algo escape a tu control carece de relevancia para una perfeccionista: yo tenía la culpa de esas imperfecciones, que a su vez revelaban horribles fallas de mi ser.

Esta historia es la primera parte de mi llamamiento a que hagas las paces con el espejo, incluidos esos aspectos que más te irritan. El espejo te muestra lo que piensas de ti y no lo que en realidad estás viendo. En cuanto emites una opinión crítica acerca de lo que te devuelve el reflejo, estás comprando las mentiras vertidas por tu detractora interna y haciéndote trizas. Y las trizas no son paz, sino un reflejo de la mirada equivocada con la que a veces nos contemplamos.

OJOS EQUIVOCADOS

Annie, a la que conoces del paso 8 (y que casualmente es una buena amiga mía) describe esta actitud como mirarnos con «ojos equivocados». Cuando conocí a Annie estaba en un grupo de recuperación para personas que comen en exceso y a punto de superar un problema de bulimia. Treinta años más tarde ya no se pelea con la comida ni con la imagen corporal, pero todavía le cuesta aceptar su imagen en el espejo a causa de las imperfecciones que acarrea la edad.

Creo que hablar de «ojos equivocados» es una manera perfecta de describir nuestra manera de mirarnos.

Mujeres de toda talla y figura se miran al espejo y luego se acercan un poco más para fijarse en sus imperfecciones y defectos. Y entonces todas, sin excepción, proceden a desacreditarse.

¿Cuándo fue la última vez que te miraste al espejo y sonreíste? ¿Cuándo fue la última vez que atisbaste tu imagen en un escaparate y te chocaste los cinco? ¿Y cuándo fue la última vez que te observaste con ojos equivocados?

¿Qué tal si a partir de hoy empezáramos a mirarnos con los ojos de la sabiduría y la bondad, y no solo a nosotras mismas sino a todas las mujeres que se crucen en nuestro camino? Tanto si las conocemos como si no, si paramos a hablar con ellas o seguimos andando, podemos ofrecerles una mirada que diga «eres hermosa, eres fuerte y me siento honrada de considerarte mi hermana guerrera». Todas libramos una guerra con nuestra detractora interior y, si empezamos a tratarnos con la misma amabilidad que a las personas que amamos, podemos elevarnos juntas y acallar de una vez por todas a los demonios que llevamos dentro.

LA VERDAD SOBRE LOS RELATOS

El meollo de los espejos y de la mirada que dedicamos a otras mujeres es que a menudo solo constituyen reflejos de los relatos que nos contamos. Cuando vemos a otras mujeres, pasamos por alto la realidad de su vida y las hermosas cicatrices de sus batallas. Tanto una como las otras se encuentran escondidas bajo las mentiras de la perfección.

Si conocieras a Jennifer, verías lo que yo vi la primera vez que acudió a uno de mis talleres antiperfeccionismo. Una entrenadora personal, vivaracha y superbrillante, que ascendía como la espuma en su profesión. Tenía un físico que cualquier mujer envidiaría, y un cuerpo capaz de hacer cualquier cosa con facilidad y elegancia (o eso creía yo).

Ni yo ni ninguna de las personas que la conocían veía que, debajo de ese cuerpo diez, había una gruesa capa de vergüenza y tristeza tóxicas. Ignorábamos que Jennifer y su marido llevaban cinco años tratando de concebir un hijo. Aquel físico en apariencia impecable no cooperaba en la creación de la familia ideal. Cada vez que alguien le preguntaba cuándo pensaba tener descendencia, Jennifer desdeñaba el asunto diciendo que su marido y ella estaban concentrados en sus empresas. Según Jennifer me confesó, el hecho de pertenecer a una industria donde todo el mundo la consideraba un dechado de virtudes empeoraba aún más las cosas, porque le aterraba revelar sus problemas y que dejaran de verla como una líder perfecta. La distancia entre la mujer que veía la gente y la realidad de su vida se tradujo en estrés y ansiedad crónicos. Tanto era así que Jennifer comprendió que, por el bien de su salud, no podía seguir viviendo la mentira perfecta.

Decidió compartir sus problemas con sus allegados. Las muestras de apoyo y amor fueran abrumadoras y muchas mujeres (incluida su cuñada) le confesaron también sus propias batallas con la fertilidad. Al ser valiente y expresar su verdad, Jennifer no solo inició el proceso de sanación, sino que también contribuyó a que muchas mujeres con las que trabajaba se sintieran menos solas en sus cuitas. Hoy sigue ascendiendo en su carrera y recorriendo despacio el camino de vuelta a la felicidad a medida que se reconcilia con su nueva normalidad.

Como hermanas guerreras tenemos que recordar que cada mujer alberga una historia oscura o dos en su interior. Son los relatos que flotan en el hueco entre la persona que somos y la que fingimos ser. Juntas podemos despejar esas sombras, arrojar un rayo de luz y dar inicio al proceso de curación. El primer paso es cultivar conversaciones asentadas en la verdad, la empatía y la compasión.

¿Y POR QUÉ NO ROMPEMOS LOS ESPEJOS?

Si pudiera decirte que no vuelvas a mirarte al espejo, lo haría. Sin embargo, el consejo no sería realista ni tampoco útil. Hay espejos por todas partes, en los servicios, en nuestras casas, en el gimnasio, en el despacho, y también disfrazados apenas de escaparates. Y sus reflejos desencadenan en más de una mujer una avalancha de autocríticas.

Si prestas atención, no te resultará difícil identificar a la detractora interna en esa reacción tibia o algo peor a tu reflejo. La veo en las mujeres del gimnasio, en los semblantes de las que compran a mi lado. Percibo las conversaciones que mantienen consigo mismas, momento a momento, mirada a mirada. La charla interna de odio al propio cuerpo, de disgusto ante los efectos de la edad, y el deseo casi patente de estar a la altura de las imágenes femeninas que aparecen en las revistas y en la televisión.

Sin embargo, esos espejos cuentan muy poco de nuestras verdaderas historias y omiten muchísima información acerca de quiénes somos más allá de nuestro reflejo. La luna únicamente muestra la piel que habitamos e ignora la profundidad de nuestra bondad, empatía, compasión y valentía; nuestra fuerza, resiliencia, sentido del humor y cualquiera de los incontables dones que poseemos. Si seguimos más conectadas al reflejo que a la verdad menos manifiesta, nunca seremos conscientes de nuestro pleno potencial ni tendremos acceso a la totalidad de nuestro ser.

Para dar el salto final que implica vivir con osadía, tenemos que aceptarnos, sin importar la talla, la edad, la cantidad de arrugas en la piel. Dar el salto significa aprender a ejercitar el poder de elección (a veces olvidamos que lo tenemos, pero yo estoy aquí para recordártelo). Soy yo la que decido si quiero considerar las arrugas un lastre o una ventaja, si escondo mi edad o la ostento con orgullo, si aprecio mi cuerpo o lo desprecio. Eres tú la que decides si quieres tratarte con amor y gratitud o con miedo (a envejecer) y odio (a tu aspecto).

No digo que la elección sea fácil; de hecho, puede resultar tremendamente complicada, porque contradice todo lo que nos ha enseñado la sociedad y nos exige el perfeccionismo.

Para encontrar ese poder tienes que escoger la aceptación; debes conectar con tu zona de resistencia, con la parte de ti misma que no se traga las historias que te cuentan y te venden a diario; esa patraña de que tenemos que ser hermosas, jóvenes y no mostrar ni una arruga para merecer la vida de nuestros sueños. La parte de ti misma que sigue intacta y a salvo del mundo exterior, que es inmune a tu detractora interna. En esa región te reunirás con tu verdadero ser. Con la persona hermosa que ya eras antes de que tus figuras de referencia o los medios te dijeran que debías ser distinta.

SÉ AUTÉNTICA: EL ALCANCE DE TU REFLEJO

La manera de mirarnos al espejo y los mensajes que enviamos al corazón influyen en en el trato que nos dispensamos, pero también determinan en qué medida nos implicamos en la vida que se despliega a nuestro alrededor. Cada vez que escogemos mirarnos con ojos equivocados, la autoestima se debilita, la experiencia se encoge y perdemos otra oportunidad de vivir con valentía.

Desde rehuir las fotos grupales hasta rechazar a un ligue en potencia o rehusar unas vacaciones con amigos. Desde vestir siempre de negro a no llevar prendas más atrevidas, que realcen tus curvas en lugar de ocultarlas. Desde comprar un vestido demasiado grande para que no se te ciña al cuerpo hasta no asistir a un evento porque te sientes gorda. Todas esas elecciones comienzan con una mirada al espejo. La próxima vez que veas tu reflejo, en lugar de gemir, prueba a hacerte un guiño, a ver cómo te sientes.

No soy perfecta en lo concerniente a mi relación con el espejo, pero en los momentos extraordinarios de mis días ordinarios me veo tal como soy y me siento orgullosa de mi contribución al mundo. Doy gracias por mi cuerpo y procuro sentirme fuerte, enérgica y enfocada. Todavía me peleo con las sesiones de fotos o las grabaciones de vídeo, pero reconozco esos momentos como una batalla, comparto mis inseguridades y, con suerte, ayudo a otras a sentirse menos solas.

Ya no declino ocasiones de hacer contactos, hablar en público o aparecer ante las cámaras simplemente porque me sienta de una manera determinada. Digo «sí» incluso aquellos días en que me miro con ojos equivocados. Digo «sí» a mi vida y «no» a la vocecilla interna que me critica. A menudo está en el banquillo, esperando para abalanzarse sobre mí, pero la pesco al instante y utilizo las estrategias de este libro para cerrarle la boca antes de que pisotee mis sueños.

Cuando aprendes a vivir con valor, concedes permiso a otras mujeres para hacer lo propio. Cuando te muestras tal como eres y te sientes completa, aun los días en que las cosas no discurren según lo previsto, te conviertes en un faro para otras que tal vez se han extraviado.

En su libro *Amor 2.0: una nueva mirada a la emoción que determina lo que sentimos, pensamos, hacemos y somos*, Barbara L. Fredrickson sostiene que aceptarse a uno mismo es esencial para conectar con los demás: «Cuando tus reservas de autoestima están bajas, apenas puedes mirar al otro a los ojos, por cuanto te sientes inferior o superior. Se abre un abismo que te separa de los demás y que suprime tus posibilidades de forjar vínculos auténticos. Sin embargo, cuando practicas y reúnes autoestima, enriqueces tus reservas emocionales. Eres más capaz de reconocer la bondad en los demás, de ver y de colmar los deseos de conexión ajenos, sean cuales sean sus circunstancias».[65]

Para convertirte en una auténtica buscadora de bienes y vivir con valentía, antes tienes que saber quién eres y luego enamorarte de la persona que ves en el espejo. Cada vez que te miras con unos ojos abiertos y un corazón compasivo, estás creando espacio para abordar la vida con audacia y ayudar a otras a hacer lo mismo.

---

65. Barbara Fredickson, *Love 2.0: How Our Surpeme Emotion Affects Everything We Thik, Do, Feel, and Become*, Hudson Street Press, Nueva York, 2013. [*Amor 2.0*, Océano, Barcelona, 2015.]

CONTEMPLA LA VERDAD DE QUIÉN ERES

Te invito a contemplar tu reflejo con la mirada de una amiga muy querida y vivir todos y cada uno de los días con valor y alegría. Una mujer valiente se muestra tal como es, con toda su luz y sin tratar de eclipsar la luz de los demás. Resplandece cuando tiene a otras mujeres cerca, celebra los triunfos ajenos y comparte la carga de sus pérdidas. No mide su valía a partir del precio de su ropa ni de la cifra que aparece en la báscula. Mide su valor en amistades y momentos de presencia, y se esfuerza en dar lo mejor de sí sin sacrificar su alegría. Como mujeres valientes que somos, queremos triunfar y llegar lejos, pero solo cuando nos reconciliemos con el espejo y todo lo que representa seremos capaces de acceder de lleno a la felicidad.

El espejo nos muestra lo que pensamos, no lo que vemos. Considérate demasiado mayor para ser hermosa y esa será tu verdad. Considérate demasiado patosa para salir en busca de su sueños y esa será tu verdad. Contémplate como una mujer poderosa, valerosa, fuerte, amable y dispuesta a trabajar para conseguir lo que deseas y esa será tu verdad, la misma que te conducirá a tu magnífico futuro.

Ejercicios detox del día

1. Haz la promesa de no mirarte al espejo una vez que estés lista para ir al trabajo. Si vas al gimnasio, entrena de espaldas al espejo o mirando al suelo. (Ese gesto aportará una dificultad adicional a tu rutina de *fitness*, porque te obligará a mantener el equilibrio.) Observa cómo cambian tus sensaciones.

2. Busca una figura cercana que te ofrezca un buen modelo de cómo vivir bien en la vejez. Si tienes una visión clara de la clase de persona que te gustaría ser en las últimas etapas de la vida, hay más probabilidades de que tomes las medidas necesarias para conseguirlo.

3. Haz limpieza en tu cajón de productos antienvejecimiento. No digo que te deshagas de ellos, solo que revises lo que tienes. Compra el mejor producto que te puedas permitir, pero no almacenes más artículos de los que necesitas solo para tener la sensación de que estás plantando cara al proceso. Nunca ganamos la «guerra» contra la edad: en vez de eso, debemos poner en prácti-

ca un autocuidado activo y proactivo para estar lo mejor posible (¡no perfectas!) conforme cumplimos años.

Si miras la cantidad de cremas para el cuello que hay en el tocador de mi baño verás que no se me da de maravilla este paso. Igual que le pasa a Nora Ephron, mi cuello es mi talón de Aquiles en el proceso de envejecimiento, pero recuerda que tengo la opción de mejorar con la edad y no amargarme, y que me esfuerzo por construir día a día una buena vida. A los cincuenta y cuatro que tengo mientras escribo este libro, todavía me quedan (espero) muchos años por delante.

4. Confecciona una lista de la compra. ¿Qué necesitas para *sentirte* joven en lugar de *parecer* joven?

5. Recuerda que envejecer es un privilegio que no todo el mundo disfruta.

6. Si te sorprendes a ti misma mirándote en el espejo y sufriendo problemas de autoestima, recurre a los mantras del paso 2: «Yo lo valgo», «Quédate aquí» o «Me niego a machacarme».

7. Para abandonar la zona del ego, busca una causa fuera de ti misma. Algo que beneficie a los demás a largo plazo y que te ayude a sentir que estás haciendo una contribución. No hace falta que la causa implique cambiar el mundo, pero debería ser relevante, cuando menos menos para ti.

Deja el pasado atrás y crea un futuro luminoso

Bienvenida a tu maravilloso futuro. Ha llegado el momento de que te sientas realizada, emocionada y dichosa. Estás entrando en una etapa cuyos días se caracterizan por la satisfacción, las experiencias positivas y una imagen agradable de ti misma que te permite centrarte en todo lo que ya has conseguido. Empiezas a rozar este modo de vida con la punta de los dedos y es posible que, según das comienzo a este último paso del programa, hayas empezado a protagonizar ya momentos como esos.

Puede que tu ansiedad haya disminuido ahora que te sientes más cómoda en tu piel. Tal vez la conciencia recién adquirida de los detonantes de tus pensamientos negativos te permita crear un entorno más productivo y generador de alegría. Lo que es más importante, comprendes que no estás sola y entiendes que esos esfuerzos que todas hacemos por ser perfectas nos acercan más que nos alejan.

De hecho, mientras lees esto, una nueva tribu se está creando a tu alrededor. Mujeres sabias de todas las edades que, igual que tú, se comprometen a vivir de otra manera, usando la felicidad como rasero del éxito. Mujeres que por fin son capaces de mirarse a los ojos y amar lo que ven.

El paso final consiste en atreverse a pintar fuera de las líneas del pasado y volver a honrar el núcleo del ser. Ser fiel a tus valores y permanecer conectada a lo que te ayuda a brillar y a crecer. Ha llegado el momento de despedirse de la vergüenza, del sentimiento de culpa y de los remordimientos para dar la bienvenida a un futuro rebosante de dicha.

En mis talleres he descubierto que este paso del proceso conlleva un interesante punto de inflexión. Cuando las participantes me revelan cómo empiezan a experimentar un nuevo sentimiento de liviandad y alegría según afrontan sus días noto también un nuevo punto de dolor; el pesar de comprender cuántas oportunidades y cuántos momentos han sacrificado al terrible yugo del perfeccionismo.

Mi respuesta es la siguiente: sea cual sea tu edad y por más tiempo que lleves arrastrando esta carga, ha llegado el momento de soltarla. Deja de lamentarte por el tiempo perdido y no le des más vueltas a lo que pudiste hacer y no hiciste.

Sin que te dieras cuenta, eso mismo que en teoría iba a dar un impulso a tu glorioso futuro se convirtió en un lastre cada vez más pesado que te impidió acceder a tus auténticas cualidades. Pero actuaste lo mejor que supiste dadas las circunstancias. Y ahora sabes más. Ha llegado el momento de soltar las riendas y perdonarte. Tu vida te espera, pero solo cuando dejes de lamentarte por el pasado contarás con el espacio necesario para que tu maravilloso futuro se manifieste.

PERDONAR EQUIVALE A AVANZAR

El perdón siempre me ha parecido un concepto un tanto impreciso. ¿Qué significa en realidad, y cómo perdonarnos cuando comprendemos el tremendo daño que el perfeccionismo nos ha ocasionado?

En el paso 5 he mencionado algo que una terapeuta me dijo hace tiempo y me parece interesante mencionarlo ahora que estamos dando comienzo a la última etapa del viaje. Cuando leas la siguiente frase quiero que pienses en el perdón como un gesto hacia ti misma. Si bien todos conocemos la importancia de perdonar a los demás, pocas veces nos planteamos la necesidad de ser generosos también con nuestro propio corazón. Esto fue lo que compartió conmigo:

«El perdón no consiste en dejar que nadie (incluida tu misma) se libre de las consecuencias de sus actos imperdonables, sino en separarse de los acontecimientos del pasado para que no ejerzan un impacto negativo en tu futuro».

Perdonar no requiere que hagas nada, tan solo que renuncies a aquello que ya no te sirve. Eso incluye dejar de machacarte por los instantes, días, meses o años que has pasado perdida en el Triángulo de las Bermudas existencial del perfeccionismo.

La otra cara del perdón es la responsabilidad. El perfeccionismo ya ha devorado demasiados aspectos de tu pasado. Cuando asumimos el compromiso de crear el futuro desde una mentalidad de progreso permitimos que nuestras vidas se expandan de manera sostenible. Somos capaces de capear los verdaderos altibajos de la vida en lugar de andar siempre pendientes de la montaña rusa de nuestra mente.

ECHA EL ANCLA EN EL PRESENTE PARA FLOTAR EN EL FUTURO

Para seguir a flote y expresar nuestro máximo potencial, debemos asumir la responsabilidad de emprender acciones que nos amarren al poder del momento. Sabemos a estas alturas que solo en el presente podemos identificar, examinar y descartar cualquier expresión del perfeccionismo que no hayamos identificado previamente. Las tendencias a la excelencia máxima pueden propagarse en cualquier momento; por más que hayamos extraído las semillas de la negatividad, podrían quedar unas cuantas listas para brotar en cualquier momento.

No te estoy sugiriendo que empieces a tomar medidas por lo que *pueda* pasar; más bien te invito a estar muy presente, sabiendo que el trabajo está hecho y que posees la capacidad de manejar a tu detractora interna y desmontar cualquiera de los embustes que te pueda contar en el futuro.

Para ir un paso por delante de esa vocecilla crítica, tendrás que nutrir tu corazón y tu mente para convertirte en tu amiga del alma. Pensar en ti misma como una buena amiga cuya compañía te encanta constituye un poderoso repelente antiperfeccionismo. Por eso es tan importante que cuides la relación contigo misma y te asegures de que tus conversaciones internas se basen en la compasión y la comprensión. Una amistad de este tipo suscita paz en lugar de ansiedad, alegría y no preocupación, esperanza en vez de miedo. Conforme sigas cultivando esta relación, tu capacidad de aceptar incluso los momentos más imperfectos mejorará.

PERMANECE CONECTADA AUN ANTE LAS PEQUEÑAS DECISIONES

Otra manera de potenciar la amistad contigo misma consiste en seguir concentrada en la calidad de tus microdecisiones. Esas elecciones en apariencia mínimas conforman los pequeños momentos, que a su vez influyen en nuestros días y vidas. Podemos optar por rescatar lo positivo en lugar de centrarnos en las faltas; afrontar los días con ilusión y volver la vista atrás con agradecimiento; comportarnos con amabilidad y no con hostilidad.

No te ofrezco soluciones temporales, sino maneras de actuar que debes sostener en el tiempo. Expresado en otras palabras, tendrás que seguir haciendo el trabajo para que funcione. A continuación te propongo otros recursos que te ayudarán a mantener a raya tus molestas tendencias perfeccionistas:

1. Consulta este libro con frecuencia y repite los pasos y las estrategias que más resuenen contigo. No sería mala idea que revisaras también aquellos que más te han incomodado o que has obviado por completo. Podrían ser esas etapas del camino las que te ofrecieran mayores oportunidades de crecimiento.

2. He puesto a tu alcance también numerosas herramientas, no incluidas en este libro, a las que podrías sacar partido. Eso abarca los pódcast, los memorandos matutinos, las nuevas investigaciones y los recursos adicionales que podrás encontrar en ThePerfectionDetox.com. Como vas a necesitar algún dispositivo para acceder a esas herramientas, quiero recordarte que manejes siempre la tecnología sin dejar que te maneje a ti. Yo también lo tendré presente, y protegeré y respetaré tu tiempo y tu atención en consecuencia.

TU VIAJE A LA ALEGRÍA

Igual que el camino al éxito nunca discurre en línea recta, tampoco lo hace el viaje a tu futuro poderoso y positivo. Ojalá pudiera decirte que, cuanto termines este capítulo, tu detractora interna quedará atrapada entre las cubiertas del libro, pero no. Aparecerá bajo un nuevo disfraz, con un nuevo acento (me han dicho que le encanta Francia), e incluso bajo la apariencia de alguien que todavía no conoces.

Sí te puedo prometer, en cambio, que si haces el trabajo perderá su poder sobre ti. Ya no tomarás decisiones basadas en sus deseos en vez de inspirarte en tus sueños, y serás capaz de acallar su voz tan pronto como tome aire para hablar, sea cual sea su acento.

Ha llegado el momento de mirar al mañana con una sensación de asombro y posibilidad. Es hora de sentir emoción ante la experiencia que se despliega en el horizonte. Una existencia que, sin duda, siempre quiere lo mejor para ti. El camino no siempre será fácil de transitar e intuyo que te vas a encontrar algún que otro bache, pero así es la vida. Igual que el tiempo, la vida discurre sin opinar sobre las decisiones que tomas, solo te pide que estés despierta en el viaje.

TU GPS PARA VIVIR CON VALENTÍA

Te invito a empezar a vivir desde tus certezas. No rellenes los espacios en blanco con opiniones o creencias pues, por mucho que hayas avanzado, tu postura por defecto tenderá siempre hacia el lado del menos. Conoces tus fortalezas, eres consciente de tus valores, y si de algo puedes estar segura es de que multitud de factores escaparán a tu control. Habita el instante siempre que puedas, porque solo aquí y ahora accederás a tu poder, tu valor y tu alegría. Cuanto más presente estés en tu vida, más felicidad inundará tu vida. La presencia creará un nuevo camino al futuro sembrado de acción y posibilidad.

Igualmente, cuanto más confíes en ti misma, más crecerás. Y a medida que vayas evolucionando, tu experiencia resplandecerá más y más. Y cuanto más brilles, más podrás ayudar a las personas de tu alrededor a hacer lo mismo. Vive como querrías que vivieran tus seres queridos. Cuando irradiamos dicha, nuestra familia se contagia de esa alegría. Y las familias felices forman comunidades felices. Juntos podemos generar una onda expansiva que contribuya a crear un mundo mejor.

SUELTA LA CARGA, SUSTITÚYELA POR EL BRILLO

A medida que nos separamos del pasado, creamos un espacio para que brille nuestro potencial y, en ocasiones, este nuevo territorio se nos antoja inseguro. Una vida privada de perfeccionismo puede parecer un tanto inestable, por eso es tan importante visualizar un futuro positivo. Abundan las investigaciones científicas que demuestran los beneficios de imaginar cómo sería tu mejor versión futura. Compórtate «como si» y algún día se hará realidad.

Laura A. King, profesora de psicología de la Universidad de Misuri, llevó a cabo un estudio en 2001 que animaba a los participantes a dedicar veinte minutos a lo largo de cuatro días consecutivos a imaginar con todo detalle su futuro ideal y la persona en la que les gustaría convertirse.[66] Les pidieron que pensaran a fondo cómo serían, dónde estarían, a qué se dedicarían y cómo se sentirían. Pasados ochenta minutos, la totalidad de los participantes constató niveles más elevados de optimismo y bienestar.

Hay muchas versiones posteriores de este estudio, y te invito a llevar más lejos el ejercicio añadiendo a la visualización una vida libre de perfeccionismo. Empieza por escoger un momento del futuro ubicado entre seis meses y tres años a partir de ahora y sigue las instrucciones.

1. Imagina que todo hubiera ido bien y nada se hubiese interpuesto en tu camino.
2. Imagina que hubieras superado el perfeccionismo y te sintieras cómoda cometiendo errores y pidiendo ayuda cuando la necesitases.
3. Imagina al detalle dónde trabajarías y todos los pasos que habrías llevado a cabo para llegar a ese puesto. Piensa en ese trabajo como tu meta soñada hecha realidad. Tiene que ser realista y asequible, aunque requiera mucho trabajo y esfuerzo.
4. Ahora escríbelo todo en tiempo presente como si ya hubiera sucedido. Asegúrate de incluir tantos detalles cómo puedas: dónde estás, con quién, qué haces y cómo te sientes.

Puedes realizar este ejercicio como parte del proceso depurativo. También te invito a repetirlo cada vez que no tengas claros tus deseos en relación con el futuro. Además de ayudarte a recordar lo que es importante para ti, te mostrará las etapas que debes recorrer para proseguir el viaje que te llevará de la increíble persona que seas en cada momento a la mejor versión de tu futuro yo.

Abundan las estrategias (muchas de las cuales ya las has explorado) que te pueden ayudar a avanzar hacia una vida resplandeciente e impredecible. Ahora que este viaje que hemos compartido llega a su fin, quiero que tengas presente una pregunta sencilla: «¿Qué puedo hacer hoy para incrementar la alegría de mi vida?»

---

66. Laura A. King, «The Health Benefits of Writing about Life Goals», *Personality and Social Psychology Bulletin* 27, n.º 7, 2001: 798-807, doi: 10.1177/0146167201277003.

EL AMOR ES LA BASE MÁS SÓLIDA

Con el fin de adoptar y sostener en el tiempo una actitud que te permita expresar lo mejor de ti misma, tendrás que ensanchar y construir tu futuro sobre una base de amor y optimismo en lugar de duda y miedo. Cuantos más micromomentos de felicidad y alegría experimentes en el día a día, más oportunidades te saldrán al paso.

La doctora Barbara L. Fredrickson, a la que me he referido en el capítulo anterior y que está considerada una de las mayores expertas del mundo en psicología positiva, afirma: «He descubierto que aun la más breve y sutil de las experiencias positivas posee la capacidad de desencadenar poderosas fuerzas de crecimiento en la vida. Al comienzo, sencillamente suscitan una apertura: tus miras se expanden literalmente a medida que te sometes a la influencia de distintas emociones positivas. Expresado con sencillez, ves más a medida que tu visión se amplía, contemplas la totalidad del panorama en lugar de solamente una parte. Desde esta mentalidad ampliada, más inclusiva, te vuelves más flexible, adaptable, creativo y sabio».

Fredrickson sigue diciendo que, «de hecho, la ciencia demuestra que las emociones positivas desencadenan espirales ascendentes en la vida, trayectorias autosostenidas de crecimiento que te van elevando hasta transformarte en una versión mejor».[67]

En el pasado, intentábamos crecer y construir nuestra vida desde una base fallida, cuyos cimientos estaban hechos de miedo, ansiedad e inseguridad. Pensando que el perfeccionismo nos ayudaría a alcanzar nuestros objetivos, prescindimos de buscar un camino distinto... hasta ahora.

A partir de este momento, caminas sobre tierra firme, sostenida por la consciencia de tus fortalezas y liberada de los puntos ciegos que nacieron de un proceso mental equivocado. Desde esta zona de amor hacia ti misma y hacia tu vida, puedes empezar a expandir y a crear la vida de tus sueños. Bienvenida a casa.

---

67. Barbara Fredrickson, *Love 2.0: How Our Surpeme Emotion Affects Everything We Thik, Do, Feel, and Become*, Hudson Street Press, Nueva York, 2013. [*Amor 2.0*, Océano, Barcelona, 2015.]

Ejercicios détox del día

- Dedica un día a perdonarte. Un día a la semana, niégate en redondo a hacerte reproches. A lo largo de esa jornada, si te sorprendes inmersa en una conversación negativa contigo misma, dona cinco euros a tu organización benéfica favorita. ¡O sea, cinco euros por cada conversación!

- Cada vez que empieces a machacarte, respira, siéntate y cierra los ojos. Inspira varias veces y repite la frase siguiente para tus adentros: «Que esté a salvo y en paz. Que sea amable conmigo misma. Que me acepte tal como soy». Leí por primera vez este conocido mantra en *Sé amable contigo mismo*, un libro de Kristin Neff, y desde entonces siempre lo uso. Esta meditación de amabilidad afectuosa te ayuda a regresar al presente a la vez que te separa de los actos, más o menos importantes, de tu pasado.

- Abrázate. Cierra los ojos y felicítate. Lo has conseguido. Te has tomado la molestia de mirar de frente el sufrimiento que te causa el perfeccionismo y has decidido elegir una manera distinta de vivir. Es un logro inmenso, así que no subestimes el duro trabajo y el compromiso que te ha requerido. PD: No reserves los abrazos a este único paso; abrazarnos es un hábito que deberíamos cultivar toda la vida.

Nunca olvides que el mundo prefiere escuchar tu voz imperfecta que tu perfecto silencio.

Agradecimientos

«Sentir gratitud y no expresarla es como envolver un
regalo y no entregarlo.»

William Arthur Ward

En honor a la verdad, procrastiné hasta el último momento en la redacción de este apartado. La idea de no ser capaz de escribir la página de agradecimientos perfecta o de dejar fuera a alguien que hubiera sido importante en el desarrollo de este libro me abrumaba, como poco. (Si he olvidado mencionarte, lo siento muchísimo. Prometo compensártelo con un abrazo y una copa de tu vino favorito.)

Este libro nunca habría llegado a tus manos de no ser por mi agente literario, Stephen Hanselman, y su increíble esposa, Julia Serebrinsky. Escribir una obra es una cosa y escribir un proyecto de edición otra muy distinta. Gracias por vuestra amistad, vuestro consejo y vuestro apoyo constante durante la totalidad del proceso. Os considero dos grandes campeones y tenéis mi eterno agradecimiento, ambos.

Gracias a Gretchen Lees, mi maestra y mentora literaria. No habría podido llevar este libro hasta la línea de meta sin ti. Contar con tu mirada experta, tus atinadas correcciones y tu capacidad para animarme a proseguir cuando no creía llevar dentro ni una sola palabra creativa más ha sido un regalo muy especial. Gracias por compartir tus extraordinarios talentos, tus conocimientos y tus fantásticas bromas (maldita sea, qué buena eres) conmigo y con este libro.

A todo Da Capo Lifelong, por haber hecho de este proceso un maravilloso viaje. Renée Sedliar, gracias por creer en este material y por crear una experiencia tan colaborativa. Cisca Schreefel y Martha Whitt, os agradezco vuestra vista de águila y vuestras perfectas correcciones, y Miriam Riad, gracias por organizarlo todo. Anna Dorfman, me explotó el corazón cuando vi la cubierta que habías creado; muchas gracias por tu inspirado y hermoso diseño, que capta a la perfección el mensaje del libro.

A mi queridísima Jennie: eres mi hermana, mi mejor amiga, mi confidente y mi compañera de viajes. Te quiero muchísimo. Eres mi familia. Somos pequeñas pero poderosas. Gracias por ser una fuente de bondad en mi vida.

A mis queridos amigos, que me apoyaron y me quisieron mucho antes de que este libro fuera siquiera una idea. Siempre habéis celebrado conmigo mis mejores momentos y me habéis mantenido con vida durante los más difíciles. Gracias por estar siempre ahí cuando os necesitaba. Esté donde esté, a cualquier hora del día o de la noche, sé que siempre estaréis al otro lado del teléfono: Molly Fox, Jon Giswold, Denise Klatte, Brandon Neff, Betsy Parker, Howard Schissler, Jeffrey Scott, Melanie Smith y Lisa Wheeler, nunca subestimaré nuestra amistad. Espero que sepáis lo mucho que os quiero.

A mis queridas amigas y mentoras literarias Jenny Blake y Dorie Clark. Jamás hubiera imaginado que dos personas tan generosas iban a aparecer en mi vida en el momento perfecto. Muchas gracias por vuestra infinita sabiduría, vuestros consejos y vuestras cenas de celebración.

A Michael Pipitone y Mike Babbitt, gracias por aportar una banda sonora tan cañera a mi vida y por vuestro amor y apoyo en mis aventuras como DJ.

A Jonathan y Stephanie Fields: este libro nació durante *The Art of Becoming Known*. Os agradezco todo vuestro apoyo y que hayáis permitido que compartiera mi mensaje a través de vuestras muchas plataformas.

Jay Blahnik, nunca olvidaré la orientación que me brindaste un día lluvioso, en el transcurso de un viaje en taxi al aeropuerto de Newark. Gracias por animarme a acceder al poder blanco del futuro que todavía estar por escribirse. Aquí está, impreso.

Patricia Moreno, mi agradecimiento por presentar el primer taller Perfection Detox; sembró una semilla que llegaría a ser mi propósito y mi pasión. A Caroline Kohles de Marlene Meyerson JCC y a Angela Leigh de Pure Yoga NYC, muchas gracias por dejarme usar vuestros preciosos espacios para enseñar, retocar y ajustar mi material.

A Tal Ben-Shahar, Maria Sirois y Megan McDonough y a todos los participantes en el segundo año del Curso Oficial de Psicología Positiva, muchísimas gracias. El año que pasé con vosotros convirtió el trabajo del pasado en la vocación del futuro.

Sara Allen, gracias por organizar y llevar al día mi trabajo y vocación.

A las hermosas y valientes mujeres que compartieron conmigo sus historias y sus batallas: Anne, Jennifer, Joanna, Julie, Laurie, Lindsay, Lisa, Lucy, Rocky y Terry; vuestras voces nos han ayudado a todas a sentirnos un poco menos solas en este viaje.

Estoy infinitamente agradecida a las hermosas mujeres que participaron en la versión *online* de este programa. Vuestras aportaciones me ayudaron a ser superclara en mi mensaje: Amy, Barb, Cheryl, Christine, Connie, Corina, Deb, Denise, Diane, Gay, Grace, Heidi, Hilari, Jan, Jane, Jennifer, Jillian, Lucy, Mary, Maria, Molly, Michelle, Nancy, Rocky, Sarah y Tammy, gracias por compartir vuestros sentimientos y vuestras experiencias conmigo.

Hay muchísimas personas que me han ayudado a llegar aquí: Tim Amos, Mindy Bacharach, Jamie Broderick, Tricia Brouk, Rick Clemmons, Scott Cole, Sarah Collins, Lashaun Dale, Lisa Delaney, Shannon Fable, Jen Groover, Jeri Speicher Gutner, Julie Hunt, Carol Ientile, Rich Kieling, Matthew Kimberley, Constance Klein, Susie Moore, Iris Schenk, Luba Winegardner y Christian Zamora, doy gracias por conoceros.

A mis mentores de *fitness*: si hemos coincidido en una convención o si nos hemos cruzado en los pasillos de un congreso, por favor, tened presente que habéis sido una fuente de inspiración. Gracias a vosotros he sido capaz de mejorar, trabajar con ahínco y desafiarme a mí misma constantemente como ponente, y os lo agradezco.

Un agradecimiento especial en clave de *fitness* a Alice Bracegirdle, Shannon Elkins, Kimberly Spreen-Glick, Rob Glick, Maureen Hagan, Sara Kooperman, Jamie Nicholls y Mike Spezzano. Fuisteis los primeros en darme la oportunidad de quitarme las zapatillas deportivas y enfundarme la ropa de presentadora. Os agradezco infinitamente la confianza y el apoyo en mi transición a la escritura y las conferencias. Mi cadera, mi espalda y mis rodillas también os lo agradecen.

A mi familia del *fitness*, con la que he trabajado durante treinta años: me ha encantado sudar con vosotros a lo largo de las décadas. Es imposible nombraros a todos, pero a cualquier que haya bailado *country* en línea, claqué o mambo chachachá conmigo, gracias por compartir vuestros corazones, energía, apoyo y sonrisas.

No puedo despedirme sin mencionar The Writers Room de Nueva York. Me proporcionasteis un espacio tranquilo donde escuchar mis pensamientos y darles vida. No sé cómo habría terminado este libro a tiempo sin vuestro santuario. También me resultó increíblemente útil comprender que no era la única escritora que a veces se desesperaba hasta encontrar la palabra perfecta.

Por último, pero no por ello menos importante, gracias, querida lectora, por compartir conmigo tu corazón y tu tiempo. Espero que esto sea el comienzo de una hermosa amistad. Estoy deseando saber de ti y conocer los acontecimientos maravillosos que estás empezando a vivir.

Una última petición, antes de dejarte. Te invito a que envíes ahora mismo (a menos que sea supertarde) un breve texto de agradecimiento a alguien que te haya iluminado el día. Si tuviera tu número de teléfono, recibirías uno mío que diría:

Te agradezco sinceramente el tiempo que hemos compartido.
Nunca olvides hasta qué punto eres especial.
Bienvenida a casa.

ECOSISTEMA DIGITAL

NUESTRO PUNTO DE ENCUENTRO

www.edicionesurano.com

2 AMABOOK
Disfruta de tu rincón de lectura
y accede a todas nuestras **novedades**
en modo compra.
www.amabook.com

3 SUSCRIBOOKS
El límite lo pones tú,
lectura sin freno,
en modo suscripción.
www.suscribooks.com

DISFRUTA DE 1 MES
DE LECTURA GRATIS

1 REDES SOCIALES:
Amplio abanico
de redes para que
participes activamente.

4 APPS Y DESCARGAS
Apps que te
permitirán leer e
interactuar con
otros lectores.